어른이 된 영재들

어른이 될 수 없는 어른들을 위한 심리학

Trop intelligent pour être
heureux?
L'adulte surdoué

Jeanne Siaud-Facchin

잔 시오파생 지음

이은주 옮김

어른이 된 영재들

어른이 될 수 없는 어른들을 위한 심리학

와이겔리

어른이 되어서도 좌절하거나
실패하지 않기 위해

친애하는 독자 여러분,

여러분을 다시 만나게 되어 기쁩니다. 그러나 조금 불안하기도 합니다. 전작 『영재의 심리학』을 진심으로 따뜻하게 환영해준 독자들을 실망시키지는 않을까, 기대에 못 미치는 건 아닐까 두렵기 때문입니다. 마치 어떤 책이나 영화를 무척 좋아해서 애타게 속편을 기다렸는데, 막상 속편이 나와 보니 마음에 들지 않는 경우처럼 말입니다. 뜻밖에 "2권은 언제쯤 나올까요?"하고 묻는 분들이 무척이나 많았었지요. 그래서 저는 지금 이렇게 새 책을 내놓게 되었습니다. 여러 해에 걸쳐 새로 만난 인연들로 풍성해지고, 새로운 연구 성과와 가장 최신의 지식을 담고 있으며, 현재의 제 시각과 이해 또한 고스란히 반영한 책이지요.

이 책은 '영재'들의 심리적인 특성, 이들의 풍요로운 정신세계와 약점을 올바르게 이해하기 위해 쓰여졌습니다. 오늘날 '영재'라는 단어는 두뇌가 명석하고 잘난 아이 등의 이미지로 굳어져 버렸지만, 이 책에서 말하는 영재는 조금 다릅니다. 어릴 때부터 남들보다 지능이나 감성이 '남달라서' 정신적인 활동이 왕성한 사람을 뜻하지요. 이들을 어느 한 단어로 규정하기는 어렵지만, 이 책에서는 '영재'라는 용어로 지칭했습니다. 이 책은 이러한 영재가 성장하는 과정을 탐구했습니다. 아동기가 지나고 지독한 질풍노도의 청소년기를 보내고 나면 드디어 성년기가 찾아오지요. 그리고 그 과정에서 좌절과 실패를 맛볼 수도 있습니다. 성장하는 동안 곳곳에서 뜻밖의 장애물을 만나고 깊은 좌절과 쓰라린 패배를 맛보아야 했던 이 독특한 아이들은, 과연 그 혼란스러운 성장기를 거친 후 어떤 어른이 되는 걸까요?

너무나 특이한 개성을 지닌 이들은 과연 어떤 어른으로 살아가고 있을까요? 안타깝게도 어릴 적부터 남달랐다고 해서 어른이 되어서도 행복한 경우는 드뭅니다. 뛰어난 지능이 고통스러운 결과를 초래할 수도 있고, 예민한 감수성을 애써 억누를 수밖에 없는 상황에 처할 수도 있습니다. 우리네와 같은 보통의 삶, 마음 편하고 주변과 조화로운 삶을 이들은 어떻게 영위할 수 있을까요? 그게 가능하기는 할까요? 가능하다면 그 방법은 무엇이며, 어떤 대가를 치러야 할까요? 그리고 제 머릿속을 떠나지 않는 핵심 질문은 바로 이것입니다. '성인이 된 영재는 과연 행복할 수 있을까?'

그뿐 아니라 이런 문제도 있습니다. 아동기에는 '조숙함'이 영재의 징후가 된다지만, 성인이 되면 어떻게 자신을 스스로 '영재'라 생각할 수 있을까요? 어떻게 그런 '배짱'이, 어디서 그런 믿음이 생기는 걸까요? 살아오는 내내 자기가 어딘가 모르게 남들과 다르다고 느끼는 이 끈질긴 직관, 이 뿌리 깊은 괴리감, 그토록 남들에게 이해받지 못하고 살았다는 이 착잡한 심정, 이런 내면의 풍경 속에서 어른이 되었을 때 과연 어떤 자아상을 확립할

어른이 된 영재들

까요? 자기의 지난 삶에 어떤 의미를 부여하며, 현재의 자기를 어떻게 이해할까요?

이런 어른들의 문제가 바로 영재 아동을 다룬 전작이 나왔을 때 제가 가장 놀란 점이었습니다. 솔직히, 그 책을 쓸 때 제가 염두에 둔 대상은 오직 영재 아동들의 부모와 또 이런 아동들을 이해하고 싶어 하는 교사들뿐이었지요. 한순간도, 정말이지 단 한순간도 어른이 된 영재들이 그 책을 읽을 수 있으리란 생각은 하지 못했습니다. 그 책에서 자기가 걸어온 삶의 궤적과 메아리를 재발견할 수도 있는 성인들이 있다는 것을, 그 책이 그들의 마음을 두드리고 뒤흔들어놓을 수도 있다는 것을 미처 몰랐습니다. 그 책을 읽고서 흥분하고 감동하고 변화를 겪은 성인 독자들로부터 편지가 날아들기 시작했을 때 저는 충격을 받았습니다. 그런 일이 생기리라곤 꿈에도 생각하지 못했으니까요. 급기야 저는 이 상황을 이해하기 위해 제가 쓴 책을 다시 읽어보았습니다! 그제야, 조금 이해가 되더군요. 제가 다루는 대상은 '아이'지만, 아이란 결국 어른이 된 우리 각자의 내면에서 여전히 살아가고 있다는 것을요. 자기 내면에서 이 아이를 재발견하는 일은 자신에게서 때때로 빠져나간 자기 정체성의 일부분을 재발견하는, 혹은 그저 단순히 발견하는 일입니다. 자신에 대해 스스로 이해하지 못했던 부분, 실은 남들에게서 단 한 번도 이해받지 못했던 부분을 말입니다. 자신의 그런 부분과 재결합함으로써 우리는 안도감을 느낍니다. 과거의 자신, 현재의 자신, 그리고 아무도 인정해주지 않아 확신할 수는 없었지만, 내내 마음속으로 혼자서만 느끼곤 했던 것들, 이 모두를 마침내 이해받게 되었다는 느낌이지요.

그 뒤로 저는 많은 어른을 만났습니다. 그중에는 제가 치료하는 어린이 환자의 부모들도 있습니다. 이들은 자녀의 경험과 자녀의 진단 과정에서 자기 모습을 발견하고는 돌연 달라진 눈으로 자기의 지난 삶을 바라보기 시작하더군요.

이는 '역방향의 동일시' 과정이라 할 수 있습니다. 보통은 아이들이 자라면서 부모와 자신을 동일시하는 법인데, 어린이 환자를 치료하다 보면 이와 반대의 풍경이 벌어집니다. 부모에게 아이의 정신세계에 대해 설명하노라면, 부모가 (아빠든 엄마든) 아이에게서 자기 모습을 발견하고 아이에게 동화되어버립니다. 상담치료의 '현장'에서 벌어지는, 참으로 신기하고 흥미로운 현상이지요. 그때 보게 되는 것은 그런 아빠나 엄마가 걸어온 인생 역정의 '침전'입니다. 화학적 의미에서의 침전 현상 말입니다. 과거에 겪은 온갖 사건, 순간, 감정이 일순간에 요약되면서 자기 인생 전체가 주마등처럼 빠르게 눈앞을 지나가며 죽죽 읽히고, 상담치료의 대상이 일거에 아이에서 자기 자신, 자기 삶이 되어버리는 것입니다. 이런 순간에는 현재의 자기로 돌아오기가 무척 어렵습니다. 자기 내면으로 멀리, 아주 멀리 떠나 있으니까요. 이럴 때 저는 우선 그 사람을 천천히 현실로 데려와야 합니다. 지금은 자녀를 치료하는 중이고, 원한다면 나중에 따로 상담할 수 있다고 달래면서 말이지요.

살아오는 동안 '위기에 빠진' 어른들도 만났습니다. 제 책을 접할 기회가 있었던 분들, 자기 삶의 과정을 제대로 이해하고 다시 시작하고 싶은, 그럼으로써 삶에 의미와 방향성을 다시 부여하고자 하는 분들이지요.

이렇게 해서 새 책이 나오게 되었답니다. 제가 처음으로 성인을 대상으로 쓴 책입니다. 제가 만난 그분들을 위한 책이자, 어른이 되어서도 좌절하거나 실패하지 않으려는 영재들, 더 나아가 영재 주위의 사람들을 위한 책입니다.

이 책은 전작과 마찬가지로 아동기와 청소년기를 다시 다루고 있습니

어른이 된 영재들

다. 이는 성인을 더 잘 이해하기 위한 것으로, 현재의 자기를 있게 한 과거의 발자취를 내면 깊숙이 탐색하기 위해서입니다. 저는 지금까지의 경험을 통해, 한 사람의 과거를 '다시 읽어내어' 현재의 그 사람을 구체화하는 우회적 방식이야말로 반드시 필요한 과정임을 알게 되었습니다. 영재라는 사실은 한 사람의 인성 전체에, 그 사람이 세상과 자기 자신을 바라보는 시선에 대단히 특별한 영향을 끼칩니다. 자신의 이런 측면을 무시하는 것은 자기 삶으로부터 한 발 멀어지게 하는 일입니다. 누구도 그 점을 무시해서는 안 됩니다. 어른이 되어서도 행복한 영재가 되기 위해서는 그 점을 명심해야 합니다.

이 책은 여러분의 것이며, 제가 이해하게 된 것을 여러분과 함께 나누려는 것입니다. 이 새로운 만남에 가슴이 설레는군요. 그동안 저를 믿어주신 분들, 이 책을 쓰게끔 격려해준 제 환자들, 어린이 환자와 성인 환자 여러분, 모두 고맙습니다. 여러분이 저로 하여금 중단 없이 나아가도록, 계속해서 숙고하고 전진하며 모색하도록 밀어주셨습니다. 이해하고 또 이해하도록 말이지요. 이 책의 주인공, 그들처럼!

차 례

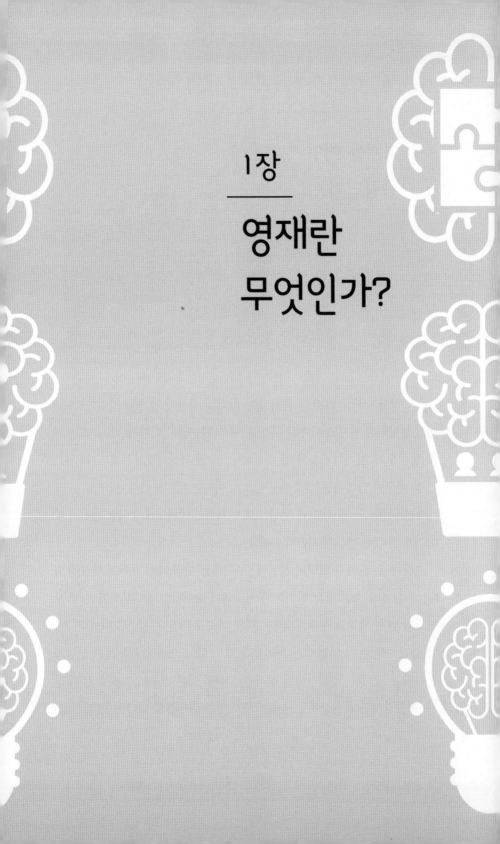

1장
———
영재란
무엇인가?

영재는 어떤
사람인가?

영재는 단순히 요즘 유행하는 하나의 주제에 불과한 것일까? 미디어의 영향력이 커지고 이따금 사실을 왜곡하는 일도 있다 보니, 우리는 영재를 부모가 자기만족을 위해 만들어낸, 혹은 정신의학자들이 '슈퍼 브레인'을 꿈꾸며 만들어낸 '대갈장군'쯤으로 여기는지도 모른다.

예전에는 모든 걸 타고난 사람으로 여겨지던 영재들에게 이런 관심이 쏟아지게 된 것은 비교적 최근의 일이다.

그간 무슨 변화가 있었던 것일까? 여기에는 여러 가지 요인이 맞물려 있다. 우선 상담소를 찾는 아이들과 청소년이 늘어났고 심리검사가 크게 보편화되었다. 그리고 상담과 검사 결과, 대개 놀라운 사실이 드러났다. IQ가 높은 아이들이 학업에 큰 어려움을 겪고 있고 심리장애를 가진 경우가 흔하다는 것이다. 심리장애가 심각한 수위에 이른 경우도 그리 드물지 않다. 행동장애와 적응장애로 교육 자체가 힘든 아이들도 있다. 마지막으로,

자녀가 겪는 문제와 그 대처 방안에 관심이 쏠린 어른들이 줄줄이 상담소를 찾아와 자신이 처한 어려움과 고통을 토로하기 시작했다.

이런 아이들과 어른들의 공통점은 무엇일까? 알고 보니 다들 영재이면서 어려움을 겪고 있다는 점이다. 이들은 영재이고, 자신이 느끼는 불안감에 대해, 또 삶의 문제, 성공의 문제에 대해 해답을 찾고 있다.

최근 몇 년 사이에 대학과 학계에서 이 문제를 다루는 연구 흐름이 생겨나고, 교육부가 관심을 기울이기 시작했으며, 의료계에서도 조심스러운 몇 가지 동향이 일어나는 등 일련의 사회적 움직임이 나타나고 있다. 그러나 이해와 보살핌과 지지를 갈구하는 이 아이들과 어른들을 위해 구체적인 대책과 제안은 내놓지 못하고 있다.

제일 큰 문제는, 영재를 아주 특별한 혜택을 입고 태어난 사람으로 여기는 경향이 아직도 지배적이어서 대부분 사람이 그런 생각을 품고 있다는 점이다.

하긴 영재의 삶을 불안정하게 만드는 핵심적인 역설을 어떻게 쉬이 받아들이고 인정할 수 있겠는가. '극도의 지능과 상처받기 쉬운 과민한 정신, 그 사이에 존재하는 긴밀한 연관'이라는 역설 말이다.

> 기이한 관계다. 극단적인 사유와 극단적인 괴로움은 같은 지평을 여는
> 것일까? 괴로워한다는 것은 궁극적으로 사유한다는 것일까?
> ―모리스 블랑쇼*

---

*모리스 블랑쇼, 『도래할 책』, 갈리마르 출판사, 1959

- **우리가 혼동하는 것**: 지능과 수행능력
- **우리가 혼용하는 것**: 능력과 성공
- **우리가 포개놓은 것**: 잠재력과 지적 효율
- **우리가 결부시켜놓은 것**: 양적으로 높은(평균보다 더 똑똑한 사람들의) 지능이지만 주위환경의 요구에 맞춰진 지능과 질적으로 달라서 그 작동방식이 고통과 실패의 원인이 될 수 있는 지능, 즉 (다른 식으로 똑똑한) 영재들의 지능
- **우리가 잊고 있는 것**: 빠르게 이해하고 분석하며 기억하는 것은 하늘에서 물려받은 천부적인 이해력이나 전지적 지식을 가졌다는 의미가 아니다.
- **우리가 과소평가하는 것**: 극도의 지능은 극도의 감성, 극도의 감정적 감수성과 불가분의 관계이다.
- **우리가 감추고 있는 것**: 고도의 지능과 과도한 감성은 사람을 상처받기 쉽고 불안정하게 만든다.
- **우리가 간과하는 것**: 날카로운 통찰력으로 물질세계와 인간관계의 여러 요소들을 느끼고 이해하는 것은 지속적인 감정적 반응을 일으키고, 이는 막연한 불안감의 원인이 된다.

지능을 생각하면 여러 가지 역설적 표상이 우리 머릿속에 떠오른다. 우선 우리는 지능의 의미부터 자문하게 된다. 똑똑하다는 게 뭐지? 그다음은 지능의 결과에 대해 자문한다. 똑똑하면 어떻게 되는 거지? 마지막으로 기대치에 대한 자문도 하게 된다. 똑똑한 나는 뭘 해야 하지? 내가 만일 성공하지 못하면, 그럼 이 말에 내포된 전제, 즉 똑똑하면 성공한다는 전제를 문제 삼아야 하는 건가? 우리는 지능과 지능의 효과를 둘러싼 그 모든 생각, 믿음, 환상, 모순, 공포가 얼마나 강력한 것인가를 잘 알고 있다.

내가 만난 영재 오로르는 이렇게 말한다. "지능이란 좋은 거지만, 거기에는 항상 두세 가지 문제가 따라다녀요. 지능 그 자체만 얻었다면 좋았을 텐데 말이에요! 대단히 유용한 건 사실이니까요! 하지만, 그 점을 제외한 나머지 전부는 정말이지 감당하기 너무 힘들어요."

'영재'에 대해 유념할 점

— 영재란 무엇보다 똑똑하다는 것의 한 유형이자 특이한 지적 작동 방식을 보이며, 남다른 지적 기반과 특이한 구조를 가진 인지 능력이 활성화된 상태이다.

— '양적으로' 더 똑똑하다는 것이 아니라 '질적으로' 다른 지능을 구사한다는 뜻이다. 이 둘은 절대 같지 않다!

— 영재라는 것은 대단히 높은 수준의 지적 능력, 즉 엄청난 이해력·분석력·기억력을 보유한 보통을 능가하는 지능, '게다가' 감성, 감동성, 감정적 감수성, 오감의 지각, 엄청난 규모와 힘으로 사고 영역을 휩쓰는 통찰력이 함께 결합한 것이다. 이 두 측면은 '언제나' 복잡하게 얽혀 있다.

— 영재라는 것은 '이 세계와 대면하는' 하나의 방식으로서 인성 전체를 물들인다.

— 영재라는 것은 늘 터져 나오기 일보 직전의 감정이자, 시종 무한을 향해 달려가는 사고이다.

영재의 두 측면, 지능과 정서를 함께 이해하기

지능과 정서, 이 두 측면은 영재의 인성 전반을 구축하고, 성장의 전 단계와 삶 전체에 크나큰 영향을 미친다. 따라서 영재가 가진 특성을 이 두 측면에서 고려하지 않는 것은 시대착오적 발상이며, 이 사회의 구성원 일부를 통째로 무시하는 처사이다. 영재라는 것은 대단한 기회도, 신의 은총도 아니며, 특별한 재능도, 부러움을 살 만한 과도한 지능도 아니다. 영재라는 것은 지적·정서적으로 다양한 능력을 지닌 하나의 특이한 인성이다. 그런데 이 잠재된 능력은 오로지 자신의 인성을 제대로 인식하고 이해하며 주위에서 인정받을 때에만 하나의 힘으로서 인성 전반에 통합될 수 있다. 그러므로 인성을 온전히 이해하고 자기 것으로 만들어야만, 자신에게 꼭 맞는 삶, 안락하고 안정된 삶을 이어나갈 수가 있다. 인성을 무시하거나 최악의 경우 부정하는 것은 자기 자신에게서 멀어질 뿐 아니라, 고통스러운 사회 부적응 또는 심각한 심리장애로 이어질 수 있는 극도의 내적 결핍감과 부전감(不全感)*을 안은 채 살아가게 될 위험을 감수하는 것이다.

> 행복이란 사실상 자신의 역량을 100% 개발하는 것에 다름 아니다.
> —미하이 칙센트미하이**

---

* 자신이 불완전하다는 느낌. —옮긴이주
** 미국의 심리학자. 창조성과 행복의 관계를 연구한 긍정심리학 분야의 선구자로 '몰입' 개념으로 유명하다. —옮긴이주
*** 자기애는 자기의 가치를 높이고 싶은 욕망에서 생기는, 자기에 대한 사랑이다. '나르시시즘'이라고도 한다. —편집자주
**** 보상작용이란 자신에게 육체적·정신적 열등감이나 불만이 있을 때, 이를 자신의 강점이나 다른 행동으로 극복하고 보충하려는 심리작용을 말한다. 그러나 과도한 스트레스를 받으면 이 방어기제를 유지할 수 없는 무능력 상태가 되고 그 결과 성격장애와 심리적 불균형을 가져오는데, 이것이 보상작용 상실이다. —옮긴이주

경계경보를 울리자!

최근의 임상 보고서는 우려할 만한 상황을 경고한다. 영재 아이들이 혼란스러운 학업 과정을 거치는 경우가 많고, 심리적으로 과민하여 상처받기 쉬우며, 자기애***적인 지표들이 모호하고, 세상에 대한 고통스러운 인식으로 괴로워하고 있다는 것이다. 인성으로 보자면, 이 아이들은 충분히 이런저런 방어막과 능력을 개발하여 자신의 특성을 삶의 성공 수단으로, 삶의 긍정적인 동력으로 바꿀 수 있다. 그러나 성장 과정에서 정서적으로 여러 어려움을 겪고 그것에 크게 영향을 받기 때문에 다양한 심리장애들이 나타난다. 청소년기에는 보상작용 상실****이 빈번히 일어나는데, 이에 대한 치료는 힘들고 예후는 때로 암울하다.

이런 문제들은 아이가 영재임이 발견되느냐 아니냐에 따라, 그리고 몇 살에 영재 진단을 받느냐에 따라 다소간에 영향을 받는다. 자신이 진짜 어떤 아이인지 모르고 성장할 때, 아이가 겪을 심리장애의 위험성은 정말로 위협적인 것이 된다. 그렇게 해서 그들이 성인이 되면 숱한 포기와 상처를 겪으며, 자기 자신과 세상에 대한 잘못된 믿음 위에서, 혹은 상처받기 쉬운 과민함으로부터 자신을 스스로 보호하기 위해 만든 완고한 방어기제 위에서, 절름발이식으로 자아가 구축된다. 그리하여 성인 영재는 대개 혼란스럽고, 불편하며, 굴곡진, 아주 파란만장한 인생행로를 걷게 된다.

물론 성인 영재들 가운데 일부는 안락한 삶의 균형을 찾고, 만족스러운 인생 계획을 설계하고, 성공적인 삶을 살아가기도 한다. 그러나 그런 모범적인 영재들이 대다수라고 주장하는 견해를 핑계 삼아, 어떻게 이 방황하는 성인들의 존재를 깡그리 무시한단 말인가. 이들이 가진 문제의 핵심은 자신이 어떤 사람인지를 모르는 데서 기인하는 것이다.

중대한 문제 :
이들을 뭐라고 불러야 할까?

이 문제는 절대 가벼운 문제가 아니다. 어쩌면 한 꼭지 이상을 할애해야 할 정도로 핵심적인 주제이다. 영재를 지칭하는 말들은 앞서 말했듯 모두 부분적이고 부적절한, 어느 경우든 만족스럽지 못한 의미를 함축하고 있다.

• **지적으로 조숙하다**는 것은 아동기의 조기 발달을 의미한다. 이 말은 현실을 설명하지도 못하고(영재 아이들 모두가 조기 발달을 보이는 것은 아니므로), 특수성을 설명하지도 못한다(이 아이들이 다른 아이들보다 '앞서기' 때문에 지적 작동의 차이가 생기는 것이 아니므로). 더욱이 사람들이 이 아이들을 '애어른'으로 부를 때나 '조숙한 꼬맹이들' 운운할 때는 더욱 대책이 없다.

• **영재?** 이 말은 단번에 '남들보다 더 재능 있는' 사람, 천부적인 재주를 지닌 사람으로 이해된다. 그런데 자신이 실제로 뭔가에 재능이 있으리라고 어떻게 추정할 수 있으며, 영재라는 용어가 지칭하는 것과 자신의 닮은 점을 어떻게 알아볼 수 있겠는가? 부모 입장에서는 학교에서나 집에서나 신통할 것 하나 없는 자신의 아이가 영재라는 사실을 인정하기 어렵다. 아이 입장에서는 스스로 느끼는 자신의 능력도, 다른 사람들이 생각하는 자신의 모습도 영재라고 할 수는 없는데 자기를 영재라고 하니 황당하다. 영재란, 아이에게는 감당하기 부담스럽고 부모에게는 입에 담기 불확실한 말이다. 내 아이가 영재라니, 그 말을 어떻게 한다지? 사람들이 그걸 어떻게 이해하려나? 그게 '당신들이 생각하는 것'과는 좀 다른 거라고 어떻게 설명을 하지? 부모들은 또한 제 아이를 '과시하는' 듯한,

꼭 '제 자랑하는' 듯한 인상을 주기 때문에 영재라는 단어를 사용하기 거북해하는 측면도 있다.

그렇다면 어른이 된 영재의 경우는 어떨까? 자기 인생을 실패와 고통의 연속으로 여기는 사람이 어떻게 자신을 영재라고 생각할 수 있을까? 혹은 그 정도까지는 아니더라도, 아무것도 볼 것 없는 무가치한 인생으로 여기는 사람이라면 말이다. 설령 자기 삶을 고난과 기쁨이 공존하는 있는 그대로의 모습으로 인정하는 사람이라 해도, 설령 자기 삶을 '성공'으로 여기는 사람이라 해도, 영재라는 이 수식어가 골치 아프기는 마찬가지다. 내가 영재라고? 그게 내 삶이랑 무슨 상관이지? 내가 영재라면 지금과는 다른 인생을 살았어야 하는 거 아니야?

> 그럼에도 불구하고 영재(Surdoué)라는 용어는 프랑스에서 전통적으로 가장 오래된 이름으로서,* 인성에 내재하는 어떤 특성을 나타내는 명칭이다. 부족하나마 그래도 이 용어가 다른 말보다는 더 적절하다고 본다.

• 현재는 높은 잠재력을 가리키는 HP(Haut Potentiel, 프랑스어)/High Potential(영어), 또는 높은 지능을 가리키는 HQI(Haut QI, 프랑스어)/High IQ(영어) 같은 용어가 유행하고 있다. 마치 이런 대문자 약자가 사람들을 혼란에 빠트리는 것들, 과장되고 부풀려진 것들을 단번에 정리할 수 있다는 듯이 말이다.

---

*1970년에 정신의학자 쥘리앙 드 아쥐리아게라가 영어권 용어 highly gifted를 번역하면서 프랑스어에 도입된 이후, 레미 쇼뱅과 그의 주요 저서 『영재들(Les Surdoués)』(스톡 출판사, 1975)을 통해 대중화되었다.

그러나 HP에는 새로운 암초가 도사리고 있다. 높은 잠재력을 지녔다는 것은 그것으로 뭔가 대단한 일, 성공적인 일을 해낼 의무가 있음을 전제한다. 그럼 해내지 못한다면, 그 높은 잠재력을 '망치는' 것일까? 죄책감이 스멀거린다······.

'얼룩말'과 같은 존재들

그래서 나는 이렇듯 무거운 표현들에서 벗어나기 위해 내가 전작 『영재의 심리학』에서 선택했던 명칭 '얼룩말'*을 계속해서 선호할 것이다. 얼룩말, 이 색다른 동물은 말을 비롯한 동물 가운데 인간이 완전히 길들일 수 없는 유일한 동물이다. 또 줄무늬를 이용해서 제 몸을 숨기지만 이 줄무늬 때문에 오히려 대초원의 다른 동물들과 선명하게 구분되고, 생존을 위해 다른 동료와 무리 지어 살아야 하며 새끼들에게도 대단히 정성을 쏟는, 다른 동물과 별반 다르지 않으면서도 그토록 별다른 동물이다. 또한, 사람의 지문처럼 얼룩말의 줄무늬도 저마다 고유해서 서로 분간할 수 있게 해준다. 얼룩말은 저마다 다르다. 그리하여 나는 이 '이상하고 별다른 존재들'이 이 냉혹한 세상에서 우리와 어울려 살아가기 위해서는 우리의 관심이 필요하다고 계속해서 말하려고 한다. 나는 세상의 모든 '얼룩말' 같은 존재들을 계속해서 옹호하려고 한다. 마치 이 얼룩무늬를 삶의 발톱을 세워 수없이 할퀸 자국처럼 여기는 그들에게 나는 이 줄무늬 얼룩이 숱한 함정과 위험으로부터 이들을 구해줄 수 있는 경이로운 특성이기도 하다는 것을 이들에

---

*프랑스어에서 얼룩말을 뜻하는 단어 zèbre에는 '이상한 사람', '괴짜'라는 의미도 있다. —옮긴이주

게 계속해서 설명하려고 한다. 이 얼룩은 아주 멋진 것이며 그걸 자랑스러워해도 된다고, 차근차근 계속해서 말해줄 것이다.

코기토'제드(Cogito'Z)*에서 우리는 애초에 영재 내담자들의 서류에는 얼룩말 그림이 새겨진 도장을 찍기로 했다. 이렇게 함으로써 우리는 이런 골치 아픈 명칭의 문제에서 벗어날 수 있었다. 얼룩말들의 서류는 따로 분류하고, 회의에서 심리검사 결과를 검토하여 이 아이에게 얼룩무늬가 있는지 없는지를 논의한다. 이제 우리 센터에서 얼룩말들은 기호 Z가 된다. 예를 들어 얼룩말이라는 진단이 내려지고 얼룩말의 특징들이 현저히 나타나는 아이의 경우, 내부 보고서에 Z++로 기재하는 식이다. 우리의 행정 데이터베이스에는 진단이 내려진 내담자를 Z로 표시하고 있다. 얼룩말(Zèbre)의 Z, A부터 Z까지의 Z, 정의의 사도 조로(Zorro)의 Z······. Z의 의미는 정해진 게 아니고 각자 상상하기 나름이다! 이들의 입장에서도 괜찮은 아이디어 같지 않은가?

---

*코기토'제드는 2003년 잔 시오파생이 마르세유에 처음 설립한 프랑스 최초의 학습장애 진단치료 센터. 현재 아비뇽과 파리에도 코기토'제드가 있다.

영재는 무엇이
다른가?

최근 몇 년 사이 많은 저술과 비약적인 연구 성과가 나오고 정부 역시 관심을 쏟으면서 영재에 대한 세간의 관심이 높아졌다.

이 특이한 사람들을 배려해야 한다는 인식이 새롭게 싹트기 시작함으로써 적극적이고 생산적인 움직임이 생겨났다. 대학에서 이런 주제를 연구하는 인력이 점차 늘고, 영재 아동을 진단하고 치료하는 개업의, 심리전문가, 정신의학자 등도 점점 느는 데다, 가장 적절한 교육 형태를 고민하는 교육기관들의 재정비가 이루어지고 있다. 물론 아직까지도 부모들의 '순례길'은 매우 험난하고 '해피엔드'는 상당히 드물다. 전문 인력은 턱없이 부족하고 적합한 기관은 많지 않다. 그러나 다행히 변화하기 시작했다. 미미하게나마 변화가 일고 있다.

거대한 혁명은 무엇보다 뇌과학 분야에서 일어났다. 이제 우리는 자기공명영상(MRI) 덕분에 뇌의 작동을 실시간으로 볼 수 있게 되었다. 이로 인해

어른이 된 영재들

어떤 문제를 해결할 때, 어떤 상황, 어떤 맥락에서 뇌의 어느 부위가 개입하는지를 더 잘 이해할 수 있게 되었다. 이런 기술 혁명을 통해 '영재의 사고는 어떤 점이 어떻게 다른가?'라는 근원적 질문에 대한 우리의 이해와 지식은 한층 공고해지게 되었다.

새로운 발견인가, 단순한 확인인가?

뇌과학은 결국 우리의 불안을 진정시켜주긴 하지만, 사실 나는 그것이 진정한 의미의 새로운 발견이라고는 생각지 않는다. 임상의들은 이미 오래전부터 영재들의 사고와 정서가 특이함을 알고 있었고, 부모들 역시 그런 특이성을 잘 알고 있다. 의사 표현에 제일 소극적인 교사들마저 마침내 이런 학생들이 다른 아이들과는 전혀 다르게 반응한다는 걸 인정하기에 이르렀다. 학습 형태, 행동, 대인 관계, 정서적 반응 등 모든 면에서 말이다.

요컨대 오늘날의 과학은 영재들을 가까이에서 상대하는 사람들이 오래전부터 알고 있던 사실을 입증하는 것에 불과하다.

어찌됐든 단 한 가지 진정한 쟁점이 있다면 그건 이런 질문으로 요약된다. '그렇다면 이제 우리는 무엇을 해야 하는가?' 영재들 자신은 물론 이들의 가족, 이들을 가르치고 교육하는 사람들 모두가 필요로 하는 것이 바로 이 질문에 대한 답이다.

과학이 영재의 특이성을 입증하고 인정함으로써 우리를 안심시키긴 하지만, 이 질문에는 아직 대답하지 못하고 있다.

"So What?(그래서 어쩌라고?)" 영어권 사람이라면 이렇게 말할지도 모른다. 오래전부터 관련 임상의들은 어려움을 겪고 있는, 나아가 고통 속에 살고 있는 이 사람들을 어떻게 도울 수 있을지 그 방법을 찾고 있는데, 과학적 연구는 기껏 우리가 아는 바가 사실임을 입증함으로써 증거야말로 진실이라고 생각하는 사람들을 안심시켜줄 뿐이다. 어떤 맥락에서건 어떤 인류에서건 쉽게 끄집어낼 수 있는 실험 대상들처럼, 이제 과학적 연구는 마침내 영재들을 연구 대상으로 삼기에 이르렀다. 그들은 마치 제 고유의 삶을 가지기라도 한 분자 하나를 다루듯이, 하나하나의 요소를 따로 떼어 다룬다. 그리하여 연구 결과는 이따금 이 지상의 현실, 삶의 실제 현실로부터 아주 동떨어진 이론들 속에서 헤맨다.

나는 물론 과학적 연구의 필요성을 인정하지만, 이런저런 실험 과정에서 영재들의 존재를 '망각'하는 것이 이들에게 매우 위험하다고 생각한다. 병원 진료실, 상담실이야말로 인간에 관해 알 수 있는 가장 신뢰할 만한 원천이며, 각각의 고유한 사례로부터 일반성을 찾아낼 수 있다고, 수백 번에 걸친 영재들과의 만남이 유효한 연구 표본을 만들어낸다고 아직도 굳게 믿는다.

영재들의 뇌 속으로 여행 :
이들이 가진 삶과 사고의 특성들을 규명할 수 있는 곳

뇌 쪽으로 잠시 돌아가자. 그러면 우리는 영재가 가진 지적 작동의 핵심 요소에, 정서적 측면과 인지적 측면이라는 이중적 측면에서 과학적 시각으로 접근할 수 있다. 볼 수 없는 과정을 '실제로 볼 수 있는' 기회란 정말이지 매혹적이다. 지적 작동에 있어서 특이한 점들이 존재함을 증명할 수 있다는 건 특히나 경이롭다. 이제 그것은 더이상 얼빠진 의사들이나 노이로

제에 걸린 부모들의 순전한 환상이 아니다.

뇌의 작동에 관해 우리의 이해를 바꿔놓을
뇌과학의 몇 가지 발견

중요한 것은 뉴런의 수가 아니라, 뉴런 간의 연결 수

우리는 20세 이후부터 뉴런(신경세포)이 소실되기 시작한다는 불안한 생각을 가진 채 살아간다. 우리가 배운 바로는, 뉴런은 아동기에 빠르게 증가하여 청소년기에 뇌가 최종 성숙 단계에 이르고, 그 이후부터 노화가 시작된다. 그런데 뇌가 유아기에 아주 놀라운 속도로 발달하는 게 맞긴 하지만 이제는 뉴런의 수니, 뉴런의 수와 지능의 관계니 하는 그런 이야기는 잊어야 한다. 오늘날 차이를 만드는 것은 뉴런 간의 연결 수다. 다시 말해 우리가 더 많이 배우고, 이해하며, 기억하고, 자극적인 경험을 할수록, 우리의 뉴런은 자기들끼리 더 많이 연결된다. 그리고 이런 연결이 증가할수록 뇌의 성능은 좋아진다.

청소년기에 뇌는 완전히 성숙하지 않는다. 반대로 이 시기에는 뇌에서 행동을 조절하고 예측하는 부분이 아직 미성숙하다는 사실이 최근에 밝혀졌다. 이 발견으로 왜 일부 청소년들이 무분별한 짓을 하고 자기 인생을 위험에 빠뜨리는지 그 까닭을 더 잘 이해할 수 있다. 그들의 뇌가 '멈춰!'라고 말할 줄 모르는 것이다! 이 청소년들이 자기 행동을 조절하려면 다른 능력을 이용하는 노력을 해야 한다. 이것은 그들에게 자연스러운 일이 아니다!

뇌과학에서의 큰 발견은 뇌의 가소성(可塑性)*이다. 이거야말로 정말 근

---

*뇌에 자극을 가하면 뉴런의 구조에 변화가 일어나고 뇌의 특정 영역의 역할과 기능이 변할 수 있는데, 자극이 없어진 뒤에도 이 변화가 지속되는 성질을 가소성이라고 한다. 즉 외부의 자극·경험·학습을 통해 뇌 기능이 변화하고 재조직·재설계되는 유연한 적응력을 말하며, 교육·학습 관련 뇌과학 연구에서 중요한 개념으로 쓰인다. —옮긴이주

사한 작용이다! 이는 일부 뉴런이 소실되어도 아무 상관이 없다는 뜻이다 (이건 사실이다). 왜냐하면, 우리는 언제나 다른 뉴런들을 연결해서 새로운 신경망*을 만들어낼 수 있기 때문이다. 우리가 호호백발의 노인이 되어도 말이다. 우리는 나이에 상관없이 학습하고 사고하며 기억할 수 있고 평생토록 자기 머리를 쌩쌩 돌아가게 할 수 있다. 굉장하지 않은가?

하지만, 정보의 전송속도에는 개인차가 있다. 신경망에서 정보가 순환하는 평균속도는 대략 초속 2미터이다. 어떤 사람들은 다른 사람들에 비해 다소 빠르게 정보를 처리한다. 이 속도는 뇌의 영역에 따라서, 또 처리할 정보의 유형에 따라서 달라진다.

어떤 사건들을 처리하는 데는 고작 3~5밀리세컨드(1,000분의 1초)밖에 걸리지 않는다. 당신이 이 문장을 읽는 동안 당신의 뇌는 수백 가지 정보를 처리한다. 당신의 모든 감각을 통해 외부에서 유입되는 정보, 예를 들어 요리되고 있는 음식 냄새라든가 당신 어깨에 스멀스멀 느껴지는 냉기, 멀리서 들려오는 경적 소리…… 거기에다 당신의 내부에서 비롯되는 정보, 즉 꼬리에 꼬리를 물고 연상 작용을 일으키는 당신 자신의 사고까지, 그 수많은 정보가 그 짧은 시간에 처리된 것이다.

혁명적 발견, 뇌는 비전문적이다

과거에 뇌의 작동을 이해하는 방식은, 특정 구역이 특정 기능을 담당한다고 보는 것이었다. 그래서 어떤 구역이 손상되거나 파괴되면(이를테면 두개골 손상으로), 그에 해당하는 기능을 사용하지 못하는 걸로 생각했다. 예를 들어 언어를 담당하는 구역이 손상된 환자는 말을 할 수 없게 되는 식

---

* 다수의 뉴런들이 서로 연결된 것. —옮긴이주

이다. 그러나 오늘날 우리는 뇌가 멀티플레이어라는 사실을 알게 되었다. 즉 뇌의 모든 부분이 여러 가지 다른 기능을 처리할 수 있다는 말이다. 어떤 부위가 손상되면 다른 부위가 그 역할을 이어서 맡는다. 이는 뇌의 역량이 무한하다는 뜻이기도 하다.

버려야 할 선입견, 우리는 뇌를 고작 10%만 사용하는 게 아니다!

그러나 동시에 뇌 전체를 사용하는 것은 아니고, 또 늘 그런 것도 아니다. 활성화되는 하중과 밀도는 변화무쌍하다. 말하자면 해결해야 할 문제나 상황이 얼마나 압박을 가하느냐에 따라서 뇌의 어떤 구역들은 흥분하는 반면 다른 구역들은 약하게 작동한다. 우리가 자신도 모르는 사이에 수많은 정보를 뇌에 등록하는 것이 바로 이런 까닭이다. 즉 어떤 구역들이 최우선 문제를 집중적으로 다루는 동안 다른 구역들은 다른 정보들을 통합하고, 분석하며, 처리하고, 등록한다.

이것이 바로 오늘날 우리가 얘기하는 인지적 무의식*이다. 우리 자신은 정작 알고 있다는 걸 의식하지 못하는 수많은 것들을 우리의 뇌는 알고 있다는 말이다.

따라서 우리는 우리 뇌의 100%를 사용하고 있지만, 우리 사고의 90%가 무의식적으로 일어나고 10%만 의식적으로 일어난다.

이것이 바로 우리가 뇌를 10%만 사용하는 거라고 잘못 알고 있었던 이유이다!

---

*인간의 사고 대부분을 의식적으로 지각하지 못하는 과정, 즉 무의식적 과정을 거쳐 이루어진다는 개념이다. ―옮긴이주

감정이 수행하는 의외의 역할

이성적으로 추론하려면 냉정해야 한다고 우리는 오랫동안 믿어왔다. 데카르트 이후로 우리는 감정이 우리를 잘못된 판단으로 이끈다는 확신 속에 살아왔다. 감정이 끼어들면 판단력을 상실하여 잘못을 저지르게 된다고 말이다. 놀라운 사실은, 이 믿음이 완전히 틀렸다는 것이다! 진실은 오히려 그 반대다. 감정은 사고에 꼭 필요하다. * 감정이 빠지면, '어리석은' 결심을 하고, '어리석은' 결론을 내리며, '어리석은' 행동을 한다. 감정이 없으면, 사물과 현실에 대한 감각을 상실한다. 만일 당신이 어떤 감정도 느끼지 못한다면, 당신은 판단의 오류를 범하게 되고 당신이나 타인들의 이해에 반하는 선택을 하게 될 위험이 있다. 감정이 없으면 뇌는 이성을 잃는다!

영재들 뇌의 특수한 인지 구조

뇌의 과도한 활성화 : 두개골 밑에서 이는 폭풍

모든 구역에서 동시에 엄청난 속도로 뉴런들이 연결되며, 줄곧 과도한 활성화 상태에 있는 뇌. 언제나 '부글부글 끓고 있는' 뇌는 사고의 역량을 현저하게 증가시키지만, 대신 사고를 목표한 방향으로 유도하기가 무척 어렵다.

> "머리가 너무 꽉 차니까 그걸 전부 얘기하려고 말을 빨리빨리 하려다 보면 곧 뒤죽박죽이 돼버려요. 정말 미칠 것 같아요."

---

*안토니오 R. 다마시오, 『데카르트의 오류』, 오딜 자콥 출판사, 2006.

"동시에 너무 많은 걸 생각하다 보니 가끔 내가 무슨 생각을 하고 있는지 모를 때가 있어요. 사고의 끈을 놓치는 거죠. 너무 순식간에 그렇게 돼버리니까, 중요한 아이디어들을 잊어버린다는 느낌을 받아요."

"머릿속이 너무 맹렬하게 돌아가서 이따금 내가 몹시 과열되는 것 같고 뭔가가 곧 터져버릴 것 같은 느낌이 들어요. 사실, 그것 때문에 겁이 나요. 그래서 생각을 하지 않으려고 애를 쓰지만 그게 잘되질 않아요. 내가 꼭 뇌의 노예가 된 것 같아요."

너무 빠른 정보 전송속도

영재는 뇌에서 뉴런들이 연결되는 속도부터가 빠르다. 영재들의 정보 전송속도는 현저히 높다(IQ가 1점 높아지면 초속 0.05미터가 더 빨라진다고 한다). 이는 같은 시간에 훨씬 더 많은 정보들이 통합되고 분석된다는 뜻이다. 모든 것이 훨씬 더 빠르게 진행되고, 엄청난 양의 데이터가 동시에 처리된다.

이렇게 물밀 듯한 뇌의 흐름은 멈추지 않는다. 활성화 수준이 대단히 높고, 그 강도를 낮추기란 어렵다.

그 결과는 어떨까? 줄곧 생각을 계속한다. 생각을 멈출 수가 없다.

"정말이지 제 뉴런을 쉬게 하고 싶어요."라거나 "어떻게 하면 생각을 멈출 수 있나요? 더는 못 견디겠어요.", 혹은 더 결정적인 물음, "제 머릿속 전원을 꺼버릴 약이나 수술 같은 거 없나요?" 잠시도 쉬지 않고 밀려드는 생각에 기진맥진한 영재들 대부분이 이런 한탄과 간청을 반복적으로 토로한다.

다중공간적 처리

우리가 정보의 처리에 대해 말할 때는, 외부에서 오는 정보와 자기 내부에서 오는 정보, 이 정보를 모두 뇌가 어떻게 처리하는지 그 방식을 생각하게 된다. 외부란, 우리 주위에서 벌어지며 우리의 오감을 통해 감지되는 것을 일컫는다. 내부란, 우리 머릿속에 들어 있는 것으로 기억, 연상 작용, 우리가 가진 표상들에서 비롯된다.

영재의 경우 이 모든 정보가 빠짐없이 신경망을 타고 순환하며 뇌의 여러 부분에 분배된다. 뉴런 간의 연결이 뇌의 특정 구역에만 국한되어 일어나지 않는다(뇌 기능의 국지화(局地化) 현상에서 흔히 관찰되는 바와 달리). 게다가 정보들을 동시적으로 처리한다. 이는 모든 정보가 동일한 비중으로 동시에 처리된다는 뜻이다. 따라서 관련된 뉴런의 수는 많이 증가한다. 그러다 보니 말 그대로 머리가 꽉 차는 것이다!

시련: 관련성 있는 정보를 선별하기

뇌가 이처럼 늘 가속화된 활성화 상태라면 어떻게 그토록 빠르게 처리되는 수많은 정보 가운데 중요한 정보를 찾아낼 수 있을까? 어떤 순간에 어떤 문제를 해결하는 데 필요한 데이터, 즉 관련성 있는 데이터를 어떻게 가려낼 수 있을까? 모든 것이 급속도로 진행되는 동시에 뇌에 나타나므로, 하나의 생각을 포착하려 들면 그 생각은 이미 저만치 멀어지고 수백 가지 다른 생각이 솟아오른다. 그렇다면 뉴런과 같은 속도로 쌩쌩 움직이는, 그리하여 사고를 훨씬 더 먼 영역으로 몰고 가는 감정적 부하로부터 어떻게 벗어날 수 있을까?

• 잠재적 억제의 결핍

잠재적 억제는 우리의 뇌가 다루어야 하는 자극과 정보에 대해 우선순위를 매기고 선별할 수 있게끔 해주는 인지 과정이다.

예를 들어 우리가 어떤 공간에 들어설 때, 처음에는 그 공간의 냄새가 느껴지지만 시간이 좀 지나면 냄새가 없어지는 것처럼 느껴진다. 이는 뇌가 냄새의 정보를 등록하고 '유용하지 않음' 카테고리로 분류하여 한쪽으로 치워버리기 때문이다! 소음의 경우도 마찬가지다. 똑딱거리는 벽시계 소리는 우리를 성가시게 하지만 곧 조용해지면서 배경 속으로 녹아드는 것처럼 느껴진다. 이런 정보를 부차적인 것으로 분류하여 처리한 것이 바로 잠재적 억제이다.

우리의 뇌로 하여금 시각적이든 청각적이든 촉각적이든, 받아들인 모든 정보에 대하여 선별 작업을 수행하게 한 후, 유용하고 관련성이 있다고 판단되는 정보에 한해 우리를 집중하게 하는 것이 바로 잠재적 억제이다. 잠재적 억제는 소리와 이미지 같은 '기본' 감각을 없앤다. 일종의 '자동 분류'가 실행됨으로써, 우리가 이 모든 정보에 잠식당하지 않고 꼭 필요하고 중요한 것에 집중할 수 있도록 한다. 이는 우리의 의식적 의지가 알지 못하는 사이에 일어나는 기본적인 신경학적 과정이다.

그러나 영재의 뇌에서는 이런 '자동 분류'가 실행되지 않기 때문에, 영재는 자신이 직면한 그 수많은 정보를 '수동으로' 처리해야 한다. 이것이 바로 '잠재적 억제의 결핍'이다. 이는 자기 머릿속에 '안착하여' 무엇이 우선으로 처리해야 할 데이터인지 결정하려면 특수한 노력이 필요하다는 뜻이다. 그러니 우리는 영재가 자신의 사고를 조직하고 구조화해야 할 때 겪는 어려움을 충분히 이해할 수 있다. 또한, 사고와 결부된 그 모든 감정, 그 모든 감각과 얼마나 치열하게 대치하고 있는지도 충분히 이해 가능하다.

• 장 의존성과 장 독립성 :
두 가지 다른 능력의 인지양식

'장 의존성(field dependence)과 장 독립성(field independence)'은 복잡한 전체 장에서 특정 요소를 찾아낼 때 드러나는 두 가지 인지양식이다. 우리는 이 두 인지양식 중에서 각자 자신에게 우위에 있는 양식에 따라 작동한다.

'장(場)에서 독립적'인 사람은 주변 장의 영향을 적게 받기 때문에 개별 요소를 장에서 쉽게 분리시키고 주어진 과제에서 불필요한 정보를 쉽게 약화시킬 수 있다.

반대로 뇌가 '장에 의존적'인 경우는 장의 영향을 많이 받기 때문에 '표적'을 구분하기가 어렵고, 주어진 목표물을 맞히려면 상당한 주의를 기울여야 한다.

인지양식을 평가하기 위해 일반적으로 이용되는 검사들은 마구 뒤섞여 있는 여러 형태 속에서 기하학 도형 하나를 제한된 시간 안에 찾아내도록 하는 것이다. 당연히 '표적이 되는' 도형을 지각하기 어렵게 만드는, 관련성 없는 형태로부터 방해를 덜 받는 사람들일수록 이 과제를 더 빠르고 효과적으로 수행한다.

이를 통해 이 두 인지양식은 각기 지적 효율이 다르고, 또 인성의 특징과 관련이 있다는 사실이 드러났다.

'장 독립적' 양식은 비(非)맥락화를 쉽게 허용하므로 지적 능력을 활성화할 때 더 효과적일 수 있다. 주변 공간을 싹 치우고서 주어진 과제를 해결하는 데 필요한 수단만을 전개하기 때문이다. 따라서 이 인지양식은 주변으로부터 영향을 쉽게 받지 않고, 필요시에는 감정을 따로 떼어놓을 수 있으므로, 독립적인 특성을 보인다. 이런 사람들은 '모든 것을 고려할' 줄 안다.

'장 의존적'인 사람들은 이와 정반대다. 자신을 둘러싼 모든 것에 쉽게 빠져들고 그 속에서 핵심적인 것(혹은 그렇게 보이는 것)을 끄집어내지 못한다. 영재들은 물론 이 유형에 속한다!

영재는 특히 마구 불어나는 지각 속에서 헤매느라, 데이터를 빠르고 효과적으로 처리하는 데 필요한 차별화를 수행하지 못한다. 그뿐만 아니라 정서적 측면 때문에 맥락에 대한 의존성이 더 커진다.

> 영재는 언제나 정서적 맥락에 의존적이다. 따라서 현재의 감정적 측면과 감정적 부하를 고려하지 않고서는 작동할 줄 모르고 작동할 수도 없다.

• 맥락에 따른 영재의 수행능력

이해를 돕기 위해 맥락과 관련해서 영재의 수행능력의 차이를 관찰해보자. 문제를 해결하는 실험에서 중요한 것은 가능한 한 효과적인 해결책을 찾아내는 것이다. 문제는 각기 다른 두 형식으로 제시된다.

— 필요한 데이터만 주어지고 맥락이 제한된 '닫힌 과제'
— 다양한 가능성이 있고 여러 방식을 사용할 수 있는 '열린 과제'

이 둘은 다음과 같은 차이가 있다. '닫힌 과제'를 해결할 때 영재는 빠르게 생각하며, 집중력을 발휘하고, 효과적이다. '열린 과제'를 해결할 때 영재는 지시 사항으로부터 빠르게 멀어지고, 생각들이 엄청난 속도로 꼬리에 꼬리를 물고 이어지고, 정보들이 기억으로부터 솟아오르고…… 그렇게 시간이 흘러 문제는 해결되지 않은 채로 남거나, 해결되었더라도 오류가 많다.

이는 영재의 재능이 효과적으로 작동하려면 데이터를 제한하는 것이 매우 중요함을 의미한다.

예를 들어 영재들은 학교에서 다지선다형 문제와 '빈칸 채우기' 문제에서 가장 효과적으로 능력을 발휘할 수 있다. 그러나 어떤 주제에 대해 작문을 해야 할 때는, 아는 것들이 전부 자동으로 활성화되는 그 모든 생각들 속에 빠져서 뒤죽박죽이 돼버린다.

일상에서도 상황의 성격에 따라 영재의 행동이 달라짐을 쉽게 관찰할 수 있다.

영재가 극도로 집중해 있는 상황이라면, 많은 에너지를 동원해야 하기 때문에 일이 빨리 진행되어야 한다. 빨리 진행되어야만 영재로 하여금 쓸데없는 모든 정보와 거리를 두게 할 수 있다. 마치 사고가 영재에게서 달아나 그도 모르는 사이에 전개되려 하기 전에 꼭 붙잡아두어야 할 것처럼 말이다. 그리되면 영재는 대개 이리저리 눈길을 돌려보아도, 그러려면 너무나 많은 집중력이 요구되기 때문에 도저히 한눈을 팔 수가 없다.

맥락이 정보로, 특히 감정적 정보로 채워진 상황이라면, 영재는 더 이상 주의를 집중해야 할 곳에 집중하지 못한다. 그럴 때는 (감정 영역에 대한) 철통같은 '경계' 모드로 돌입하고, 생존에 꼭 필요한 최소한의 정보만을 뇌로 받아들인다. 이런 순간에 영재는, 다른 사람이 보기에 대화에 귀 기울이지 않고 정신이 딴 데 가 있는 사람 같다. 이런 상태가 그 자신에게는 때로 해롭기도 하고, 주위 사람들에게는 대단히 짜증스러운 일이다! 요컨대 그의 뇌 에너지는 긴축 모드에 있다! 그러므로 이런 영재와 대화를 나누려면 같은 말을 수도 없이 반복해야 할 것이다!

영재는 '전부 아니면 무'로 작동한다. 그러나 그에게는 전부의 경우가 너무 잦다.

• '지나친 생각'에서 충동으로: 무익한 갈등을 유발하는 특성

영재는 뇌의 에너지를 긴축하는 차원에서 듣지도 않고 깊이 생각하지도 않는다. 그래서 때로 지각없이 행동하고 경솔하게 결정을 내리는 바람에 정말 바보 같다는 인상을 줄 수 있다. 이런 상태는 대부분 그리 중요하지 않은 문제들을 대할 때 일어난다. 즉 경계 모드에서 영재는 피상적으로 대답하고 결정하며, 심지어는 주제에서 벗어난 대답을 하거나 엉뚱한 결정을 내리기도 한다. 그로 인해 숱한 오해와 풀기 어려운 갈등들이 생겨난다. 실제로, 그렇게 똑똑하고 예민한 존재가 그렇게 부적절한 방식으로 행동할 수 있다는 걸 이해하고 받아들이기란 매우 어려운 일이다. 사람들은 이런 사실을 도저히 믿을 수가 없다. 흔히 영재는 자기가 일부러 그런 게 아니라고, 결과가 이렇게 될 줄 생각지 못했다고, 자기는 제대로 이해하지 못한 상태였다고 사람들을 설득하려 애쓰는데, 사실 놀랍고 당혹스럽지만 이런 일은 영재에게 충분히 일어날 수 있다. 정말로 그렇다!

그런데 이런 설득이 오히려 소통을 가로막을 수 있다. 상대가 "그런 말 같지도 않은 얘기는 이해할 수 없다"며 버티기 때문이다. 그리하여 영재는 더 이상 자신을 해명할 방법이 없어 결국 '싸움'을 그만둔다. 마음의 문을 닫고, 더는 아무 말 없이 자리를 뜬다. 더는 무슨 말을 해야 하는지도 모르겠고, 도무지 맞설 수 없는 대결에서 차라리 벗어나는 편을 택하는 것이다. 그에게는 상대를 이해시킬 만한 논거가 없고, 그 자신도 그걸 잘 알고 있다. 그러나 상대 입장에서는 그 사실을 도무지 인정할 수가 없다.

이런저런 위기, 갈등, 한없이 반복되는 토라짐, 처벌, 질책 등 관련된 사람들 각자의 입장에 따라 영재가 본의 아니게 유발한 '갈등 유발'의 결과들이 생겨나고, 영재 자신은 그토록 빈번하게 상대의 오해를 사서 불행하기 그지없다.

이제 우리는 영재의 행동방식이 어떻게 교만으로, 무례함으로, 혹은 도발적 행위로 여겨질 수 있는지 잘 알 수 있다. 그리고 이런 일은 나이에 상관없이 평생토록 일어난다!

우뇌와 좌뇌

어떤 임무에 뇌의 우반구와 좌반구가 관여하는지에 따른 작동의 차이를 연구하는 것은 뇌의 활동에 대하여 연구하는 신경과학에서 중요한 부분을 차지하고 있다.

알다시피 우리의 뇌는 크게 우뇌와 좌뇌라는 두 부분으로 이루어져 있다.

우뇌와 좌뇌에는 각각 여러 개의 구역이 존재하고, 각 구역은 저마다 다른 능력들을 맡아 기능하게 되어 있다.

대략 다음과 같은 식으로 임무가 분배되어 있다고 간주한다.

좌뇌	우뇌
– 사고를 조직하고 구조화할 수 있게 하는 분석 능력 – 논리적·이성적 능력 – 논리적으로 치밀한 추론과 언어적 소통 – 언어 기능	– 총괄적·시각적 처리 – 많은 데이터를 동시에 처리하는 능력 – 연상을 통한 유추적 작동 – 직관적 지능 – 창조성과(공통된 사고에서 출발하는) 확산적 사고 – 강력한 감정적 귀결

선형적 사고와 나무 형태의 사고

우리는 뇌가 정보를 처리할 때 두 가지 방식을 사용한다고 생각할 수 있다.

선형(線形)적·순차적 처리는 주어진 출발점에서 시작하여 논리적 연쇄를 거쳐 증명할 수 있는 결과에 도달한다. 한 단계씩 밟아 나가기 때문에 사용된 절차를 함께 공유할 수 있고 설명할 수 있게 해준다. 또한, 순차적 처리가 활성화될 때는 관련성 없는 정보를 자동으로 억제할 수 있다. 뇌가 이렇게 합리적이고 안정적으로 전개되는 사고의 작동을 방해할지 모를 모든 사고, 아이디어, 가설을 차단하기 때문이다. 우리가 논거를 조직하고, 아이디어를 발전시키며, 추론을 구조화하고, 결과를 증명할 수 있는 것은 뇌의 이런 기능성 덕분이다. 선형적 처리는 엄밀성, 체계성, 논리적 감각을 요구하는 일에 가장 큰 효력을 발휘한다. 언어를 유창하고 능란하며 정확하게 구사할 줄 아는 것 또한 이런 처리 덕분이다.

동시적 처리는 이와는 전혀 다른 방식으로 이루어진다. 하나의 자극, 하나의 생각, 하나의 지시에서 출발하여, 사고의 연상 망이 초고속으로 펼쳐진다. 생각이 가지를 치듯 각각의 생각에서 또 다른 생각이 태어난다(이 연상 작용은 논리적 관계를 기반으로 하지 않는다). 게다가 사고의 여러 축들이 동시에 전개되면서 진짜 나무 한 그루 모양의 사고를 형성한다. 이 나무에 이미지, 감각, 감정 들이 영양분을 공급하면서 나무는 점점 더 복잡해지고, 수많은 '가지들'은 끝없이 뻗어나간다. 사고의 밀도는 빠르게 높아지고, 이런 사고를 조직하고 구조화하기를 바라는 것은 사실상 불가능해진다. 이러한 사고는 새롭고 창의적인 아이디어의 출현과 시각적·감정적 측면에서 강력하고 풍요로운 사고를 일으키지만, 명확하게 설명하는 언어와 논리적으로 증명하는 추론을 위한 사고는 아니다.

영재는 우뇌가 발달되었다

영재들의 인지 과정에 거의 대부분 우뇌가 연루된다는 가설은 이미 많은 연구를 통해 과학적으로 입증된 사실이다.

그런데 우뇌가 우세하면 많은 임무를 수행하기가 더 어려워진다. 학교 공부는 물론이고, 지적이든 아니든 엄격하게 조직되고 정돈될 필요가 있는 모든 상황에서 그렇다.

> "평범한 아이들은 질문을 받으면 안테나가 하나 올라가고 그걸 중심으로 생각하죠. 그런데 우리는 안테나가 한 25개쯤 올라가서 대번에 머리가 뒤죽박죽이 되고 더 이상 생각을 하나로 모을 수가 없게 돼버려요. 자기 생각을 표현하는 게 무척 힘들어지게 되죠." 쥘리(14세)의 말이다.

직관적인 답: 답을 도출한 절차를 알지 못한다

답을 도출하기까지의 절차를 알지 못하는 것은 우뇌에 의한 처리의 가장 큰 함정 가운데 하나이다.

수학 문제를 예로 들어보자. 영재에게 문제를 하나 내자. 아이든 성인이든 아무든지 상관없다. 잠시 후 그에게 답을 요구하자. 그리고 그 답을 어떻게 알게 되었는지 설명해보라고 하자. 대답은 분명히 이럴 것이다.

"그거야 이게 답인 게 분명하니까 답이지요."

"그래서? 좀 더 자세히 설명해보면."

"전 그냥 이게 답인 줄 아는걸요. 그게 다예요."

이런 식이다. 일부 소소한 영역에서는 이렇듯 설명이 없이도 답을 인정할 수 있겠지만, 대부분 상황에서 이런 식은 바람직하지 않다. 우선 학교에서 그렇고, 또 평생의 인생살이에서도 그렇다. 제일 황당한 것은 영재가 엄청나게 진실하고 정직하다는 사실이다. 그 역시 자신이 답을 어떻게 아는지, 왜 아는지, 정말 알지 못한다. 그것은 그에게는 의식의 문턱 저편에서 일어나는 일이다. 아무리 그러고 싶어도 그는 거기에 도달할 수 없다.

"어떤 문제가 있으면, 그 시작과 끝은 보이는데 그 중간에는 뭐가 있는지 모르겠어요."

영재인 아드리앙은 이렇게 설명한다. 분명하다. 모든 영재가 이런 어려움을 겪는다. 이는 영재의 작동 구조 자체가 영재 자신이 타고난 본질적 풍요로움을 제한하기 때문이다.

신경심리학에서는 이런 특이성을, 뉴런 간의 연결이 활성화될 때 의식에서 감지조차 되지 않을 만큼 초고속 경로를 밟기 때문에 나타나는 현상으로 설명한다. 정보를 가득 실은 이 신경망들의 활성화로부터 전광석화 같은 직관이 솟구친다. 뇌를 단층 촬영해보면 기존의 지식과 뉴런 간의 새로운 연결 능력을 먹이 삼아 이렇게 뇌 기저가 활성화되는 것을 확인할 수 있다. '이러한 활성화의 순수한 산물이 바로, 많은 함정과 엄청난 잠재력을 동시에 지닌 직관적 지능이다.'

단어로 표현하기: 발언을 위한 단어들

우뇌의 활성화는 이미지화된 사고, 시각적·공간적 사고에 해당한다. 생각이 단어를 거치고 언어의 선형적 구조를 거치는 것은, 영재에게 특별한 집중력과 노력이 요구되는 일이다. 왜냐하면 언어의 중심은 좌뇌에 위치하고 있기 때문이다. 어떤 상황과 마주했을 때, 해결해야 할 문제나 극복해야 할 난관에 직면했을 때, 그뿐 아니라 일상적으로 다양한 생각을 할 때도,

뇌에서 맨 먼저 동원되는 곳이 바로 이미지로 처리하는 구역들이다. 영재는 우선 이미지를 보고, 그런 다음 그 이미지를 단어로 변환한다.

여기에는 아래와 같은 이중의 어려움이 있다.

- 이미지는 나무 형태로 전개되는 연상 망의 새로운 출발점이 될 수 있다. 그러므로 이미지를 단어로 빠르게 전환하기 위해서는 그 이미지를 머릿속에 '고정'시켜야 한다. 연상 망은 전개 속도가 매우 빠르기 때문, 이미지를 고정하는 것은 까다로운 작업이다. 예를 들어 내가 당신에게 "배가 물 위를 항해한다."라는 문장을 써보라고 하면, 당신에게는 그리 어려울 것 없는 작업일 것이다. 당신의 머릿속에 단어들이 저절로 떠오를 것이고, 그 문장의 음소들이 청각적으로 다뤄질 것이고, 그러면 다 된 것이다. 단, 당신이 영재가 아니라면 말이다! 당신이 영재라면, 당신의 머릿속 화면에는 단어가 아니라 배 한 척, 쪽빛 바다 위를 미끄러지듯 고요히 나아가는 진짜 배가 나타날 것이다. 그리고 당신은 파도와 또 파도에 이어서 연상되는 것들을 따라서 유유히 흘러갈 것이다. 이렇듯 배라는 이미지를 떠올림으로써 그토록 많은 생각, 추억, 연관된 사고가 줄줄이 생겨나고, 당신은 내가 단순히 쓰게 한 그 짧은 문장으로부터 너무도 빠르게 멀어질 것이다.
- 이미지는 끝내 언어로 압축되지 않는 의미의 아우라를 만든다. 영재는 더 이상 자신의 사고를 분류해서 재구성하지 못한다.

다음의 일화가 전형적인 예이다.

위고(16세)는 방금 미국 여행에서 돌아왔다. 가족이 둘러앉은 자리에서 위고는 자신이 미국에 머무는 동안 겪었던 일화와 경험들, 만났던 사람들에 대한 이야기를 들려주었다. 어느 날 저녁, 식사 중에 누군가가 그에게 여행에 대해 물었다. 위고는 여행은 정말 멋졌지만 미국인들은 싫다고 대답한다. 질문했던 사람이 "어, 그래, 왜 싫은데?" 하고 묻는다. 잠시 침묵. 위고는 뭐라고 말해야 할지를 모른다. 자신이 생각하고 느끼는 것을 가장 정확하게 표현해줄 단어들을 찾을 수가 없는 것이다. 그러자 그가 엄마를 향해 이렇게 묻는 바람에 다들 깜짝 놀라고 만다. "엄마, 내가 왜 미국인들을 싫어하죠?" 위고는 운이 좋았다. 뭐라고 말해야 할지 몰랐던 위고의 이야기를 엄마가 정확하게 추측하고 있었으니 말이다. 엄마는 침착하고, 차분하게, 아들 대신 대답해주었다. 위고는 제 자신의 생각이 그토록 간단명료하게 전개되고 구체화되는 것을 넋을 잃다시피 듣고는 감탄했다. "바로 그거예요. 정말 대단해요! 그래요, 바로 그런 이유로 내가 미국인을 싫어하는 거라고요!" 위고에게 그것은 해방이자 깊은 안도였다. 적확한 단어와 개념을 찾아내어 자신이 생각하는 바를 설명할 수 있다는 것이 말이다.

이미지에서 단어로:

나무 형태의 사고가 뒤엉켜 뒤죽박죽이 될 때

이렇듯 사고와 감정이 뒤섞인 혼돈 상태는 언어로의 이행을 사실상 어렵게 만든다. 도대체 이 내면의 웅성거림을, 이 흥분된 감정을, 세상에 대해 부글부글 들끓는 이 감각을, 어떻게 적시에 적확한 단어를 찾아내어 자신이 생각하는 그대로 한 치의 왜곡도 없이 표현할 수 있겠는가. 게다가 자기가 말해야 하는 바를 상대가 정확하게 이해할 것이라는 확신을 하고서 말이다. 말을 한다는 것은 마구 커지는 생각들을 병목 같은 좁다란 구멍으로 빠져나가게 하는 것과 비슷하다. 즉 단어들을 차례대로 배열해야 한다는 뜻이다. 말해야 하는 바를 정확하게 전달하게끔 해주는 체계화된 불변의 순서에 따라서.

"본질적으로 존재하는 모든 가능성을 생각해보면 이 선형적 세계는 하나의 자의적인 결정으로 볼 수 있어요. 제가 나무 형태의 사고 모드에 있을 땐 언어활동이 더 힘들어지죠. 같은 것을 의미하는 단어 네 개가 동시에 떠오를 수도 있으니까요." 라파엘(17세)의 말이다.

자신이 표현하고자 하는 바가 존재하는 '지금—여기'에서, 자신의 사고와 완전하게 접속하지 않은 채 말하는 것은 불가능하다.

"내가 내 사고 속에 빠져 있을 땐, 내가 말하고 싶은 것을 의미하는 단어들이 다 보여요. 나는 내 감정과 접속해 있어야만 이런저런 것들을 말할 수 있어요. 누군가가 나중에서야 뭔가에 대해 내 생각을 물으면, 나는 더 이상 알 수가 없어요. 그때는 이미 내 사고의 연금술과 접속이 끊긴 상태니까요."

감정적 부하를 가진 사고의 힘은 오직 그 사고가 전개되는 순간에만 체험되고 표현될 수 있다. 이런 사고의 급속한 활성화와 급격한 증식은 데이터의 안정적인 통합을 어렵게 만든다. 데이터들은 대부분 차후에도 사용될 가망이 없다. 그것을 다시 동원하려면 아주 강력한 에너지가 요구되기 때문이다. 그리하여 사고는 빠르게 새어나가고 빠져나간다. '지나치게 사고하는 것'이 오히려 사고를 제거하는 격이다.

단어들이 나무 형태의 사고 속에서 헤맬 때

자기 생각을 표현하고 싶은데 단어들이 머릿속을 순식간에 획획 지나가버리면, 그로 인해 심각한 소통 문제와 대인 관계의 어려움이 생길 수 있다. 말하고 싶은 것을 정확하고 분명하게 표현하지 못할 때, 머릿속이 뒤엉키고 모든 것이 뒤죽박죽이 될 때, 타인에게서 자신을 이해받지 못하거나 오해받을 위험에 처한다(오해받는 것이 대개는 더 해롭다). 자신이 느끼는 바를 표현하기 위해 적확한 단어들을 떠올리기란 그렇게도 어려운 일이다.

그래서 영재는 대개 입을 다문다. 어떻게 말해야 할지 모르기에 숫제 말을 하지 않는다. 어쩌다 입을 열면, 본의 아니게 상대의 마음을 상하게 한다. 적절한 말도 아니고 해야 했던 말도 아니기에.

영재는 자신의 사고 속에서 갈피를 못 잡고 헤매다 보니, 하나의 생각을 우회적인 접근을 통해 마치 윤곽을 그리듯이 에워쌀 때가 많다. 그것이 때로는 자신의 발언을 명확하게 하기 위한 유일한 해결책이다.

단어들의 의미를 이해하지 못한다 :
암시와 함의를 해독하지 못할 때

마르크(24세)는 이렇게 설명한다. "제가 보기에, 영재들은 의미론적 차원의 문제를 가지고 있습니다. 어떤 단어가 의미론적으로 올바른 맥락에서 사용되지 않으면, 이 단어를 이해하지 못하는 겁니다. 물리학을 예로 들어보죠. 저로서는 물리학 개념들이 무척이나 어렵지만 아주 흥미로운 주제입니다. 물리학에서 많은 단어가 생겨나고, 또 이미 일상어에 통합된 단어들도 많이 있죠. 이런 통합의 결과로 저는 같은 단어에 대해서 여러 가지 정의를 갖게 되었고, 그걸 생리적으로 느낍니다. 그래서 물리학 개념들을 이해하려면, 저는 으레 그 개념이 등장했던 역사적 배경을 찾아

거슬러 올라가야만 합니다. 그러지 않으면 이해할 수가 없으니까요."

마르크는 자신의 문제를 비교적 자세하게 해명하고 있다. 그러나 영재의 인생에서 이런 어려움은 일상적이다. 토론을 할 때 영재는 엉뚱한 대답을 한다. 혹은 제기된 질문 자체를 이해하지 못하는 것처럼 보이기도 한다. 그러면 사람들은 금세 짜증을 내고, 지치며, 참기 어려워한다. 사람들은 그가 일부러 그런다고, 이건 도발적인 태도라고 생각한다. 대화가 중단될 때도 많다. 결국 토론은 비난과 질책으로 변질된다. 왜 그럴까? 하나의 단어 속에 들어 있는 의미, 하나의 문장 표현 속에 들어 있는 의미가 모두에게 같은 의미작용을 일으키지 않았기 때문이다.

"사후의 삶이라고 말해서는 안 돼요. 그건 부적절해요. 삶이 끝나면 바로 죽음이니까, 다른 말을 찾아야 해요." 쥘리앵(10세)은 왜 이런 난센스를 사용하는지 이해할 수가 없다.

영재는 본질적으로 절대적 정확성을 추구한다. 그는 만사를 글자 그대로 액면 그대로의 의미로 이해한다. 그러니 당신이 말하고자 하는 바를 영재에게 정확히 전하려면 그에게 맥락, 상황, 전후관계를 설명해주어야 한다. 그러면 그는 단어들에 당신과 같은 의미를 부여할 것이고, 비로소 의미의 공유가 가능해질 것이다. 그렇지 않으면 그는 이해하지 못한다. 더 정확하게 말하자면, 그는 다르게 이해한다. 바로 이것이 견디기 힘든 숱한 오해와 풀기 힘든 잦은 갈등의 원인이다. 이런 오해와 갈등은 삶의 모든 단계, 모든 영역에서 일어난다. 어릴 때는 학교에서 '엉뚱한 소리'를 하거나 단순해 보이는 질문에도 답하지 못하고, 집에서는 부모가 지시한 것과 정반대로 행동하며, 어른이 되어 직장에서는 상사나 동료와 마찰을 빚고, 연인 사이에서는 대화를 엉뚱한 방향으로 몰고 간다.

이렇듯 통상적인 암시나 함의를 제대로 해독하지 못하는 어려움이 때때로 영재에게, 아이이든 어른이든, 자신이 이 세상에서 아무것도 이해하지 못한다는 느낌을 준다. 이것이 영재가 느끼는 이질감과 괴리감을 강화시킨다. '세상 사람들 모두가 같은 방식으로 사고하는 것 같은데 나만 그러지 못해. 그러니 내가 정상이 아닌 거야!' 그는 이중으로 고통스럽다. 자신을 타인들로부터 고립시키는 이 남다름에 대한 인식 때문에, 그리고 그런 인식에서 비롯되는 자기상에 대한 공격 때문에. 영재는 자기에게 책임이 있다고, 자기 잘못이라고, 자기는 다른 사람들처럼 할 줄 모르는 형편없는 인간이라고 생각한다. 이런 메커니즘은 자폐성(내폐성)의 원인이 될 수 있고, 이 세상에 대한 점진적 투자 중단, 즉 세상일에 점차 관심을 잃게 되는 원인이 될 수 있다.

정서적 측면에서도 영재의 뇌는 특이성을 드러낸다

영재의 정서적 작동의 토대는 뇌 속에도, 감각적 지각의 신경생리학적 과정 속에도 깃들어 있다. 우리는 이런 특이성이 영재의 인성에서, 그리고 영재가 이 세상과 맺는 언제나 독특한 관계에서 통상적으로 발견되는 특성들을 상당 부분 밝혀준다는 사실을 여기서 보게 될 것이다.

자신의 심장으로 사고하는 영재들

아마도 영재의 감정 체계가 가진 특수성 가운데 가장 두드러지는 점이자 영재의 행동방식을 가장 잘 보여주는 것 중 하나가 바로 감정의 개입이리라. 영재의 특성 중 가장 주목받는 것은 주로 지능의 형태에 관한 것이지만, 실상 이들의 대단히 특이한 최심부의 인성은 오히려 정서적·감정적 작동의 측면에서 드러나는 것 같다. 어떻게 보면, 이것은 그리 잘못된 표현은 아닐 듯싶은데, 영재는 자신의 머리로 사고하기 훨씬 전에 자신의 심장으로 사고한다고 말할 수 있을 것 같다. 그리고 바로 이 점 때문에, 그 악명 높은 몰이해와 받아들이고 함께 나누기 힘든 그 은밀한 상처들이 드러난다고도 말할 수 있을 것 같다.

과도한 감정적 감수성은 영재의 핵심적인 특성이다. 감정을 흡수하는 진정한 스펀지, 영재는 자기 주위에 떠 있는 감정의 입자를 가장 미세한 것까지 쉬지 않고 빨아들인다. 이렇듯 주위의 감정에 격화된 감성으로 인해, 영재는 타인들의 감정을 그들과 똑같이 느낀다. 이것이 우리가 '감정이입'이라고 부르는 것이다. 영재의 감정이입은 지속적이고, 대인 관계를 방해한다. 영재는 단지 타인에게 민감한 그 태도 때문에 누군가를 제대로 상대할 수가 없다. 그는 타인이 감정적으로 느끼고 체험하는 모든 것을 그 사람과 동시에 체험하지 않을 수 없다. 이렇듯 타인의 감정에 쉽게 영향을 받기 때문에 그는 좀처럼 쉴 수가 없고, 끊임없이 자신을 조절해야 한다. 게다가 그토록 강렬하게 느끼는데 어떻게 무심할 수 있겠는가. 어떻게 그 모든 상황에 깊이 연루되지 않을 수 있겠는가. 모든 감각을 통해 생생하게 포착한 이 감정의 소용돌이에서 어떻게 빠져나올 수 있겠는가 말이다.

감각 과민 혹은 모든 감각에 대한 강렬한 지각

감각 과민이란 감각 능력이 격화된 상태를 말한다. 즉 오감이 한껏 고조된 상태로 영재의 시각·청각·미각·후각·운동감각*(촉각) 능력은 전체 인

---

*자기 몸의 움직임이나 위치를 느끼게 하는 감각. 피부 밑에 있는 근육, 관절, 힘줄 등의 심부감각을 통해 일어난다. —옮긴이주

어른이 된 영재들

구의 평균치보다 높은 것으로 밝혀져 있다.

• 날카롭고 강렬한 시각

영재에게는 사물의 입체감이 더 뚜렷하고 선명도가 더 도드라지게 보인다. 그가 빛 때문에 눈이 부시거나 어둠 속에 잠겨 있더라도, 그 어떤 것도 그의 시각적 통찰력을 빠져나가지 못한다. 어떤 장면에 들어 있는 모든 세부 요소, 지극히 미미하고 눈에 띄지 않고 부차적인 그 모든 디테일이 전부 포착되고 지각되며 분석된다. 다른 사람들은 그런 것들이 있는지 감지조차 하지 못하는 그런 요소들까지 말이다. 아주 어릴 때부터 영재의 시선은 대상을 꼼꼼히 탐색한다. 이따금 그 강렬함으로 사람들을 혼란에 빠트리는 시선이다. 영재들을 대상으로 한 실험들은 그들이 다양한 디테일로 가득한 사진이나 이미지에서 확연히 더 많은 수의 요소들을, 그것도 훨씬 더 짧은 시간 내에 집어낼 수 있음을 보여준다.

• 예리한 청각

영재의 청각은 여러 음원에서 나오는 소리 정보를 동시에 듣는다. 마치 여러 개의 소리 전달경로를 사용하기라도 하듯이 말이다. 감지된 모든 청각적 메시지는 동시에 처리되고, 영재는 그 각각의 메시지에 동등하게 반응할 수 있다. 그가 이어폰으로 휴대용 오디오를 듣고 있는 상황에서 텔레비전은 켜져 있고, 누군가 전화 통화를 하고 있으며, 거리에는 왁자지껄한 소란이 일고 있어서 그가 다른 소리를 들을 수 없다고 생각한 주위 사람들로서는 깜짝 놀랄 일이다. 그러나 사실이다. 그는 잘 들었을 뿐만 아니라 그 소리들을 모두 들었고, 심지어 완벽하게 통합하기까지 했다. 시험 삼아 당신이 슬쩍 "내가 방금 네게 뭐라고 했지?"라고 물어보자. 그러면 영재는 언제나 대답한다는 사실을 확인할 수 있을 것이다. 게다가 영재의 청각 식별력으로는 매우 낮은 저주파 소리를 들을 수 있다. 웅얼거림, 속삭임, 가느다란 소리가 그보다 더 알아듣기 쉬운 다른 소리와 마찬가지로 또렷하게 뇌에 전달된다.

• 언제나 활동 중인 후각

후각은 오늘날 현대 사회에서 부차적인 감각이 되었다. 주위 환경을 분석하거나 이해하기 위해 우리가 후각을 이용하는 일은 전혀 없다. 진화의 과정에서 청각과 시각이 인간에게 우선적인 감각이 되었다.

그런데 영재는 주변 사람들과 사물들에 대한 정보를 끌어내기 위해 냄새를 이용하는 놀라운 능력을 간직하고 있다. 그러나 그가 이런 능력에 대해 이야기하는 일은 거의 없다. 왜냐하면 다른 사람들은 이 감각을 사용하지 않는다는 걸 모르기 때문이고, 그 사실을 알게 되었을 때는 자신의 과도한 후각을 부끄러운 결함으로 여기기 때문이다. 그래서 그는 입을 다문다. 그러나 후각을 통해서 영재는 자신의 감각적 감수성을 한층 확장하고, 뇌에서 처리되고 통합될 감각 데이터의 수를 확연히 높인다. 또 후각을 통해서 눈에 보이지 않고 타인들이 지각하지 못하는 어떤 것들을 이해하고, 결론을 끌어내며, 자신의 복잡한 사고를 한층 풍요롭게 하는 요소들을 기억 속에 저장한다.

• 미각과 촉각

이 두 감각에 대해서는 상대적으로 연구가 미진하다. 그러나 임상적 관찰에 따르면 영재들 중에는 '미식가'가 놀라울 정도로 많고, 이들은 촉각과 대단히 특별한 관계를 유지한다. 이들은 타인의 살결에 민감하고, 재질의

질감에 끌리며, 어떤 사물을 제대로 이해하기 위해 직접 만져보고 싶어 할 때가 자주 있다. 마치 만져보는 행위로써 그 사물의 구성 요소 전체를 잘 이해했다고 믿는 듯이 말이다. 우리는 또한 놀라울 정도로 많은 수의 영재들이 모직물, 합성섬유, 신문지 같은 이런저런 재질과 접촉하지 못한다는 사실을 발견할 수 있다. 그런 재질과 접촉하면 이들은 즉각적인 반응을 보이고, 알레르기가 일어나기도 한다.

> 예리한 오감 능력은 영재들이 왜 극도의 감정적 반응성을 지니는지, 왜 이들에게 감정 영역이 중요한지를 설명해준다.
> 늘 깨어 있는 오감은 이 세계에 대한 감수성을 넓힌다.
> 고조된 감각들은 감정적 감성을 증폭시킨다. 모든 것이 끊임없이 지각되기 때문이다.
> 과도한 자극반응성, 다시 말해 인체에 감정적 반응이 촉발되는 속도는 감각 과민과 직접적인 상관관계에 있다.

그렇다면 뇌에서는?

영재들에게서 편도체(amygdala)의 특이한 감성이 확인된 바 있는데, 이것은 영재가 감각적 자극에 상당히 민감한 이유를 설명해준다. 편도체는 감정을 관장하는 뇌(대뇌변연계)의 가장 심층부에 자리하고 있으며, 발생학적으로 가장 오래된 조직이다. 편도체는 외부의 이미지, 소리, 냄새, 기타 감각을 제일 먼저 받아들이는 곳으로 미리 이루어지는 의식적 분석 없이 자동으로 감정을 촉발한다. 편도체의 감수성(민감도)이 높을수록 감정적 지각 및 반응이 더 많이 더 자주 일어난다. 우리 몸의 진정한 파수꾼, 편도체는 주위환경에 존재하는 가장 미미한 감각적 신호까지도 모조리 포착하여 그 모든 신호에 격렬하게 반응한다. 이렇듯 물밀듯 밀려드는 감정의 파도에 직면하면 전전두엽 피질(prefrontal cortex)이 신속하게 비활성화된다. 전전두엽 피질은 뇌에서 우리의 감정을 조절하고 우리의 사고를 조직하는 구역이다(뇌의 앞부분, 이마 밑에 위치). 이곳은 우리가 집행기능이라고 부르는 것의 중추로서, 나아갈 방향을 잡고, 계획화하며, 목표한 대로 유도하고, 어떤 상황에 대처하기 위해 적절한 명령을 내리는 우리의 '관제탑'이다. 우리가 '합리적인' 결정을 내리고 어떤 문제의 자초지종을 분석하는 일이 바로 뇌의 이 구역에서 일어난다. 대뇌변연계(감정의 중추), 그중에서도 특히 편도체가 강력한 감정적 부하로 포화 상태에 이를 때, 전전두엽 피질의 기능을 방해한다. 전전두엽 피질은 오프(off) 상태, 즉 작동하지 않는 상태가 된다. 그리고 감정이 이 상황을 독점적으로 지배하게 된다. 감정은 이제 원하는 방향으로 통제되지도 조절되지도 않고, 더 복잡한 분석 과정으로 통합되지도 않는다. 이러한 감정의 지배하에서는 무슨 일이든 일어날 수 있다. 뇌는 감정에 장악되고 영재는 자신의 감정에 사로잡힌다. 여기에는 위험성이 내포되어 있다. 왜냐하면 우리가 적절한 방식으로 작동하고 올바른 결정을 내리기 위해서는 감정이 꼭 필요함을 앞에서 살펴보았지만, 지나치게 감정적이면 논리적·체계적 분석 능력이 약화되고 흐트러지기 때문이다.

> 모든 영재에게서 발견되는 엄청난 과민성은, 격화되어 잘 조절되지 않는 감정적 감성이 신경심리학적 과정에서 초래하는 결과 가운데 하나이다.

감정이 범람할 때: 감정적 반응의 격렬함

참고 또 참고 자제하다가, 급기야 폭발한다. 이렇게 되면 모든 것이 통제 불능 상태에 빠진다. 감정이 흘러넘친다. 행동은 마구 날뛴다. 이 격렬한 폭발은 그 시작이 별것 아닌 것처럼 보일 수 있는 일이기에 그만큼 더 인상적이다.

감정이 한계치에 이르면, 감정은 더 이상 정교화*될 수도 다스려질 수도 없는 지경이 된다. 이것이 과도한 감정적 반응성이다. 이런 특성은 영재들에게서 자극에 대한 반응성의 한계치가 보통 사람들보다 현저히 더 낮고 감정 조절 능력이 덜하기 때문에 나타난다.

요컨대 영재는 아주 사소한 것들에도 훨씬 더 강렬하게 반응한다. 신경심리학적 측면에서 보면 이 모든 것은 물밀듯 밀려드는 감정의 파도에 직면한 전전두엽 피질에서 일어나는 일이다.

감정의 폭발

우리는 영재가 많이 자제한다는 사실을 이해해야 한다. 그는 끊임없이 자신을 덮치는 이 모든 감정으로부터 거리를 두려고 한다. 그는 금세 타격을 받고 상처를 입기 때문이다. 사소한 지적 하나, 순간적으로 튀어나온 단어 하나, 무심코 표현된 문장 하나가 감정 폭발에 시동을 거는데, 처음에는 그도 감정을 다스리고, 지적으로 분석하며, 최소화하려고 애를 쓴다. 눈물이 차오르고 화가 끓어오름에도 어떻게든 감정적 부하를 낮추려고 한다. 그러나 감정의 압박이 계속되면, 급기야 모든 방파제에 금이 가고 무너지면서 감정의 위력이 모든 것을 덮친다. 쓰나미처럼 모든 것을 휩쓸어버

---

*주어진 새로운 정보를 관련성 있는 정보나 이미 알고 있는 정보와 관련지음으로써 이를 보다 정교하게 조직화하고 확장하는 과정. 쉽게 통합하고 저장할 수 있는 여건을 만드는 작업이다.

린다. 반응의 격렬함은 이제 애초의 상황과는 아무런 관련이 없다. 애초에는 별 대수롭지 않은 상황이었는데, 이렇게 격화될 때도 있다. 이런 순간이면 그는 고래고래 소릴 지르고, 벽에다 사납게 주먹질을 해대고, 물건들을 마구 내던진다. 이렇듯 자신이나 타인들을 향한 공격성의 발현은 흔히 일어나는 일은 아니다. 이 극단적인 폭발은 잉여 감정을 배출하고 비워내는 데 그 목적이 있다. 일종의 배출구인 셈이다. 그러나 때로는 이것이 진짜 갈등을 일으키거나 더 심각한 결과를 가져오기도 한다.

이럴 때 그로 하여금 평정을 되찾게 하기란 매우 어렵다. 말로 따지고 드는 것은 거의 효과가 없다. 무슨 말을 한들 이 폭발의 위력을 가중시킬 뿐이다. 유일하게 가능한 일은 기다리는 것이다. 아무 말도 하지 않거나, 한다면 아주 중립적인 말만 해야 한다. 다른 이야기를 꺼내는 것도 좋다. 때로는 그가 너무도 감정에 휩쓸려 이성을 잃을 수도 있기 때문에 우선은 '제정신으로 돌아오게' 하는 게 급선무이다. 중요한 것은 감정적으로 흥분할 거리를 만들지 않는 것이다. 이야기는 그 뒤에 나누어도 늦지 않다.

공감각, 놀라운 감각의 능력

공감각은 여러 감각의 무의지적 결합으로 정의된다. 즉 어떤 감각이 자극을 받으면, 특별히 자극받지 않은 다른 감각도 그 자극을 동시에 지각하는 것을 의미한다. 이것은 여러 감각이 서로 교차하고 지각이 겹쳐지는 현상이다.

예를 들어 공감각은 붉은 색깔을 볼 뿐 아니라 '듣기'도 한다. 왜 그럴까? 뇌는 겉 부분인 피질(회백질)과 속 부분인 백질로 이루어져 있는데, 공감각은 백질이 과도하게 많아져서 생기는 현상이다. 백질은 뇌 전체의 뉴런을 서로 연결하는 신경섬유망이 깔려 있어, 피질의 여러 구역 간의 접속과 정보 전달을 가능하게 한다. 영재들은 이런 백질의 증식과 특히 관련이 있는 듯하고, 공감각을 아주 빈번하게 경험하는 것으로 보인다.

다수의 전송 방식을 작동하게 하는 이런 능력(여러 감각의 동시 참여)은 생각을 서로 연결하는 연상의 증식, 여러 가지 느낌과 감정의 병치, 오감의 격화에 기여한다. 영재들이 이에 대해 말하는 경우는 드문데, 이들의 인성에서 많은 측면이 그런 것처럼, 타인들이 자신과 똑같은 경험을 하지 않는다는 사실을 이들은 모르기 때문이다.

공감각은 항시적이고 비의지적이다. 그것을 의지로 멈출 수는 없다.

> 공감각은 영재들의 비범한 감각적 감수성과 강력한 감정적 지각에 한 몫한다.

많은 위대한 예술가가 공감각자였다. 랭보와 그의 시 「모음들(Les Voyelles)」*을 떠올려보자. 많은 공감각자가 그런 것처럼, 랭보는 모음들을 색깔로 느끼고 있었다. 러시아 화가 칸딘스키를 예로 들 수도 있다. 색채가 강조된 그의 작품들이 그에게는 촉각적 감각이었다. 음악이 환기하는 색채들을 섬세하게 표현하면서 작곡을 했던 음악가 프란츠 리스트도 공감각자이다. 이런 예술가들은 셀 수 없이 많다.

---

* '검은 A, 흰 E, 붉은 I, 푸른 U, 파란 O, 모음들이여, 언젠가 너희들의 은밀한 탄생을 말하리라'로 시작하는, 프랑스 상징주의 시인 아르튀르 랭보의 시학적 성찰이 담긴 시. ─옮긴이주

색다른 실험 :

당신도 공감각자일까?

• 당신이 이 텍스트를 읽는 동안 단어들이 색깔로 떠오른다면(물론 이 지
면에서는 흑백만을 사용하고 있지만), 각각의 철자가 고유의 색깔을 가지
고 있다면(A는 노랑, O는 파랑, E는 하양, I는 빨강, U는 초록 등으로. 그
렇다고 EAU(물)라는 단어가 E, A, U를 합한 색깔이 되는 것은 아니다. 물은
이를테면 빛나는 초록색이니까!).

• 당신이 누군가의 이야기를 들을 때, 당신 눈에 그 사람 주위로 기하학
적 형태들이 보인다면.

• 당신이 음악을 들을 때, 입속에서 달콤한 맛이 느껴진다면.

• 혹은 그저 위 세 가지 중 하나, 아니면 그와 유사한 것을 경험한다면.

그렇다면 당신은 십중팔구 공감각자이다!

영재 신화의 생명은 질기다!

"지능에 어떤 고귀함이 있다고 생각하는 사람들은 지능이 단지 저주일 뿐
임을 이해할 만큼의 지능은 갖지 못한 것이 분명하다." ─마르탱 파주*

---

*마르탱 파주, 『나는 어떻게 바보가 되었나』, 르 딜레탕트 출판사, 2000.

그렇다. 어떤 사람들은 영재란 대단한 지능을 타고난 존재이다, 따라서 쉽게 성공할 수 있는 엄청난 패를 가진 자이다, 이런 사실이 특별한 어려움이나 상처받기 쉬운 과민함의 원인으로 간주될 까닭이 전혀 없다, 라고 생각하고 또 그렇게 주장한다.

일부 심리전문가들이 쓴 글을 보자.

"과도한 지적 작동은 어떤 어려움을 겪는다거나 뭔가를 어쩔 수 없이 포기해야 하는 것과는 전혀 상관이 없다. 영재들은 자신이 원하는 방향 어디로든 능력을 발휘할 수 있다. (…) 뛰어난 인지 작동은 양질의 사회생활, 탄탄대로의 출셋길과 대등한 것이다."*

"우리는 영재의 자질을 가진 아이나 청소년이 소아 우울증을 바로잡고 벌충하려는 무의식적인 목적에서 논리적 추론과 지식에 과도하게 투자한다고 보고 있다. 그리고 이런 아이나 청소년은 자신의 우울한 상태를 정교화하지 않음으로써 오이디푸스콤플렉스의 구조화 효과를 정립할 수 없게 되고, 결과적으로 '대상 상실'**이라는 본질적인 문제를 겪게 되는 것으로 보인다."***

---

*『영재의 문화』(〈프랑스 정신의학저널〉 제18호)에 실린 사설, 에레스 출판사, 2006. 마리카 베르제-분느, 상드린느 칼메트-장.

**프로이트가 우울증에 관해 사용한 용어로, 우울증은 비애와 똑같이 사랑하는 대상의 상실에 대한 반응이라고 보고 있다. 다만 비애는 의식된 대상의 상실, 우울증은 의식되지 않는 대상의 상실에 대한 반응이다.―옮긴이주

***카롤린 골드만의 논문, 「정상적인 영재아동과 병리적인 영재아동」, 지도교수 카트린 샤베르, 파리5대학, 2006.

이렇듯 오늘날까지도 심리학자들은 이 모든 것이 순전히 환상이라고 단언하며, 일부 영재의 삶이 삐걱거리는 것은 고전적인 정신분석학적 정신병리로 인한 것이지 그들이 지닌 인성의 특징들과는 아무런 연관이 없다고 주장한다.

21세기에 들어선 지금도 여전히 대학의 논문들은 지능이 우울증이나 기타 병리적 문제에 대한 방어기제라는 생각을 옹호하는 정신분석학의 영향을 받고 있고, 우리는 계속해서 그런 논문들을 읽고 있다.

대체 한물간 관념을 구실로 삼아 한 소수 집단 전체를 부정하는 것이 어떻게 인간적으로 가능한가? 대체 무슨 목적으로 그런단 말인가? 고통 속에 살고 있는 이 사람들 전부를, 또한 자녀를 제대로 지도할 방법을 찾지 못해 쩔쩔매는 그 모든 부모를 어떻게 고려하지 않는단 말인가?

과도한 지능은 불안을 야기할 수밖에 없고, 과도한 지능은 인성 전반에 크게 영향을 미칠 특유의 감성 및 통찰력과 삶의 방식을 낳는다는 사실을 어떻게 무시할 수 있단 말인가?

지적장애(객관화가 가능하다)를 가진 사람들과 대칭되는 지점에 있는 영재들, 인구의 2%를 차지하는 이들이 지닌 특이성을 어떻게 부정한단 말인가? 우리는 이제 지능에 제한을 받는 것이 인성의 작동과 사회적 적응에 영향을 미치고, 따라서 지적장애인들은 마땅히 도움과 보살핌을 받아야 하며, 이들을 위해 예방적·교육적 조치들이 마련되어야 한다고 확신하게 되었다. 그러나 인구분포도 상의 그 반대편 지점에 대해서는 아무런 배려나 조치도 취해지지 않는다. 그 자리는 그냥 공백이고, 아무것도 존재하지 않는다. 그 자리는 그저 지능을 '덤으로' 더 가진 것일 뿐, 따라서 신경 쓸 이유가 전혀 없다. 이 과도한 지능에서 생겨나는 이 모든 남다른 특성과 적응의 문제를 고려할 이유가 전혀 없다는 것이다. 이것이 나를 정말로 화나게 한다.

그러나 솔직히 말하자면, 그리고 마음을 좀 진정시키자면, '지적장애' 역시 받아들여지기까지 오랜 시간이 걸렸음을 인정해야 한다. 지능 결핍이 정신장애에 속하고 그에 대해 충분히 조치를 취해야 함을 우리 사회가 이해하는 데 수십 년의 세월이 필요했던 게 사실이다. 그러니 어쩌면 우리의 사고방식이 진화하기를, 신경과학이 그 경이로운 발전을 더욱 가속화하기를, 몇몇 임상의들이 자신들의 지식을 현실화하기를, 그리하여 마침내 영재들이 그들 특유의 상처받기 쉬운 면면에 대해 이해받고 도움받는 날이 오기를 기다려야 하는지도 모른다. 무슨 이유에서 고통을 겪든 그 고통을 덜기 위해 도움을 필요로 하는 그 모든 이들처럼, 영재들 역시 그렇게 도움받는 날이 오기를 말이다. 우리 임상의들이 밝고 건강하게 피어날 수 있도록 보살펴야 하는 그 모든 이들처럼, 영재들 역시 그렇게 보살핌을 받는 날이 오기를 말이다.

 한눈에 이해하고 싶은 독자를 위한 요점 정리

• 영재라는 것은 다른 사람들보다 지능이 높다는 의미가 아니라 다른 지능으로 작동한다는 의미이다.

• 영재의 인성은 다음과 같은 불가분의 구성요소들로 이루어져 있다.
  — 과도한 감성
  — 감정의 부단한 개입

— 격화된 감각적 감수성

— 타인의 모든 감정을 포착하는 감정이입 능력

— 고도로 발달한 오감의 능력

• 영재의 지능은 풍요롭고 강력하지만, 다음과 같은 남다른 인지적 기반에 근거
하고 있다.

— 아주 강력한 뇌의 활성화

— 뉴런들이 현저히 더 많이 연결되고, 신경망들이 뇌의 모든 구역에서 전개

— 생각들이 꼬리에 꼬리를 무는 연상의 고리가 빠르게 가지를 쳐나가는, 그
래서 구조화하기 어려운 나무 형태의 정보 처리

— 잠재적 억제의 결핍으로 인해 주위환경에서 유입되는 모든 정보를 사전 선
별 없이 모조리 통합한다. 즉 영재들의 머리는 정보들로 '꽉 차' 있다.

— 어떤 문제를 해결할 때 자신이 사용한 전략이 무엇인지 알 수 없다. 뉴런
의 연결이 초고속으로 일어나, 의식의 문턱에 미치지 못하기 때문이다.

— 단어나 언어적 구조로 처리하기 어려운 직관적이고 이미지화된 지능

— 영재의 인지적·정서적 특징은 오늘날의 과학적 지식, 특히 신경과학을 통
해 입증되고 있다. 그것은 믿음도 신화도 환상도 아닌, 엄연히 객관화할 수
있는 현실이다.

어른이 된 영재들

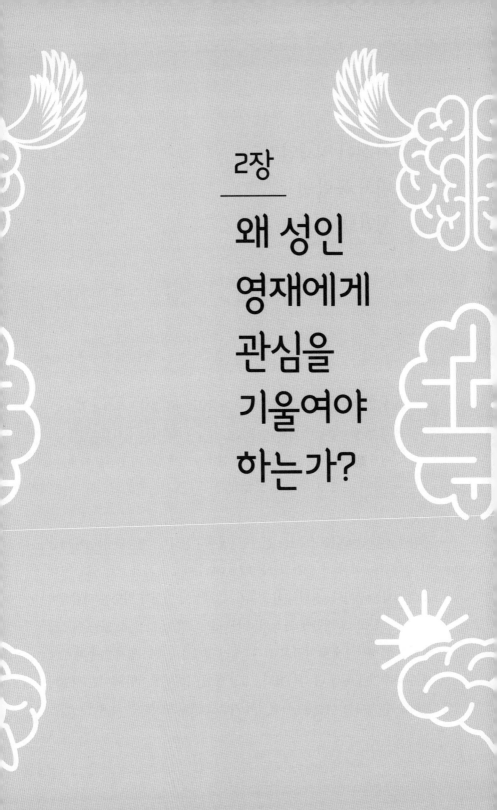

2장
———

왜 성인
영재에게
관심을
기울여야
하는가?

자신이 영재인지
미처 몰랐던
성인들

"제가 정상이라는 걸 알고서 얼마나 안심했는지 선생님은 모르실 겁니다. 전 언제나 남들과 달랐고, 부적응자로, 부적격자로 살아왔으니까요. 이제 마침내 전 제 고통을 말로 표현할 수 있게 되었고, 완전한 자유는 아닐지라도 진정 해방감을 느낍니다."

위의 글은 영재 아동을 다룬 전작인 『영재의 심리학 : 지능과 감성이 남달라 고통받는 아이』가 출간되었을 때 43세의 여성 독자가 책을 읽고 보내온 편지의 일부이다. 그녀의 이 고백은 이 세상에 자신과 비슷한 사람들이 존재함을 알고 그 집단에 자신이 속한다고 느낄 때 맛볼 수 있는 새로운 안도감을 정확하게 요약하고 있다. 성인 영재의 문제는 영재 아동의 문제보다 다루기가 훨씬 더 까다롭다. 성장 중인 아이에게 어떤 특이한 자질이 드러날 수 있다는 사실은, 사람들이 지금도 조금 주저하긴 하지만 어쨌든 받아들일 수 있다. 그러나 다 큰 어른이 남들과 다르게 그토록 특이한 특성을 갖고 있다는 사실은 사람들이 받아들이기에 꽤 어려운 문제다. 이런 성인은 자신의 남다름을 스스로 인식하고 있되 그걸 뭐라고 명명해야 좋을지 알지 못하고, 타인들 역시 그걸 분명히 느끼고는 있지만 곧 그 사람이 지닌 성격상의 특징으로, 그 사람만의 특이한 기질로 치부해버린다. '주변인' 같은, '반항적인', 혹은 친구에게서 너무 쉽게 상처를 받는 그런 인성으로 말이다. 이렇듯 성인 영재는 다양하게 왜곡된 자기 이미지들을 반사하는 거울 시스템 속에 오래전부터 줄곧 붙들려 있다.

이런 성인 영재는 자신의 정체성을 찾고, 자신이 어떤 사람인지, 어떻게 작동하는지, 왜 사랑받는지, 왜 배척당하는지, 강점이나 성공의 수단은 무엇인지, 진짜 한계는 무엇인지 등을 반드시 이해하고 싶어 한다. 그것은 당연하고 보편적인 탐색이다. 그것은 자기 내면에서 자기 정체성의 핵을 느끼는 것이다. 바로 그 핵을 중심으로 우리 각자는 구축되고, 그 핵으로부터 출발하여 우리 각자는 삶이라는 게임 속으로, 또 인간관계 속으로 들어가기 때문이다. 유아기 때부터 줄곧 우리는 이 세계와 타인을 더 잘 이해하기 위해, 그리고 무엇보다 더 잘살아가기 위해 부단히 자기 자신을 이해하려고 시도한다. 인간 본연의 이 자연적인 활동은 각자의 인성에 따라 더하든 덜하든 어느 정도 의식적으로 경험할 수 있다. 어떤 이들은 자신을 스스로 보호하고 안심시키는 그런 확신과 신념을 가지고서 세상을 살아간다. 즉 세상사는 이렇게 혹은 저렇게 이루어지는 게 틀림없다, 나는 상황에 따라 이런 방식 혹은 저런 방식으로 대응하는 게 옳다, 라는 삶의 자세이다. 반면에 어떤 이들은 더듬더듬 모색하고, 모든 것에 대해 끊임없이 자문하며, 삶의 의미에 대해 세상에 질문을 던지고, 자신이 그동안 알고 있다고 여겨오던 것이 사소한 것들로 인해 뒤흔들릴까 봐 불안해하며, 아주 미미한 주위환경의 변화에도 일일이 반응하고, 그게 무엇이든 진정한 의미를 이해했다고 확신하기 위해서 끊임없이 시작부터 다시 되짚으며, 자신이 타인들과 함께인 동시에 동떨어진 존재라는 그런 가벼운 자각을 늘 품은 채 살아간다. 요컨대 이들은 불안정한 상태의 성인들이다. 때로는 자기답지 않은 삶을 살면서도, 세상 사람들 모두가 이런 삶이 정상이라고 생각하는 것 같으니까 이것이 자기다운 삶이라고 믿는 척하는 성인들이다!

이들의 특이한 고뇌도 숙련된 임상전문의들의 눈을 피해갈 수 없다. 삶을 포기해버린 채 때로는 심각한 정신적 고통 속에 살아가는 성인 영재들이 상당히 많고, 이에 대해 진지하게 대책을 강구해야 한다. 전문가가 아닌 의료진, 더 나쁜 경우 영재 진단을 배척하는 의료진에게 위임된다면, 이들은 진단과 치료를 찾아 헤매는 '순례길'에 내던져질 것이고, 이 과정에서 이들의 정신적 불안과 심각한 고독감, 몰이해의 감정은 악화하기만 할 것이다.

"고맙습니다, 선생님. 자신이 정상이라고 느끼는 게 얼마나 묘한 기분인지 선생님은 잘 모르실 겁니다. 이 얼마나 역설적인가요! 어린 시절 내내 남들과 다르고 싶었던 저인데, 선생님의 책*이 저에게 '너는 달라'라고 말해준 그날, 저는 비로소 제가 정상이라고 느꼈던 겁니다. 바보 같지만 안심이 됩니다. (…) 얼마나 놀랍던지요! 책을 읽는 동안 내내 눈물이 고였습니다. (…) 선생님은 제 삶의 이야기를, 그동안 저 나름으로 추측해온 이야기를 들려준 것입니다. 얼마나 위로가 되던지요. IQ 검사를 받은 적은 없지만 줄곧 무언가 의심쩍었습니다. 다른 사람들과 있을 때면 언제

---

*잔 시오파생, 『영재의 심리학 : 지능과 감성이 남달라 고통받는 아이』.

나 어떤 목소리가 제게 이렇게 속삭였으니까요. 가만있어봐, 문제가 있
어, 저 사람들은 마땅히 보여야 할 반응을 보이지 않잖아. 미친놈이 세상
사람들 모두를 미쳤다고 하면, 그건 분명 그 미친놈이 미친 거지. 그렇다
면 내가 미친 건가?"

핵심 관건

다른 사람들과 다르지 않은 동시에 다르다고 느끼는 것. 그러나 무엇이
다른가? 왜 다른가?

어떤 대가를 치르고라도 '정상'이기를, 다시 말해 표준에 맞는 존재이기
를 바라면서도 이 남다름을 유지할 수밖에 없는 불가피성.

자신이 다른 사람들과 다르게 반응할 때, 문제는 다른 사람들이 아니라
자기 자신에게 있다는 느낌. 그리고 다음과 같은 일반적인 생각에서도 그
렇다. 내가 '다른 사람들 같지' 않고, 내가 '다른 사람들처럼' 반응하지 않
고, 내가 '다른 사람들처럼' 이해하지 않는다면, 그럼 내가 미친 것이다.

자신을 있는 그대로, 실제 모습 그대로 이해받아야 할 필요성. 뭔가 표
준에서 벗어나는 것을 이해하고 다룰 때 일반적으로 그렇듯이, 정신병리적
관점에서 해석당하지 않기. 영재들이 정신병 환자들과 공통으로 가지는
작동의 중심점이 하나 있다. 바로 이 세계에 적응하는 데 있어서의 남다름
이다. 그들을 그들의 동류로부터 구별 짓는 '이 세계에 존재하는' 방식 말
이다. 그리하여 '일반적인 광중'의 문제가 아니라, 평범함을 벗어난다는 어
원적 의미에서 '예외적인' 인성의 문제임에도 불구하고 정신장애로 진단을
내리게 되는 착오가 때때로 생겨난다. 거기에는 엄청난 차이가 있는데도

말이다!

그래 좋다. 나는 이런 사실을 아는 사람들, 이런 사실을 이해한 사람들, 이런 사실을 절감하면서도 무시하는 사람들, 즉 이 모든 성인 영재에게 이렇게 말하고 싶다. 당신들은 다음과 같은 요인들로 인해 특이한 사람들이라고.

— 사고의 형태
— 추론의 방식
— 이 세상을 인식하고 이해하며 분석하는 방식
— 격화된 감성
— 넘쳐흐르는 감동성
— 알고자 하는 욕구와 억누를 수 없을 만큼 강력한 제어 욕구
— 주위환경에 대한, 타인들에 대한 강렬한 감정적 감수성
— 모든 것에 대해, 언제나 문제제기를 하고 또 하며 끊임없이 재검토할 수밖에 없는 불가피성
— 좀처럼 편안하게 있을 수 없게 만드는 날카로운 통찰력
— 타인들로부터 똑똑하다는 평가를 받을 때조차도 자신을 보잘것없는 존재로 느끼는 내면의 확신

이런 요인들이 바로 영재를 다른 사람들 사이에서 '낯선' 존재로 만든다. 그럼에도 영재가 마음속 깊이 바라는 것은, 정작 아무것도 이해하지 못하면서도 너무나 이해하고 있는 이 세상이, 제 수중에 넣으려고 애를 쓰지만 늘 달아나버리는 것 같은 이 세상이, 자신이 그토록 선택당하고 싶지만 그런 내색을 하자마자 단칼에 내쳐버리는 이 세상이 자신을 받아주는 것이리라.

단순히 이해받고 자신의 특이함을 이해받는 것. 그뿐이다. 근본적인 것까지 전부 이해받기를 기대하는 게 아니니까. 자신만의 추론, 문제제기, 감성을 다른 사람들이 매번 따라올 수는 없음을 영재들은 잘 알고 있으니까. 단지 각자의 정체성에 대한 상호 존중 속에서 올바르게 이해받기를 바라는 것이다. 각자가 지닌 정체성의 차이가 무엇이든 간에!

우리 사회의 기이한 통념

남들과 다르다는 것, 즉 '차이'는 우리 사회와 서양 정치의 라이트모티브가 되었다. 모든 차이를 통합하자는 것이 오늘날 적극적이고 호소력 있는 하나의 정치적 의지가 된 것이다. 그 일을 전담하는 정부 부서들이 있고, 장애인, 이민자, 노숙자 등 '차이'를 가진 사람들, 통합하기 어려운 이런 사람들을 받아들이기 위해 분명 여러 가지 법률적 조정과 조치들이 도처에서 통합되고 있을 것이다. 이는 물론 아주 다행한 일 아닌가! 현대 사회가 구성원 개개인을 사회 속에 제대로 자리 잡게 하여야 할 근본적 필요성을 이해한 점은 감사한 일이다. 그러나 육안으로 보이지 않는 차이, 언뜻 보면 장애로 보이지 않는 차이, 연민보다는 부러움을 사는 차이, 이런 차이를 가진 구성원들, 요컨대 묵묵히 고통을 겪으며 자신의 차이를 해결할 방도를 찾아 홀로 헤매는 모든 영재, 이들을 21세기의 우리 사회가 결코 고려하지 않는(하더라도 너무나 드문) 현실에 나는 슬퍼지지 않을 수 없다. 성인 영재들의 고뇌와 이들의 통합 문제, 때로는 삶의 문제는 분명히 동정까지는 아니더라도 적어도 사회적 이해를 촉구해야 할 사안임은 분명하다. 그리고 엘리트주의자라고 오해받을 위험을 무릅쓰고 나는 감히 주장한다. 우리 사회가 영재들의 풍요로운 인성 전반을 이해하고 또 세상에 대한 이들의 감성과 특이한 지능으로부터 우리 모두가 이끌어낼 수 있는 이익 전체를 이해하게 될 때까지 이들의 고통과 방황, 일탈과 소외의 나날을 가만히 보고만 있는 것은 매우 바람직하지 않다고 말이다. 이 무슨 낭비란 말인가! 더불어 이 말도 해야겠다. 영재들을 무슨 일에서건 빛나는 성공을 거두는 자들로, 입학시험, 졸업시험 등에서 가장 화려한 성적을 거두는 자들로, 우리 사회에서 가장 선망되는 지위들을 차지하는 자들로 생각하는 사람들이 아직도 존재한다는 사실을 말이다! 어떻게 그런 생각을 계속해서 할 수 있단 말인가? 분명한 것은 영재라는 자질을 단지 하나의 기회로만 간주하는 사람들은, 오직 본연의 모습 그대로 사랑받고 받아들여지기만을 바라는 이 상처받기 쉬운 과민한 인성들에 대해 완전히 무지하다는 사실이다.

과도한 지능은 이중의 고통이다. 지능은 고통을 주는데, 누구도 그것으로 고통받는 자를 가엾게 여길 생각을 하지 않는다. 오히려 그 지능은 질투와 공격을 불러일으키고, 그로 인해 고통은 가중된다. 이렇게 얘기하는 사람은 아무도 없을 것이다. "그이는 참 괜찮은 사람인데, 너무 똑똑해서 안됐지 뭐야!" 그렇다면, 어떻게 우리는 전지적으로 보이는 그런 지능을 가진 자들의 고통을 함께할 수 있을까? 말로가 『인간 조건』*에서 "인간은 생각하기 때문에 고통받는다"라고 쓰고 있는데, 우리는 이들을 과연 통합할 수 있을까?

---

*프랑스의 소설가이자 행동하는 지식인으로 사랑받아온 앙드레 말로의 대표작. 20세기 초 중국 상하이를 무대로 정치적 음모와 배신 속에 인간의 비극적 고뇌를 강렬하게 그려낸 소설 작품으로, 이 불합리한 세계의 힘에 맞서 끊임없이 반항하는 것만이 가장 인간다운 길임을 말하고 있다. ─옮긴이주

똑똑한 공부벌레는 영재가 아니다

혼동의 원인이 여기에 있다. 빛나는 성공을 거두는 자를 반드시 영재로 생각하는 것 말이다. 그러나 이것은 별개의 두 가지 특성을 섞어놓은 것에 불과하다. 똑똑한 공부벌레가 뛰어난 지능을 지닌 것은 맞지만, 그것은 적응성 지능이다. 우리 모두의 지능과 유사한 지능 형태이다. '양적'으로만 다를 뿐 '질적'으로는 다르지 않다. 즉 똑똑한 공부벌레는 양적으로는 우월하지만 질적으로는 같은 지능을 지닌 사람이다. 게다가 그는 이 적응성 지능을 최적화하여 공부하거나 일하는 데 활용함으로써 지능을 모범적인 성공 동력으로 만들 줄 안다.

이런 사람들은 학업에서도, 직업에서도, 심지어 인간관계에서도, 성공이라는 말의 가장 고전적인 의미에서 쉽게 성공하는 자들이다. 바로 이들이 교사들의 총애를 받는 자들이다. 유치원에서부터 직업적 행보에 이르기까지 순식간에 일등 자리를 꿰차는 게 바로 이들이다. 어차피 일등은 필요하다. 일등은 도전의식을 고취하니까. 그러니 일등을 부당하다고 규탄해서는 안 된다. 예컨대 어떤 테니스 선수가 다른 선수들보다 더 '재능이 있기' 때문에 시합에서 이기는 것을, 혹은 어떤 작곡가가 타고난 자질 덕분에 수천 명의 청중을 황홀한 감동에 젖게 할 수 있는 것을 부당하다고 생각하는 사람은 아무도 없다. 그런데 왜 지능은 유독 더 의심스러운 것일까? 여하튼 이 모든 게 거슬릴지도 모를 존재들을 위해, 살짝 에누리해서 말해보면 어떨까. 모범생 아이들, 똑똑한 공부벌레들이 커서는 불안하고 위태로운 어른이 되는 것 같다고.

그러나 똑똑한 공부벌레들은 적응력이 강한 잠재력을 지니고 있고, 이 잠재력은 우리 사회에 아주 적합하며, 이 잠재력을 활용하는 능력 또한 뛰어나다는 점에서 영재들과 구분된다. 한편 영재의 지능은 더 혼잡하고, 무질서하며, 뒤죽박죽이고, 강렬하며, 요동치는 성격의 것으로, 이런 지능의 성격이 영재의 '포맷 작업'을 더 어렵게 만든다. 그에게 있어 싸움의 대상은 우선 그 자신이다. 즉 세상을 향해 문어발식으로 뻗어나가는 자신의 사고와 이해를 한 줄기 집중된 흐름으로 길들이고, 제어하며, 통솔하도록 고군분투하는 것이다. 가장 예민하고 고통스러운, 자기 감성의 우툴두툴한 표면을 진정시키면서 말이다. 이것이 첫 번째 도전이다. 그런 다음, 오직 그러고 난 다음에야 비로소 그는 자문할 수 있다. 이 세상에서 어찌할 것인가, 기대에 어떻게 부응할 것인가, 어떻게 성공할 것인가를.

영재 아이들은
어떤 성인이
되는가?

'영재 아이들은 어떻게 되나요? 커서 어떤 어른이 되나요? 어떤 사람이 될까요?' 이는 매번 되풀이되는 질문이다. 모든 사람이 내게 이 질문을 던진다.

우선 나는 이렇게 대답하고 싶다. 그들은 그들 본연의 모습이 된다고. 줄곧 존재해온 모습 그대로의 그들이 된다고. 그들은 각자 자신의 인성과 삶의 궤적에 따라 만들어지는 어른이 된다. 삶과 타인들로부터 사랑받고 보살핌을 받고 이해받았는가, 아니면 소외되고 배척받으며 학대당했는가에 따라 다른 사람이 된다. 우리 각자가 그렇듯이, 그들은 그들이 될 수 있는 존재가 되는 것이다.

내가 여기서 말하려는 바는 모두에게 똑같이 정해진 길은 없다는 것이다. 우리는 저마다 남들과 다른 차이가 있다는 말이다. 그 차이를 '참고 살든가', 아니면 그 차이에 '맞서 싸우든가', 그것도 아니면 자신에 대해 뭐가 뭔지 알 수 없는 상태로 목적지도 없고 목적도 없이, 그래서 지속적인 불만감을 품은 채로 더듬더듬 나아가든가, 그중 하나이다.

그건 영재들에게도 마찬가지다. 다른 사람들과 마찬가지기는 하지만, 이들의 경우는 언제나 다른 사람들보다 정도가 '더 심하다'. 누군가에게는 고통스럽더라도 받아들일 수 있는 것이 영재에게는 감정적 폭탄으로 변하고 만다. 영재에게는 모든 것이 증폭된다. 격화된다. 극단적이다.

어른 : 과거의 조숙했던 어린이?

이 제목을 보고 웃었는가? 그랬기를 바란다! 언젠가 영재 부모 모임에서 회합의 주제로 내게 제시한 것이 바로 이것이었다. 우리는 이 주제가 함축하고 있는 난센스들이 대번에 보인다. 어른이 되면 조숙함이, 이제는 뭔가 '옛것'이 되어버렸고 그래서 더 이상 현실성이 없는 이 '조숙함'이 사라진다는 말인가? 이상하다. 정말 이상하다. 영재라는 자질이 지적 발달의 조숙함과 같다는 생각, 결국 영재성은 아동기만의 문제라는 생각이 아직도 깊이 뿌리박혀 있다니!

모든 부모의 마음속에 제기되는 핵심 질문

'어른, 과거의 조숙했던 어린이'라는 이 '괴상한' 주제에 관한 일화는 이 질문을 둘러싼 모호함을 아주 잘 드러내주고 있지만, 영재 자녀를 둔 부모들에게 이 질문이 얼마나 당연한 것인가를 잊어서는 안 된다. 부모가 된다는 것은 우리 아이들이 사는 게 행복하고 또 행복한 삶을 영위하는 어른이 될 수 있도록 보살펴줄 의무를 지고 있음을 아는 것이다. 짧은 뜻풀이이지만 핵심 관건이 거기에 담겨 있다.

영재 아이의 지적·정서적 작동은 주변을 날카롭게, 예민하게 만들고, 그래서 이런 아이를 둔 부모의 근심 걱정은 커질 수밖에 없다. 보통 아이들이 얼굴을 찌푸리면서도 구속을 받아들이고, 끝까지 따지고 드는 대신 결국 순종을 택하며, 부모의 꾸지람에 슬퍼하면서도 꿋꿋이 견디는 반면에, 영재 아이는 아주 사소한 욕구불만에도 폭발하고, 무언가를 지시하면 끈질기게 따지고 들며, 부정적인 암시가 눈곱만큼이라도 깃들인 말에는 눈물을 쏟으며 쓰러진다. 모든 아이가 다 그렇다고 말하려는가? 그렇기는 하지만 백 퍼센트 그렇지는 않다. 영재 아이의 경우는 모든 것이 더 격화되고, 절대적이며, 억제하기 힘들다. 영재 아이는 각 발달 단계마다 남다른 특성을 드러내는데, 이런 특성들은 부모의 의무를 더 복잡하게 만들고 부모는 수시로 의문에 사로잡힌다. 이 과정에서 특히 학창 시절을 통과하는 것이야말로 불안과 번민의 절정을 이룬다.

부모의 마음속에는 뭔가 잘못하고 있다는 두려움, 어떻게 해야 할지 모르겠다는 두려움, 최악에는 '모든 걸 망치고 있다'는 두려움이 서서히 생겨난다.

유리한 조건 : 아이에게 영재 진단이 내려졌을 때

영재 아이의 '장래'는 진단을 받았느냐 아니냐에 따라서, 그리고 몇 살 때 진단이 내려졌느냐에 따라서 엄청난 차이를 보인다.

이를 크게 몇 개의 그룹으로 구분해볼 수 있다.

1. 어린 시절에 영재성이 발견되었고, 과도한 지능과 감동성이 줄곧 그들 인성의 일면으로 간주하여온 성인 그룹

2. 어린 시절에 영재성이 발견되긴 했지만 이것이 남다른 특이성으로 간주되지 않은 성인 그룹. 더 나쁜 경우는, 지능과 성공을 혼동하는 주위 사람들의 이 파괴적인 통념이 이들에게 큰 성공을 기대한 경우

3. 어른이 되어서야 영재성이 발견된 성인 그룹. 우연히, 혹은 실수로, 혹은 호기심에서, 혹은 자녀(영재인 자녀)와의 동일시를 통해서

4. 마지막으로, 영재성이 지금껏 발견되지 않았고 앞으로도 절대 발견되지 않을 성인 그룹. 우리의 시각을 벗어나 있는 부류로, 분명 영재에 대한 우리의 이해에 편차를 가져온다. 그들은 누구인가? 어떻게들 살고 있는가? 그들의 삶은 어떠한가?

이 마지막 그룹의 영재들 가운데, 최선의 경우로서 모든 장애물을 뛰어넘고 여하튼 관습적인 기준으로 볼 때 성공한 자들이 있다. 실제로 그들은 마음 깊은 곳에서 어떤 감정을 품고 있을까? 겉으로 드러난 이 성공에 만족하고 있을까? 그들은 대체 어떤 길을 걸었으며, 자신의 감성을, 그 모든 감정을, 애정을 갈구하는 그 지독한 욕구를 어떻게 다독였을까? 아무도 그걸 알 수 없다! 여하튼 과학적으로도 임상적으로도 알 수 없는 일이다. 그러나 당신의 주변을 돌아보라. 그들 가운데 어떤 이들은 우리가 보기에 꿈과 희망을 상징하는 인물들임에도, 그 만족스러운 미소 뒤에서 가물거리는 작은 불꽃이 당신은 느껴지지 않는가? 나는 그들이 잠자리에 누워 자기 자신에 대해, 그리고 자신의 삶에 대해 어떤 이미지를 떠올릴까 생각하면 종종 가슴이 에인다. 자기 방이라는 내밀한 공간에서, 바깥이 깊은 어둠에 싸여 있듯 내면에도 어둠이 짙게 깔릴 때, 그들은 실로 어떤 기분일까?

어른이 된 영재들

더욱이, 지금껏 영재성이 발견되지 않은 성인들 가운데 많은 이들이 방황하고 있다는 것도 확실해 보인다. 그들에 대해 사람들은 '뭐가 잘못됐는지 모르겠다'고 말한다. 그들의 지적·인간적 능력에 대해 사람들이 인식하는 바에 딱 들어맞는 직업적 행보, 연애, 인간다운 삶을 결코 구축할 수 없었던 자들. '모든 것을 망쳐버린' 자들 혹은 현실 속으로 뛰어들 실질적인 의지도 없이 주변인으로 살아가는 자들. 안에 있는 것도 아니요 바깥에 있는 것도 아닌 자들. 나는 이들 또한 마음속 깊은 어느 우묵한 동굴에서는 지금껏 세상 사람들이 알아보지 못한 채 스스로 억눌러온 일부를, 그동안 한번도 표현하지 못한 은밀한 저항을, 깊이 파묻혀 더는 생각조차 나지 않는 강력한 힘의 감각을 느끼리라 생각한다. 말로 표현할 길 없는 무언의 고통. 사실 아무도 그것에 관해 알지 못하고, 그것을 표현할 말이 존재하는지조차 모르는데, 그 이름붙일 수 없는 것을 어떻게 명명하여 설명할 수 있겠는가?

그들의 미래를 예상해본다면?

조기에 진단을 받고 잘 성장한 경우

아동기에 일찍 영재 진단을 받고 너그럽고 우호적인 환경에서 자라 성인이 되었을 때는 재능을 활짝 꽃피우고 삶에 만족할 가능성이 매우 크다는 것은 누구라도 쉽게 이해할 만한 예상이다. 확실히 이것이 최선의 시나리오다! 이런 영재는 그 지능과 감성이 그의 인성과 정체성이 구축되는 과정 속에 조화롭게 통합되었다. 자기 자신을 이해함으로써 그는 인생의 매 단계마다, 살면서 경험하는 모든 것에 의미를 부여할 수 있었다. 그는 육체적으로나 정신적으로나 '원기 왕성'하고, 지금까지 죽 그래 왔다. 자신의 인성에 대한 자기애적 토대도 견고하다. 그는 넘치는 자신감으로 삶을 전진시킬 수 있다. 그는 자기 자신을 '편안하게' 느낀다.

진단이 왜곡되거나 무시당한 경우

영재 진단이 내려졌지만 아이에게 돌아온 것은 "너는 IQ가 높으니까 성공할 수 있는 모든 걸 다 가진 거야!"라는 메시지뿐일 때가 있다. 이런 경우, 이 '이상한 것', 사람들이 마법 같은 힘을 가졌다고들 말한 이 '신비로운 IQ'가 그의 성장과는 줄곧 '무관한 요소'였음이 분명하다. 마치 사람들이 그가 운 좋게도 '뭔가'를 덤으로 가졌다고, 어떤 값진 것을 가졌다고 말했지만, 그에 대해 아무런 설명도 해주지 않은 것처럼 말이다.

다른 버전도 있다. "이제 우린 네게 엄청난 가능성이 있다는 걸 알게 되었어. 그러니 넌 반드시 그 가능성을 발휘하게 될 거야!"

이런 말은 영원한 죄책감의 씨앗으로 아이에게 뿌려진다. 이제부터 아이에게 진짜 내면의 드라마가 시작되는 것이다. 설령 아이가 아무 내색도 하지 않더라도 말이다. 그리고 이것은 아이가 평생 짊어지고 갈 드라마다. '다들 나보고 틀림없이 성공할 거라는데, 만일 성공하지 못하면 그건 내가 정말로 쓸모없는 인간, 바보 같고 무능한 인간이라는 증거지. 아무런 능력도 없다면 계속 살아봐야 무슨 소용이 있을까? 성공하지 못하면 모두의 기대를 저버릴 것이고, 사람들은 더 이상 나를 좋아해주지 않을 거야. 나는 버림받게 될 거야. 다들 내가 남들보다 '더 우수'하리라 생각하는데, 정작 나자신은 남들보다 훨씬 '더 못나고', 약하며, 멍청하고, 쓸모없게 느껴져. 그럼 대체 나는 어떤 인간이지?' 이 모든 질문이 영재 아이의 사고와 감성 체계에서 마구 떠오를 것이다. 성공하기 어려운 상태가 지속되면, 결국 자기상이 붕괴되고 이런저런 심리장애가 때로는 심각한 수준으로 나타나기 시작하는 만큼 죄책감은 더욱 커진다. 그리하여 지옥 같은 소용돌이가 아이의 미래 전망에 어두운 장막을 드리우며 아이를 집어삼키고 말 것이다!

반드시 명심하자. 아이들은 상처 입기 쉬운 영혼들이다. 아이에게 진단 사실을 설명할 때는 신중하자. 아이가 영재로서 몸소 겪고 체득하는 것들에 의미를 부여해줄 적절한 언어를 선택하자. 영재 진단을 받아 부모로서 기쁘다고, 안심이 된다고 아이에게 말하고 싶어 종종 입이 근질거리겠지만, 그런 생각일랑 잊자. 이제는 아이가 성공할 수 있으리라는 걸 알고 있다는 말도 입 밖에 꺼내지 말자! 영재라는 것은 그런 게 아니니까! 영재라는 것은 이 세계를 대하는 하나의 방식, 이해하고 생각하며 추론하고 느끼는 하나의 방식이다. 그 방식은 일반적인 방식과는 다르게 조직되며, 설령 그것이 대단한 가능성과 굉장한 잠재력을 지녔다 하더라도 반드시 주위 사람들의 부드러운 태도와 의연한 호의로써 보살핌을 받아야만 발현될 수 있는 그런 성질의 것이다. 그것은 빛을 발하며 당신을 눈부시게 할 수 있지만, 아주 미미한 충격에도 깨질 수 있는 여리디여린 힘이다. 신중함과 신뢰가 필요하다.

"저는 줄곧 그걸 알고 있었지만, 사람들은 제게 이렇게 말하곤 했습니다. "너는 똑똑하니까 틀림없이 성공할 거다." 그래서 전 사람들의 기대에 부응하려고 뭐든 열심히 했죠. 속으로는 잘해내지 못할까 봐, 실망시킬까 봐 극심한 두려움에 사로잡힌 채 말이에요. 다들 저보고 잘해내야 한다고 했으니까요. 어른들은 저를 능력 있는 아이로 알고 있었던 거죠. 그런데 저는 저 자신이 아주 무능하게 느껴지는 거예요! 무척이나 두려웠죠! 하지만 어쨌거나 전 잘해냈습니다. 그러니까 수학 교사를 성공이라 여겨

준다면 말이에요! 하기야 저로서는 수학을 하고 있을 때만큼은 끝도 없
는 생각 속에 빠져 헤매는 일이 덜했답니다. 수학은 논리적이고, 뭐 항상
논리적인 건 아니지만 어쨌든 합리적이었기 때문에 저는 마음이 편안했던
거예요. 그런데 사람들이 무슨 일 하느냐고 물어오면 아무 '이야기할' 거
리가 없더군요. 수학은 수학 교사 말고는 아무도 관심이 없으니까요!"

─미셸(48세)

진단을 모르는 척하거나 아이에게 숨기는 경우,
십중팔구 병으로 이어진다

어떤 부모는 심리검사 결과 영재 진단이 내려졌을 때, 자녀에게 진단 사
실에 대해 아무것도 말하지 않는 편을 택하기도 한다. 왜냐고? 아이가 '거
드름을 피우지 않을까', 지능이 높다는 핑계로 더 이상 노력하지 않는 건
아닐까 우려하기 때문이다. 이런 우려는 부모들 자신의 투사(投射)에 불과
하다! 이런 부모들은 영재 진단의 지적 측면만을 이해했기에 그들로서는
영재라는 이 자랑거리, 이 행운이 제 아이를 '타락시키도록' 내버려둘 수가
없다. 이것이 그들이 영재 진단에 대처하는 방식이다. 또한, 진단을 무시하
기로 마음먹는 부모들도 있다. 내 아이는 똑똑하다, 물론이다, 그러니까
틀림없이 성공할 것이다, 끝. 이들은 진단의 모든 측면을 다 이해하지도 못
하는데 뭐 하러 굳이 영재임을 밝히겠느냐고 생각하는 것이다. 나는 이들
을 비난하지는 않는다. 각자 자기가 볼 수 있는 만큼만 보며 살아가는 것
이니까. 그러나 그런 태도는 아이의 성장에 위험한 결과를 낳는다.

진단 사실을 숨기면 아이는 자신의 실제 모습을 알지 못하게 된다. 그것
은 자신의 일부가 잘려나간 채로 자라는 것과 같다. 아이는 이런저런 상황

에서 자신이 왜 이런저런 어려움을 겪는지 이해하지 못하고, 그런 어려움이 어디에서 연유하는지도 알지 못한 채, 힘겹게 이런저런 일들을 겪게 된다. 특히 인간관계에서 종종 자신이 남들과 다르다고 느끼고, 어떤 집단에 통합되기가 힘들 것이며, 심지어 자신이 배척당한다고 느낄 것이다. 그리하여 아이는 자신에게 그 이유를 설명해줄 어떤 열쇠도 갖지 못한 채 괴로워하게 된다. 자기 특유의 감성, 세상에 대한 증폭된 지각, 넘쳐흐르는 감동성을 억눌러야 할 결점들로 인식하게 된다. 또한, 자신이 남다른 지적·정서적 특성들로 조직된 인성의 소유자임을, 그런 특성들이 자신을 대단한 풍요로움을 지닌 아이인 동시에 다른 아이들과는 뚜렷이 구별되는 아이로 만든다는 사실을 결코 알지 못할 것이다.

이런 비유를 들어보자. 근시안을 가진 어떤 사람이 있는데, 주위 사람들이 그에게 근시임을 말해주지 않기로 작정하여 자기가 근시인 줄 모르고 있으며, 따라서 시력을 교정하지 못하게 되는 경우를 상상해보자. 그로서는 흐릿하게 보이는 게 '정상'일 테고 다른 사람들도 당연히 자기처럼 본다고 생각하여, 기어코 스스로 적응하려 할 것이다. 그러니 가장 힘든 순간들이 닥쳐도 다 자기 탓이라 여길 것이다. 자신을 형편없다거나 무능하다고 느껴 자신을 스스로 과소평가할 수도 있다. 대체 그가 세상 보는 시각을 왜곡하는 것이 자신의 근시임을 어떻게 알 수 있겠는가? 안경을 쓰면 훨씬 더 또렷하게 보이리라는 걸 어떻게 알겠는가 말이다! 영재 아이도 마찬가지다. 자신이 영재임을 아는 것은 자기 자신에 대해, 그리고 이 세상에 대해 더 나은 시각을 갖게 되는 것이다. 자신이 영재임을 알게 되면, 자신이 왜 어려움을 겪는지 그 이유를 알 수 있고, 그 어려움에 대해 편하게 말할 수 있고 명확히 진술할 수 있다. 그리고 그것이 전부를 바꾼다!

요약을 위한 기본 논리 정리

- 자기가 어떤 사람이 될 것인지를 이해하려면, 반드시 자기가 어떤 사람인지를 먼저 알아야 한다. 자기 모습을 올바르게 아는 것은 자기 구축의 토대이다.

- 성인 영재란, 특이한 지적·정서적 작동의 형태들 위에서 구축된 인성으로 살아감을 의미한다. 그런 작동 형태를 알고 있어야만, 온전한 자의식을 지닌 채 살아갈 수 있다.

- 성인 영재는 우선 과거에 영재 아이였다. 자신이 영재임을 알아야만, 가장 자기다운 모습으로 성장할 수 있는 모든 가능성이 열린다.

- 영재 아이가 자라서 영재 성인이 된다.

- 영재 아이는 특이한 아이이고, 따라서 남다르고 특이한 어른이 된다.

- 영재 아이는 뛰어난 재능을 발휘하는 어른이 될 수 있다. 혹은 그렇지 않을 수도 있다. 이렇게 혹은 저렇게 될 수밖에 없는 필연적 인과관계란 존재하지 않는다. 각자 자신의 길을 갈 뿐이다. 중요한 건 각자 하나의 길만 존재한다는 사실이다.

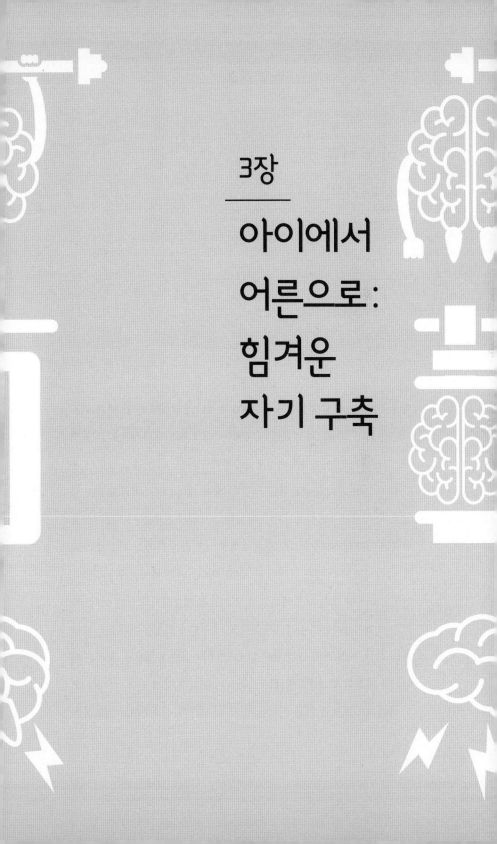

3장
___

아이에서
어른으로 :
힘겨운
자기 구축

아동기를
건너가며

피에르(8세)는 이렇게 설명한다. "내가 선생님 상담실에 온 건 내가 외톨이라서예요." 피에르의 발음이 내 귀에는 "내가 '외또리'라서예요"로 들린다. 그래서 나는 아이에게 이렇게 응수한다. "아하, 네가 나를 만나러 온 건 네가 '외또리'이기 때문이로구나?" 이렇게 해서 외또리의 모험담이 시작된다. 어린왕자의 이야기처럼, 이 꼬마 외또리가 친구를 사귀러 세상을 헤매는 이야기, 자신이 그토록 혼자라고 느끼며 슬퍼하고 자신이 그토록 남다르다고 느끼는 고뇌에 찬 이야기이다. 다른 아이들을 두려워하면서도 너무나 그들과 함께하고 싶고 그들과 비슷해지고 싶은 아이. 자기가 왜 배척당하는지 이해하지 못하고, 공정함과 애정과 관대함을 갈구하는 아이. 여러 번의 상담 끝에 외또리의 이야기는 완성되고, 우리는 이 아이가 자신의 감정들로밖에는 소통하지 못함을 알게 된다. 아이는 오직 이런 방식으로만 다른 아이들과, 또 이 세상과 접촉하려고 시도하는

어른이 된 영재들

것이다. 그러나 갈 길은 멀고 험하다. 이 외또리가 이 세상에 조금이라도 받아들여질 수 있으려면, 그래서 결국 자기와 비슷한 친구들을 만날 수 있으려면, 흔히 자기로서는 전혀 이해할 수 없는 수수께끼들을 해결해야만 할 것이다!

나는 이 이야기를 최근에 다시 읽었다. 이 이야기는 우리의 꼬마 영재가 자기 인생길에 도사리고 있는 그 모든 암초를 유년기의 대단한 통찰력으로 야무지게 설명하고 있다. 이해하고 이해받는 것, 같은 방식으로 작동하지 않는 사람들 간에 소통하는 것, 자신을 배척하는 사람들과 만나게 되는 것, 타인의 감정을 그토록 강렬하게 느끼는 것, 자신이 그토록 혼자라고 느끼는 것. 이와 더불어 라이트모티프처럼 반복해서 엄습하는, 지속적인 괴리와 상호 몰이해의 고통스러운 체험까지.

그럼 이제 이런 꼬마 영재의 이야기를 성장 단계별로 따라가 보자.

유아기 시절

• **대상을 꼼꼼히 탐색하고 자세히 살피는 아기로서, 아이는 세상을 그냥 바라보는 것이 아니라 자신의 시선으로 꿰뚫어본다.**

젖먹이 아기에게 벌써부터 질문이 생겨나는 것 같다. 이 점은 쉽게 감지된다. 엄마들은 뭔가 의문을 품은 듯한 눈길을 자신에게 던지는 아기 때문에 몹시 당혹감을 느낀 경험들을 종종 이야기한다. 심지어 개중에는 마치 엄마가 과연 자기를 제대로 돌볼 수나 있을지 아기가 확인하는 것만 같아서 불안감을 느낀 적도 있다는 엄마들도 있다.

"이런 얘기 하기는 조금 그렇지만, 이따금 전 아이의 시선에 겁이 날 때가 있었어요. 마치 저를 심판하는 것처럼 느껴졌거든요. 그런 순간엔 아이를 얼른 남편 품에 떠넘기곤 했지요."

아직 어린 아기인데도 아이의 행동, 자세, 몸짓, 옹알이 들이 공간을 점령한다. 원기 왕성하고 호기심 넘치는 이 아이는 자신의 비언어적 언어로 세상을 탐색한다. 그리고 주위에서 일어나는 일은 뭐든 흡수한다. 최대한으로.

• **말을 일찍 시작한다.** 아닌 경우도 있지만 대체로 그렇다. 부모들은 아이가 말문이 트이자마자 거의 유창하게 말을 하더라는 이야기를 자주 한다. '유아어(幼兒語)' 단계를 거치지 않은 것이다. '나'라는 말의 습득이 빠르다. 문장구조가 정확하다. 어휘는 풍부하고 정교하다.

• **그다음으론, 질문이 일찍부터 시작된다. 모든 것에 대해서, 줄기차게.**
중심 주제는 삶과 죽음을 둘러싼 한계들이다. 이건 어른들을 참으로 괴롭히는 질문들이다. 어른들도 뭐라고 대답해야 좋을지 모르니 말이다. 우리는 왜 사나요? 사는 게 끝나면 어떻게 되나요? 죽음이라는 건 대체 뭔가요? 이 땅에 사람이 살기 전에는 뭐가 있었어요? 사람은 왜 존재하는 건가요? 등등. 제일 곤란한 건 우리의 꼬마 철학자가 어물쩍 넘어가는 모호한 대답에는 절대 만족하지 못한다는 사실이다. 이 아이는 알고 싶고 이해하고 싶어 한다. 어른들이 답해주기를 학수고대한다. 왜냐고? 아이는 줄곧 그에 관해 생각하고 있기 때문이다. 그리고 끊임없이 생각하는 것 자체가 아이를 불안하게 만든다. 우리 모두가 다 그렇다고 말할 참인가? 물론 그렇다. 이 아이가 두세 살짜리라는 점만 빼면. 우리 자신도 속 시원한 답을 갖지 못한 것들을 하물며 아이에게 설명하기란 참으로 까다롭고 난감한 일이다. 아이를 불안하게 만들고 싶지 않은 만큼 설명하기가 더 난감하다. 그래서 우리는 말을 빙빙 돌리며 대답을 얼버무릴 수밖에 없다. 그러나 아이에게는 그것으로 충분치 않다. 질문이 되튄다. 다시 시작된다. 끝이 없다. 아이는 불안에서 벗어나고 싶다. 마음이 편해지고 싶다. 어떻게 해야 할까? 우리가 헤매는 것을 본 아이는 점차 질문 공세를 중단하게 된다. 우리가 대답할 수 없음을 이해한 것이다. 그 사실이 아이를 두렵게 만든다. 아이는 무척이나 두렵다. 그러나 아이인 자신이 두려워할까 봐 두려워하는 우리 어른의 두려움 또한 자신의 두려움만큼이나 크다는 걸 이해하기 때문에 우리에게 연민을 느낀다. 이제 아이는 그런 질문들을 자신에게 던지기 시작한다. 보라, 아이는 벌써 자신과 홀로 대면하게 된 것이다. 반면에, 아이가 질문을 멈춘 덕분에 어른은 시름을 놓는다. 어른은 고통스러운 질문들이 계속해서 아이의 내면을 괴롭히고 있다는 걸 알지 못한다. 그러나 우리는 그 사실을 알아야만 한다. 그래야만 이 아이가 비록 질문은 그쳤더라도, 불안에서 영구히 벗어나기를, 마음이 늘 편할 수 있기를 간절히 바라고 있음을 이해할 수 있을 테니까.

- **대체로 때 이른 글 읽기를 한다.**

  초등학교 1학년 과정의 통상적인 수업 속도, 말들이 많은 그 한계를 이해하자. 아이는 왜 읽는가? 세상을 이해하려 애쓰기 때문이고, 언어의 습득이 무한으로 통하는 문들을 열어줄 것임을 금세 알아차리기 때문이다. 그리고 바로 이 무한이라는 게 이 아이의 전문 분야 아닌가! 그래서 아이는 배우고 싶어 한다. 이런 열망 앞에서 부모들은 흔히 당황하여 '내게 그럴 권리가 있을까?'를 고민한다. 부모로서 그저 자녀의 호기심에

응하려는 것뿐인데, 이런 부모들에게 죄의식을 느끼게 하는 학교의 헤게모니라니! 실제로 부모들은 가정에서 이루어지는 '무계획적' 학습이 '제도화된' 학교교육에 해를 끼칠 수 있다는 얘기를 종종 듣는다. 아이의 학교 공부에 문제가 될 수 있다는 것이다. 나는 부모들이 자녀에게 행여 과도한 자극을 줄지도 모른다는 교사들의 우려, 그래서 자녀를 흡사 곡예를 부리도록 조련된 서커스단의 '얌전한 원숭이'처럼 만들지나 않을까 하는 교사들의 염려를 이해한다. 그러나 아이가 그토록 자진해서 배우고 싶어 하는데, 그런 열망을 단순히 배려할 뿐인 부모들에게 그런 협박을 휘두르다니, 너무 고약한 몽니다! 부모들이여, 안심하라. 자녀가 읽기를 배우고 싶어 하면 그럴 수 있게 도와주자. 아이는 선생이 아니라 가이드가 필요한 것뿐이다. 아이는 세상의 베일을 벗기려는 진지한 열망을 품고서 글 읽기에 입문할 것이다. 주목할 만한 징조 아닌가!

일단 그러고 나면, 아이는 금세 뭐든지 읽는다. 게걸스럽게, 또 탐욕스럽게. 아이가 느끼는 기쁨은 강렬하다. 시리얼 포장 박스며, 길거리 술집 이름이며, 가게 간판이며 닥치는 대로 읽는다. 아이는 좋아서 어쩔 줄 모른다! 요즘 아이들 말로 '짱 좋다'.

자기상이 구축되는 최초의 토대들

아이는 자기애가 발달하는 과정에서, 자신에게 어떤 능력들이 있음을 감지한다. 이렇게 해서 자신감 넘치는 최초의 자기상이 구축된다. 이 단계에서 아이는 처음으로 일부 몰이해에 맞닥뜨리기도 하지만, 비교적 감탄을 불러일으킨다. 부모의 자부심도 생기게 한다. 사람들은 아이가 조숙하다고, 똑똑하다고, '재밌는 녀석'이라고 말한다. 따라서 당분간은 모든 게, 혹은 거의 모든 게 잘 풀린다.

학교생활

최초의 오해들:
암시를 이해하지 못한다

"제가 유치원 상급반에 다니던 시절, 선생님은 칠판에 날짜와 요일을 쓰곤 하셨습니다. 그러곤 반 아이들에게 뭐라고 썼는지 묻곤 하셨죠. 그때마다 아무도 대답하지 않더군요. 그때 저는 이미 읽고 쓸 줄 알았지만, 선생님이 질문할 때는 대답하지 않아야 하는구나, 그게 유치원에서의 규칙이구나, 하는 생각이 대번에 들었습니다. 그러다 그 학년이 끝나갈 무렵에야, 아이들이 대답하지 않는 건 단지 글을 읽을 줄 모르기 때문임을 비로소 깨닫게 된 겁니다! 제가 아이들의 침묵을 정확하게 해독하지 못했고, 거기서 완전히 잘못된 규칙을 끌어냈던 거예요! 그래서 전 오랫동안 선생님이 제게 묻는 말에 대답하지 않았고, 그게 왜 선생님을 화나게 하는지 오랫동안 이해하지 못했습니다. 정말 어이없는 일이죠." 아르튀르(22세)는 유치원 상급반 초기 시절에 겪은 이 기이한 일화를 떠올리며 회상에 젖는데, 조금 화가 치민다. 세월이 많이 흘렀어도 여전히 그에게 충격을 주는 경험이다. 그의 삶에 큰 영향을 미쳤고 그가 오늘날 겪는 이런저런 어려움을 조건 짓는 이런 몰이해에 그는 아직도 어안이 벙벙하다. 그는 지금도 자신이 현실과 어긋나 있는 존재로 느껴지고, 자기가 이해를 제대로 했는지 늘 자문한다.

이런 이야기라면 천일야화 못지않게 들려줄 수 있다. 이런 일화들은 모두, 영재 아이가 학교라는 틀 안에서 암묵적으로 합의된 전제들, 즉 누구에게나 통하는 공통된 암시들을 해독하지 못한다는 동일한 성향을 반영하고 있다. 아니 더 정확히 말해, 영재 아이는 이런 암시들을 남들과 다른 식으로 이해하거나 해석한다. 학교와 학교교육에 대한 이러한 근본적 오해를 토대로, 이 아이는 지식을 쌓고 수업을 받으며 학교생활을 해나간다. 그리고 바로 이 오해가, 예측이 가능함에도 불구하고 오랫동안, 어쩌면 처음부터 줄곧, 아이 자신도 어른들도 이해할 수 없었던 어려움들을 더욱 심화시킨다. 문제는 모든 아이가 똑같은 식으로 이해했다고 믿는 데서 생기는 것임을 어떻게 상상이나 하겠는가? 이 아이가 교사의 질문을 정확히 이해했고 교사의 지시를 다른 아이들과 똑같이 해독했다는 우리 생각이 다착각이며, 문제가 바로 거기서 비롯된다는 사실을 말이다. 아이가 대답을 하지 않거나 엉뚱한 대답을 한다면, 그건 교사에 대한 도전이나 무례함 혹은 반항심 때문이 아니라, 단지 제대로 이해하지 못했기 때문이다!

중대한 결과를 가져오는 이런 모호함들이 추후의 학업 과정에서 계속해서 나타나게 된다. 교사의 말, 어떤 지시, 어떤 문제와 마주할 때, 이 아이는 그것이 자신에게 뭘 요구하는지 이해하지 못한다. 이 아이의 특이한 사고 형태는, 학교 공부의 노하우를 오래전부터 체득한 보통 아이들의 그것과는 뚜렷이 달라서, 정규적이지 않은 다른 식의 해독, 심지어 주어진 문제의 범위를 훌쩍 넘어서는 해독을 하게 된다. 그래서 이 아이는 엉뚱한 대답을 하고 주제를 벗어난 의견을 말하며, 혹은 자신이 할 줄 모른다고 확신하는 까닭에 백지 답안을 내기도 한다.

어느 중학교 프랑스어 교사가 이런 이야기를 들려준다.
"아이들에게 텍스트를 하나 나눠주고서, 예컨대, 이게 대화문임을 어떻게 알 수 있는지 설명해보라고 합니다. 무엇보다도 그렇게 생각할 수 있는 근거를 모두 적어보라고 하죠. 그럼 이런 걸 적으면 되는 거예요. '두 사람이 서로 이야기를 나누고 있으므로 대화문임을 알 수 있다', '따옴표가 있으므로 대화문이다', '줄이 바뀌고 줄표 뒤에서 문장이 시작되므로 대화문이다' 등등 그냥 이렇게 말입니다! 텍스트를 세세히 뜯어보고 분석해서 그 텍스트의 본질을 이끌어낼 필요는 전혀 없는 거죠. 그런데 보세요. 영재 아이는 명확하게 적시해주지 않는 이상, 이런 종류의 근거를 절대 추리해내지 못할 겁니다. 자기한테 요구하는 것이 단순히 이런 것임을 단한순간이라도 상상할 수나 있을까요.

그런데 채점을 해서 돌려주면 이 아이는 이럽니다. 아아, 이렇게 하라는 거였군요! 너무 간단한 거였네요!"

악순환: 몰이해에서 비난으로

우리는 이제 이런 작동방식이 얼마나 영재 아이를 옭아매고서 서로에 대한 몰이해의 소용돌이 속으로 몰아넣는지 이해할 수 있다. 교사는 이 아이를 가리켜 무례하고, 도전적이며, 반항적인 데다, 학교교육에 맞서려 한다고 질책한다. 아이는 아이대로 자신이 겪는 어려움의 원인을 이해하지 못하고, 학교 규범을 벗어나는 자신의 특이한 작동을 보지 못하며, 게다가 교사의 이런 비난을 대단히 부당한 공격으로 받아들이는 바람에, 스스로에 대해 갖고 있는 이미지(자기상)에도, 어른들에게 내보일 수 있는 신뢰에도 상처를 입는다. 누가 이 아이를 도울 수 있을까?

정확성에 대한 욕구

이 꼬마 영재는 어떤 질문에 답을 하거나 지시 사항을 수행하기 위해, 반드시 그것을 '정확하게' 이해하고 싶어 한다. 흔히 이 아이는 질문이나 지시를 다른 식으로 이해함으로써, 요구된 것과는 다른 엉뚱한 행위를 할 수 있기 때문이다. 그래서 아이가 정확성을 추구하는 것은 나름의 적응 전략이다. 그러나 그것은 종종 도전 행위나 무례한 태도로 비치기도 한다.

나는 피에르(9세)와 상담 중에, 다른 아이들에게도 흔히 묻듯이, 학교에서 어떤 걸 잘하느냐고 묻는다. 그런데 피에르의 대답에는 잠시 당황한다. "학교에서 잘하는 거요? 수업 시간에요, 아니면 쉬는 시간에요?"

이렇듯 정확성에 대한 욕구는 단어를 글자 그대로 해석하는 데서도 드러나는데, 이 때문에 혼동과 착오가 숱하게 발생한다. "그래, 테오야, 방학에는 뭘 할 거니?" "방학에 신경을 써야죠." 내가 평범한 대답을 기대하며 던진 평범한 질문에 이 7살짜리 소년은 이렇게 대답한다!

최초의 실망감

학교라는 게 겨우 이런 거야?

영재 아이는 학교에 가고 싶어 몹시 안달하는데, 막상 입학하면 초기에 실망하는 경우가 드물지 않다. 학교에 가면 새로운 것들을 잔뜩 빨리빨리 배우리라 기대했기에, 기껏 스티커나 붙이고 색칠하는 수업에 그만 화가 나 버린다. '학교는 코흘리개들이 다니는 데야.'라고 이 아이는 입버릇처럼 말하게 될 것이다. 몇 달이 지나고 몇 년이 흐르는 사이, 또 다른 실망이 아이를 기다리고 있다. 뭔가를 안다는 것이 교사의 관심을 끌지 못하기 때문이다! "그래, 네가 알고 있다는 거 나도 알아."와 같은 교사의 말들이 이 열정적인 어린 학생의 기를 꺾는다. 그 결과 아이는 학교에서는 아는 게 바람직하지 않은 일이라고 결론짓게 된다. 지능의 가련한 운명은 이뿐만이 아니다. 아는 게 많다는 사실이 다른 아이들에게 밉보이면, 아이는 대번에 환상적인 놀림감으로 지목된다. 가장 심한 모욕은 '잘난 척 대마왕'! 그래서 아이는 너무 심하게 당하지 않으려고 입 다무는 법을 배운다.

보잘것없는 존재라는 두려움 혹은 그런 존재가 되어버린 느낌

그럼에도 불구하고 또 다른 심각한 장애물들이 영재를 기다리고 있다. 아이가 학교에 기대하지 않는 만큼 학교생활은 더더욱 힘이 든다. 이해가 빠르고, 노력하지 않아도 기억하며, 별로 공부하지 않고도 아는 데 이골이 난 아이지만, 그럼에도 학교교육이 요구하는 대로 하지 않는다. 더 정확히 말하자면 이 아이가 하는 방식은 바람직하지 않기 때문에 부정적인 지적과 나쁜 점수를 받기 시작한다. 아이는 이에 당황하여 어찌해야 좋을지 모르고, 왜 잘 풀리지 않는지 이해하지 못한다. 더구나 주위 사람들은 이런 결과를 놀라워하며, 더 잘할 수 있잖니, 노력을 하지 않아서 그래, 더 진지하게 공부해야지 등의 말로 아이를 다그친다. 맞는 말이다. 하지만 어떻게? 자신이 겪는 어려움의 본질을 설명할 수가 없는데, 잘해내지 못하는 자기 처지를 어떻게 남들에게 이해시킬 수 있을까? 그 어려움은 남다른 지능에서 생긴 괴리(남들과의 차이)와 관계된 것인데, 그걸 누가 알아줄까? 그 어려움은 또한 자신이 구사한 사고 전략의 과정을 아이 자신이 알지 못한다는 문제와도 관계가 있다. 답이 맞아도 아이는 그걸 입증하지 못하며, 뻔히 아는 것인데도 그에 대해 논거를 제시하고 추론을 전개하며 사고를 구조화할 줄 모른다. 바로 이런 점들이 학교교육이 요구하는 바에 잘 부합하지 않는 특이한 지적 작동이 가진 함정들이다.

그리하여 실패가 자리를 잡으면, 애초에 품었던 열의가 사라지고 자신이 보잘것없고 무능한 존재라는 확신 때문에 점차 낙담과 실의로 뒤덮인다. 이러한 실패의 악순환은 정신적 안정, 행동, 그리고 자기상에 다양한 영향을 미치면서 연동하기 시작한다. 그리고 세월이 흐르고 어려움이 축적되면 이 악순환을 뒤집기란 상당히 힘들어진다.

영재 아이와 학습장애

우리 사회의 통념과 달리 영재 아이들 역시 학습장애에서 자유롭지 못하다. 오히려 그 반대다. 오늘날 밝혀진 바로는 이 아이들에게서 학습장애가 의외로 빈번히 나타나고 있다. 이들의 4분의 1가량이 통합운동장애(쓰기장애와 조직기술장애)나 읽기장애를, 10퍼센트 이상이 주의력장애를 갖고 있다. 문제는, 이런 아이는 자신이 겪는 어려움을 지능으로 상쇄하기 때문에 이런 장애들이 오랫동안 눈에 띄지 않을 수 있다는 점이다. 그러나 이것도 어느 시점에 이르면 더 이상 가능하지 않다. 그런 순간이 왔을 때 아이는 자기 자신도, 다른 누구도 예상치 못했던 실패와 맞닥뜨리게 된다. 그런 실패와 직접적으로 결부된 자기애까지 함께 붕괴된다. 그러니 영재 아이가 겪는 학업적인 어려움에 늘 주의를 기울이자. 어쩌면 그런 문제에 어떤 특별한 원인이 있을지도 모르니까!

최초의 무료함

자신의 사고 속도가 다른 아이들의 속도와 차이가 나는 데서 무료함이 생긴다. 첫 마디만 듣고도 이해하고, 한 번만 읽고도 기억하며, 한 번만 설명해주어도 할 줄 안다면 당연히 그렇다. 교사가 그 반의 모든 학생이 수업 내용을 충분히 소화하도록 여러 가지 방식으로 설명을 반복하는 그 시간에, 이 아이는 뭘 해야 한단 말인가? 학교에서 보내는 시간이 하염없이 길지도 모른다. 또한 지독히 역설적이게도, 영재 아이는 학교에서 자신의 지능을 전적으로 활용할 수 없으니, 또 학교교육의 본질 자체가 이 아이에게 능력을 발휘할 기회를 주지 않으니, 비범한 재능 때문에 오히려 아이는 혼자 알아서 하게 방치당하고 동기부여가 되지 않는 상황에서 의욕을 잃게 된다. 그러므로 학교에서 보내는 시간은 홀로 사고하는 '자유 시간'이 되고 만다. 그리고 사고한다는 것, 머릿속에서 사고를 전개해나가는 것이 이 아이에게는 근심의 원인이 될 수 있다. 그러니 영재 아이는 거의 다 학교를 싫어한다. 학교에 다녀야 하는 날들이 끝이 나지 않을 것만 같다. 무료함이 아이의 학창 시절을 좀먹기 시작한다. 무료함은 급기야 아이의 통합과 정신적 안정을 더욱 어렵게 만들 일련의 심리장애를 가져오는 원인으로 작용할 수 있다.

다른 아이들과의 힘겨운 관계

"내 속에는 우리 반 아이들과 똑같은 나의 한 부분이 있어요. 그런 모습일 때는 아이들과 잘 통해요. 하지만 그 나머지 부분들을 함께할 수 있는 아이는 아무도 없어요. 나한테 제일 중요한 걸 이해해주는 아이는 아무도 없다고요." 클로에(5세)는 아직 어리디어린 소녀이지만, 쉬는 시간이면 교정에서 보이지 않는다. 이미 혼자 놀기 시작한 것이다.

친구를 사귀는 것, 사랑을 받는 것, 이것은 영재에게 있어 평생의 관건이다. 영재 아이는 다른 아이들에게서 동일시의 지표들을 발견하기 어렵고, 자신이 그들과 비슷하면서도 다르게 느껴지며, 그들의 반응이나 태도를 이해하지 못할 때가 많고, 자신이 또래 집단에 동화된 것처럼 보일 때조차도 언제나 괴리감을 느낀다. 이런 아이에게 다른 아이들과의 만남은 혼란스러운 일이 아닐 수 없다. 심지어 이 만남이 끝없는 상처의 원인이 된다는 점이다. 배척과 소외, 놀림 등 다른 아이들의 무수한 공격이 이 아이를 놀라게 하며 깊은 상흔을 남긴다. 아이는 자신이 어떤 점 때문에 계속해서 공격의 대상이 되는지 알지 못한다. 다른 아이들은 그들을 당혹스럽게 만드는 이 남다른 아이를 잘 이해하지 못해서 그러는 것이다. 결국 '미운 오리 새끼', 영재 아이는 이 강제적 고립에 괴로워하고, 때로는 진심으로 이질감을 느낄 수 있다.

자신이 지휘하며 통솔하고 싶은 욕구 또한 다른 아이들과의 관계에서 또 하나의 함정이다. 영재 아이는 명령하고 싶은 절대적인 욕구를 느낀다. 왜냐하면 무엇을 해야 하는지, 어떻게 해야 하는지를 자신이 알고 있다고 마음속 깊이 확신하기 때문이다. 자신이 더 강하다거나, 더 똑똑하다거나, 더 재능이 있다고 생각해서 그런 게 아니다. 그렇게 하는 것이 다른 아이들에게도 좋을 거라고 느끼기 때문이다. 그러나 이 꼬마 대장은 다른 아이들에게 리더로서 인정받지는 못한다. 쉽게 신경질을 내거나 때로 거친 행동을 보이기도 하는 만큼 더욱 인정받기 어렵다. 특히 남자 아이가 그렇다. 여자 아이라면 합의를 추구할 것이다. 협상을 할 줄 안다는 말이다. 행동 방식에서 더 교묘한 여자 아이들은 독단적으로 자기를 내세우기보다는 지지를 이끌어내려고 애쓰니까.

넘쳐흐르는 감정

이것은 타인들과 부대끼는 삶을 달갑게 받아들이지 못하는, 영재의 인성에서 나타나는 또 다른 특징이다. 타인들의 온갖 감정까지 포함해서 뭐든 아주 강렬하게 느끼기 때문에 주위환경에 쉽게 영향을 받고, 이런 성향이 다른 사람들 눈에는 도가 지나치고 부적절하며 무척 기이하게 보일 수 있는 반응과 행동으로 이어진다. 느닷없이 눈물을 쏟거나 불같이 화를 내기도 하고, 다른 사람들 눈에는 우스꽝스럽고 황당하게 보이리만큼 이상한 두려움에 사로잡히거나 미친 듯이 흥분하기도 하는 등, 이렇게 소란스러운 감정 상태는 영재 아이를 주위 사람들로부터 단절시킨다. 다른 사람들 눈에 이상한 아이로 보이게 만든다. 급기야 아이 자신도 자신의 통제할 수 없는 반응들을 부끄럽게 여기게 된다.

또한 과도한 정의감 때문에 아이는 사사건건 자기 의견을 표명하고, 시의적절하든 아니든 번번이 끼어들며, 격한 말싸움이나 몸싸움을 벌이는 일도 생긴다. 교사들과의 관계에서 이것은 치명적이다. 교사는 금세, 이 학생의 개입을 무례한 행위로 여기게 된다. 그것은 오해인데 말이다.

학교에서 상처 입는 소중한 자신감

영재 아동이 학교에 들어가서 마주하는 어려움은 아이의 소중한 자신감에 조금씩 상처를 입힌다. 어원적으로 자신감(confiance)이라는 단어는 믿음이라는 뜻의 라틴어 fides에서 왔다. 이 말은 자기 자신을 믿고 주위 사람들을 믿는다는 뜻이다. 그 사람들이 우리를 이해해주니까 그들에게 의지할 수 있다고 느끼는 것이다. 그러나 영재 아이에게는 흔히 정반대의 일이 일어난다. 아이는 더 이상 자기 자신을 믿지 못할 뿐 아니라, 학교에서의 경험으로 미루어 타인들이 자신을 이해하고 도와주리라 기대할 수 있는 가능성마저 심각하게 의심하게 된다.

가정에서도 상황은 복잡하다

　일상에서 영재 아이를 가르치고 양육하며 보살피는 일은 대단히 풍요로운 일이긴 하지만 지속적인 에너지가 필요하다. 아침부터 저녁까지, 다시 저녁부터 아침까지, 이 아이는 끊임없이 요구하고, 간섭하며, 따지고, 언쟁하며, 부모의 단순한 설명으로는 절대 만족하지 못하고, 이건 왜 그렇고 저건 왜 그런지 속속들이 알고 싶어 하며, 부모의 지시에 대해선 뭐든 왈가왈부한다. 그걸 내가 왜 해야 해요? 그러면 뭐가 좋은데요? 왜 이걸 하라고 하죠? 왜 꼭 그래야만 하나요? 등등. 그야말로 모든 한계를 다 시험하는 이 아이는, 진이 다 빠진 부모, 일상에 짓눌리고 혹사당한다는 느낌에 불행한 기분마저 드는 부모를 끝까지 몰아붙인다. 그러나 부모가 자기를 제지하기 어렵다는 걸 간파하는 아이에게, 이렇듯 부모를 궁지로 모는 것은 또 다른 근심을 유발한다. '이러다 아빠 엄마가 어느 순간 무너져 내리면 나는? 나는 어떡하지?'

　게다가 부모의 심약함과 한계를 느끼는 것이 아이의 동일시 과정을 어렵게 만든다. 아이는 아빠를 혹은 엄마를 닮으려 하고 부모라는 모델에 의지하면서 성장해야 하는데, 그러기에는 아빠 엄마가 매우 나약한 존재들로 보이는 것이다. 이에 당황한 영재 아이는 그리하여 대개, 자신만의 독자적인 지표들을 세우며 홀로 자신을 구축해나간다. 물론 쉬운 일은 아니다.

　그 과정은 감정의 폭발과 눈물로 점철될 것이다. 눈가에 눈물을 그렁그렁 매달고 있거나 달랠 수도 없을 만큼 폭발하여 왈칵 눈물을 쏟는 경우, 느닷없이 화를 내며 길길이 날뛰는 경우, 이야기 도중에 삐쳐서 요지부동이 되는 경우, 대수롭지 않은 상황에도 격렬하게 반응하는 경우…… 이는 전부 아이의 과도한 감정적 감수성이 표출된 상황들이다. 겪는 사람도 대처

하는 사람도 모두가 힘들다.

어른들과의 힘겨운 관계

영재 아이는 어른들과의 관계를 이해하지 못한다. 이 아이에게 타인들은 아이나 어른이나 다 똑같은 이야기 상대이다. 분명한 것은, 그들이 자기 말을 들어주리라는 사실이다. 처음에 아이는 사람들이 왜 자신을 나무라는 지 이해하지 못한다. '어른들'에게 이런 걸 묻는 게 아니라는 게, 그래서는 안 된다는 게 이해가 안 된다. 그러면서 점차, 사람들이 해서는 안 되는 것, 자기가 해서는 안 되는 것을 알아간다. 질문을 하는 건 나쁘다는 것을. 그건 사람들을 방해한다는 것을. 점차 아이는 입을 다물게 된다. 그리고 자기 세계에 틀어박힌다. 자신의 질문이 왜 사람들을 방해한다는 건지 여전히 이해할 수 없지만 말이다.

아동기의 왜곡된 거울과 그로 인한 위험성

영재는 대부분 자기상이 상처 입고 왜곡된 채로 아동기를 벗어난다. 자신이 뭐든 할 수 있다고 느껴왔지만, 이제는 어찌해야 할지를 모른다. 자신과 자신의 능력을 신뢰해왔지만, 이제는 자신이 상처받기 쉽고 나약한 존재로 느껴진다. 빨리 커서 어른이 되고 싶었지만, 이제는 이 복잡한 세상이 두려워졌다. 세상에 과감히 맞설 수 있을지 더는 그다지 자신이 없다.
이건 위험한 징후들이다. 미리 예고되는 드라마가 아니니까. 세상에는 자기 자신도, 자신의 삶도, 인간관계도 두루 편안하고 만족스러운, 행복한 영재들도 존재한다. 틀림없이 아주 많을 것이다. 다만 그런 영재들은 상담실을 찾을 일이 없으므로 그들에 대해 우리가 그리 잘 알지 못한다는 점은 차치하자. 드물기는 하나, 상담을 받는 행복한 영재들도 있다. 예방적 차원에서 말이다. 이는 오늘날 영재들의 특이한 지능과 감성의 작동에 대한 이해의 폭이 더할 수 없이 넓어졌고, 제대로 식견을 갖춘 전문가의 보살핌이 중요하다는 사실 또한 널리 알려진 덕분이다.

중대한 단계:
청소년기

청소년기라고 하면 우선 겁부터 난다. 대번에 그토록 힘들고 혼란스러우며 위험천만한 인생의 이 시기를 둘러싼 온갖 이미지들이 마구 떠오르기 시작한다.

우리 사회는 청소년기를 일정한 규범을 가지고 일관되게 작동하는 집단으로 치부한 위험과 오류에 빠져 있다. 오늘날 청소년이라 함은, 그 시기에 마땅히 전제되는 행동과 옷차림, 반항과 자기주장을 일삼는 것을 의미한다.

어원적으로 청소년기(adolescence)라는 단어는 '성장하다'(adolescere)를 의미하는 라틴어 동사에서 왔다.

청소년기는 분명히 어떤 과정, 어떤 움직임이다. 그것은 육체적·심리적·지적·정서적·사회적 차원에서 모든 존재를 건드리는 변화이다. 그것은 어떤 동적인 단계이지, 완전한 자격을 갖춘, 정체성의 어떤 상태를 뜻하는 게 아니다. 이를 혼동해서는 안 된다!

> 청소년기의 커다란 역설은, 변화해가면서도 여전히 자기 자신으로 존재한다는 점이다. 정체성은 이 시기의 핵심 요소이다. 정체성은 청소년기 과정에서 이루어야 할 목표이다.

정말 그렇다. 물론이다. 청소년기에는 당연히 폭풍이 휘몰아칠 수 있고, 청소년기는 인생에서 중요한 시기이며, 청소년기의 어떤 위기는 심각할 수 있으며, 어떤 고통은 청소년기에 매우 격렬해진다.

그러나 신중함을 잃지 말고 우리가 가진 상식을 유지하자. 다음과 같은 두 가지 측면에서.

- "아시겠지만, 우리 아이는 겨우 여섯 살인데 벌써 십대처럼 느껴집니다. 지금도 이런데 사춘기가 되면 얼마나 끔찍할까요!" 이는 청소년기에 한바탕 파란이 일어나리라 예상하는 경우이다. 마치 파란이 계획되어 있다시피 여겨질 정도다. 청소년기를 전망하면 무섭고, 부모는 그런 예상에 겁을 낸다.
- "아시잖아요, 당연한 거죠. 십대잖아요." 이 짧은 문장은 아주 대수롭지 않은 태도로 청소년기의 문제를 지적하고 있는데, 이런 속 편한 일반화 또한 경계해야 한다. 이 아이만의 일탈 행위나 고통을 모두 싸잡아 청소년기 탓으로 돌리는 것은 이 아이가 정말로 도움받아야 할 때 대단히 해로울 수 있다.

위의 두 가지 태도에는 청소년기라는 개념이 전파하는 그 모든 근심과 사회 통념이 잘 드러나 있다. 사춘기 자녀를 보살핀다는 것은 부모로서 아이가 겪을지 모를 위기를 과장하거나 축소하지 않고 현실 그대로 인식하면서, 아이가 잘 성장할 수 있도록, 자기 능력을 발휘할 수 있도록, 두려움을 덜 느끼도록 도와주는 것이다. 부모의 자리에 굳건히 선 채, 아이가 온당한 제자리를 찾을 수 있도록 도와주는 것이다. 책임질 수 있고 버텨줄 수 있는 부모의 자리에서. 우리 아이들에게 정말로 필요한 것은 바로 그런 부모의 자리이다.

영재의 청소년기 : 환상에서 배반으로

청소년기에는 타인들과 같아지고 싶은 욕망이 강하다. 따라서 집단과의 동일시가 이 시기를 지배한다. 무엇보다 자신이 존재한다고 느끼며 타인들에게 받아들여진다고 느끼는 것이다. 그래서 영재 청소년은 자신의 남다름을 원치 않는다. 더는 원치 않는다. 극히 미미한 차이도 견디기 힘들다. 영재라는 거? 우스꽝스럽고, 재미도 없으며, 쓸모도 없는 것이다. '그까짓 거 아무 의미도 없어!'라고 그는 힘주어 말하곤 한다.

영재 청소년이 최초로 느끼는 실질적인 상반된 어려움은, 세상을 체험하고 자신을 구축하는 방식이 남다르면서도, 동일시 감정을 방해하고 교란하는 그 남다름을 절대적으로 부정한다는 것이다.

확신할 수 없는 사고

영재의 사고는 생각이 꼬리에 꼬리를 물고 가지를 쳐나가는 다중 연상망 형태로서, 항시 작동 중이다. 따라서 이런 형태의 사고는 어떤 문제나 가정이 제기되었을 때, 언제나 적정 범위보다 더 멀리 뻗어나가기 때문에 정확하고 일관된 답을 이끌어내기가 어렵다. 새로운 답이 나올 때마다 새로운 질문이 뒤따른다. 그러니 가장 내밀한 것에서부터 가장 외적인 것에 이르기까지 모든 주제에 대해 의심이 끊이질 않는다. 이런 작동방식은 선택의 상황에서 심각한 문제를 일으킨다. 그토록 많은 가능성이 존재하는데, 결코 하나의 확신 앞에서 차분하게 멈출 수가 없는데 어떻게 선택을 한단 말인가? 또한 무엇이든 늘 다시 검토되고 재고될 수 있는데 왜 이것이 아니라 저것을 선택한단 말인가? 선택하는 것은 곧 포기하는 게 아닌가.

사고를 멈추지 못할 때 지능이 얼마나 불안을 유발하는지 우리는 잘 알고 있다.

멜라니(16세)는 어느 날 아침, 지친 표정으로 상담실을 찾아와 이렇게 애원한다.

"제발 생각을 멈추게 해주는 그런 약 어디 없나요?"

"사람은 언어와 사고를 통해 세계를 단순화함으로써 확신하게 된다. 확신을 한다는 것은 이 세상에서 가장 강렬한 쾌감이다. 돈이나 섹스, 집중된 권력이 주는 쾌감보다 훨씬 더 강렬하다. 진정한 지능의 포기는 확신을 갖기 위해 치러야 할 대가이며, 그것은 언제나 우리의 의식이라는 은행에서 이루어지는 보이지 않는 지출이다."*

---

*마르탱 파주, 『나는 어떻게 바보가 되었나』, 르 딜레탕트 출판사, 2000.

불가능한 선택의 시기

청소년기는 선택의 시기이다. 진로의 선택, 장래를 위한 선택을 해야 한다. 그런데 끊임없이 주저하는 이 청소년 앞에 어른들은 이런 몰상식한 말을, 정말 황당한 명령을 던진다. '이제 넌 선택해야만 한다. 네게는 더 이상 선택의 여지가 없으니까.' 영재 청소년을 얼어붙게 하는, 정말 어처구니없는 명령이다. 선택한다는 것 자체가 그에게는 불가능한 임무인데, 사람들은 그에게 선택하지 않을 선택의 여지는 더 이상 없다고 밀어붙이는 것이다! 이 막다른 골목에서 어떻게 빠져나가야 할까?

집단의식

영재 청소년들은 대단히 강한 집단의식을 지니고 있다. 이들은 자신들이 살고 있는 배경에서 절대 빠져나올 수 없다. 주위환경과 자신을 분리하지 못한다는 말이다. 주위환경을 광각으로 바라보는 방식 때문에 이들은 자기 자신에게 집중하지 못하고, 대단히 폭넓은 주위환경과 관련된 수많은 요소가 이들의 근심과 만족감의 원천이 된다. 이미 아주 어렸을 때부터 불의를 참지 못했고, 청소년기에 이르면 세상의 온갖 불의와 모순을 용납할 수 없게 된다.

줄리앵(20세)은 최근에 이렇게 얘기했다. "이토록 증오와 갈등으로 가득하고 불행이 넘쳐나는 세상에서 어떻게 제가 감히 행복할 수 있나요. 저에게는 불가능한 일입니다!" 그는 연인을 사랑하고 있음에도 불구하고 자신의 행복을 스스로 용납하지 못한다.

청소년이 된 영재는 곧 이기적인 행복을 도저히 받아들일 수 없게 된다. 세상을 바꿀 수 없는 자신의 무능함 앞에서 결국 자신의 삶 자체가 무의미하다고 느끼게 된다. 이토록 불공정한 세상에서 살아야 한다면, 이 세상이 정말 진보할 가능성이 없다면, 왜 살아야 하지? 그렇다면 나는 행복할 권리가 있을까? 대체로 어린 시절 영재에게는 뭐든 할 수 있다는 환상, 세상의 불평등에 맞서 싸우는 사람이 되겠다는 희망이 매우 강력하다. 이 아이가 열렬히 사고하는 것들 대부분이 바로 세상을 어떻게 바꿀 수 있을까 하는 궁리들이다. 아이는 이런저런 계획과 프로그램을 짜고 새로운 아이디어를 쌓아가면서 언젠가 이것들을 실현할 수 있는 날이 오리라 생각한다. 장(8세)은 "난 어른이 되면 에이즈 치료약을 개발할 거예요."라고 털어놓는다. 이 아이는 샐비어에 어떤 효능이 있다는 이야기를 어디선가 읽었거나 들은 적이 있어, 머릿속으로 '신비의' 약초들을 조제할 계획을 세우고 있다. 자신이 에이즈 환자들을 구할 수 있다고 믿는다. 스스로 전능하다는 환상에 아직 젖어 있는 여느 아이들처럼 말이다. 단, 영재 아이의 관심사는 대개 자기를 초월한다는 점에서 여느 아이들과 다르다. 그것은 이 병의 해악 같은 것은 알지도 못하고 설령 안다 해도 자기와는 무관한 일로 느끼는 또래 아이들의 관심사와는 상당히 다르다.

다음 날 아침 나는 또 학교에 못 가겠다고 엄마에게 말했다. 엄마는 뭐가 문제냐고 물었다. 나는 이렇게 대답했다.

"문제야 늘 똑같죠."

"어디 아프니?"

"난 슬퍼요."

"뭐 때문에?"

"모든 게 다요."

"모든 게 다라니, 무슨 소리니?"

"우리 집 냉장고에 들어 있는 고기랑 유제품도 슬프고, 길거리 싸움판도 슬프고, 교통사고도, 래리도……."

"래리가 누구니?"

"자연사 박물관 앞에 진을 치고 있는 노숙자 아저씨요. 돈을 구걸할 때마다 '정말 먹을 것만 살 겁니다'라고 말하잖아요. 엄마도 줄곧 그 아저씨를 보았을 텐데, 래리가 누구인지도 모른다니, (…) 아이맥스 영화관 매표소에 앉아 있는 그 키 작고 자라목에다 흉측하게 생긴 아저씨도 슬프고, 언젠가 태양이 폭발해버릴 거라는 생각도, 해마다 생일에 받는 선물 중에 내가 이미 갖고 있는 물건이 적어도 꼭 한 가지씩은 끼어 있다는 사실도, 싸구려 정크 푸드로 끼니를 때워서 점점 뚱뚱해지는 가난한 사람들도, (…) 그리고 악몽도, 마이크로소프트 윈도즈도, 하루 종일 아무 할 일 없는 노인들도 그렇고, 그건 아무도 이 노인들이랑 함께 시간을 보내려 하지 않고 또 노인들도 남들한테 함께 있어 달라고 부탁하기가 부끄러워서일 거고, 그리고 비밀도, (…) 아름다운 노래도, 오십 년 후에는 더 이상 인간이 존재하지 않을 거라는 생각도."

"오십 년 후에는 더 이상 인간이 존재하지 않을 거라고 누가 그러든?"

(…)

"엄만 낙관론자예요, 비관론자예요?" (…)

"낙관론자도 비관론자도 아니지만, 낙관론자라고 해두자."

"그렇다면 엄만 기분 나쁘겠지만, 인간들이 그럴 여건만 되면 당장에라도 서로 해치려 들 거라는 걸 알면 무척 놀라겠군요."

"아름다운 노래는 왜 널 슬프게 하지?"

"진실이 아니니까요."

"정말?"

"아름다우면서 진실한 건 이 세상에 없어요."*

세상과 타인에 대한 과도한 통찰로 내면의 평정을 얻기 힘들다

아주 사소한 것, 특히 정서적으로 아주 사소한 것도 감정적으로 걷잡을 수 없을 만큼 엄청나게 큰 비중을 차지한다. 정서적으로 과민하고 비판에 취약하다는 점은 영재 청소년들을 상당히 나약하게 만든다. 이들은 대상과 거리를 두지 못하기 때문이다. 이런 통찰은 이들이 지닌 비범한 지적 분석 능력으로 인해 한층 더 커진다. 이들은 강렬한 감정의 영역에서만 존재하는 게 아니라, 체험하는 매 상황에 대해 심도 깊게 분석하면서 존재한다. 그것은 단 하나의 데이터도 빠뜨리지 않는 극도로 섬세한 분석이다.

자기 자신에 대한 준엄한 통찰

타인들을 통찰한다는 것은 우선 자기 자신을 통찰하는 것이다. 영재들은 한 치의 양보 없이 자기분석을 하고 자신의 결점, 자신의 한계, 자신이 가진 아주 사소한 결핍까지도 모조리 인식한다. 이렇게 되면 자기애적인, 자기도취의 매혹은 더욱 어려워진다. 이들은 자기 자신에 대해 준엄한 시선을 던지고, 따라서 자기를 사랑하기가 힘들다.

정체성에 걸림돌이 되는 통찰

이 극단적인 통찰은 장차 어른이 되었을 때의 자기 모습을 그려보는 데

---

*조너선 사프란 포어, 『엄청나게 시끄럽고 믿을 수 없게 가까운』, 올리비에 출판사, 2006, 프랑스어 번역본, '포앵' 컬렉션, 2007.

방해가 된다. 이들은 앞으로 다가올 모든 위협을 예리하게 분석하고 거기에서 진짜 두려움을 느낄 수 있는데, 이런 두려움이 이들의 발달을 저지할 수 있다. 청소년기에 지능은 유달리 불안을 야기한다.

삼차원적인 시각

놀랍게도 영재들은 청소년기 전(前) 단계(9~12세)에 이르면서부터 매 상황을 삼차원적으로 체험한다. 이들은 어떤 상황을 겪을 때, 동시에 그 상황을 앙각(仰角) 촬영*하듯이 원근법적으로 조망하며 자신을 그 장면의 관찰자 입장에 위치시킨다. 그리하여 자신이 행동하고 처신하며 사고하는 모습을 스스로 바라본다. 자신을 배우인 동시에 관객으로 느낀다. 이들은 이제 곧 무슨 일이 일어나려는지, 상대가 어떤 대답을 하려는지, 상대가 어떤 감정을 품고 있는지(이들의 비범한 감정이입 능력을 상기해보라), 또 자기 자신은 무슨 말을 할 것인가를 예상한다. 이런 청소년들은 자신이 상황을 그저 단순하게 체험하지 못하고 아주 사소한 것들까지 전부 끊임없이 분석하고 인지해야만 하는 게 종종 힘들다고 토로한다.

사춘기의 도래와 감정적 부하에 대한 방어

일반적으로 추상화, 개념화, 가설연역적 방법**에 의한 사고 등 인지 발달의 최종 단계가 자리 잡기 시작하는 것은 청소년기이다. 그러나 영재 청소년은 이미 오래전부터 이 같은 사고의 성숙 단계에 도달해 있기 때문에,

---

*대상을 아래에서 위로 올려다보며 촬영하는 기법(로 앵글숏). 대상을 더 크게 보이게 강조하거나, 긴장감을 고조하거나, 역동적이고 위압적인 느낌을 자아내는 장면 연출에 주로 쓰인다.
**어떤 현상을 연구할 때, 관찰·실험·조사 등으로 얻어진 자료를 취합하여 가설을 세우고, 이 가설로부터 필연적인 명제를 이끌어내고, 이 명제를 실험이나 관찰을 통해 검토함으로써 가설의 참과 거짓을 검증하는 방법.

그의 사춘기 과정은 인지 발달이 완료된 사고 위에서 이루어진다. 따라서 추상화가 강력하게 사용된다. 사춘기와 사춘기에 일어나는 육체적 변화는 처음 겪는 새로운 감성과 감정을 솟구치게 하고, 이로 인해 '인지에 의한 방어' 기제가 강화될 수 있다. 영재 청소년은 자신의 모든 감정을 인지적으로 다룸으로써 감정으로부터 거리를 두려 하기 때문이다. 육체를 통해서는 더 이상 아무것도 느낄 수 없는, 마치 신경을 제거한 듯한 상태가 될 위험을 무릅쓰고라도 말이다. 아니면, 더 이상 아무것도 느끼지 않도록 내면이 텅 비어 버릴 위험을 감수하고라도 말이다. 지성과 육체의 분리는 점점 심해져서 급기야 감정 영역과는 모든 접촉이 끊어질 수도 있다. 그렇게 되면 이 청소년은 자신의 감정을 완전히 억제하든가, 아니면 감정을 제멋대로 행동하게 내버려둠으로써 다소 심각한 일탈로 나아가든가 둘 중 하나가 되고, 그 결과는 주로 뭔가 해로운 것에 대한 중독이나 행동장애로 나타날 것이다.

사랑에 빠지기를 두려워한다

사랑에 빠진다는 것은 자신의 감정과 기분이 거리낌 없이 솟아나도록 놔두어야 함을 전제로 한다. 그런데 영재 청소년은 그렇게 되지 않도록 자신과 싸운다. 사랑이라는 감정에 대한 저항은 대개 아주 강력하다. 그에게 위험한 것은 방파제에 구멍이 뚫리는 것, 그리하여 더는 조절할 수도 제어할 수도 없을 감정의 파도에 휩쓸리는 것이기 때문이다. 이런 감정의 범람을, 상처받기 쉬운 자신의 과민함과 감성이 드러나는 것을, 고통받게 되는 것을 그는 두려워한다. 그리하여 흔히 유머를 대화를 시작하는 수단이자 방어기제로 사용한다. 그에게 유머는 이성을 매혹하는 강력한 무기이기도 하다.

급우들보다 뒤늦은 사춘기

영재 청소년이 월반했을 경우, 나이 많은 급우들에 비해 사춘기가 늦으므로 이를 부끄러워할 수가 있다.

> 쥘리아(10세)는 중학교 2학년이다. "저는 친구들 집에 가서 자지 않아요. 샤워할 때 거북하니까요. 우리 반 아이들은 전부 가슴이 있는데 저만 전혀 없거든요. 다들 저보고 애라고 놀릴지도 몰라요. 제가 정상이 아닌 것처럼 느껴져요."

또래와의 동일시

영재 청소년은 또래와의 동일시가 어렵다. 청소년기는 무리를 지어 어울리는 것, 어떤 무리에 소속되는 것이 불가결한 원리이므로, 이 시기에 자신이 남다르다고 느끼는 자각이 한층 더 확고해진다. 무리에 동화되려고 할 때마다 영재 청소년은 늘 자신과 또래들 사이에 거리를 느낀다. 단짝 친구들과도 마찬가지다. 마치 그 무리에 절대 전적으로 속해 있을 수 없기라도 하듯이 말이다. 아주 작은 거리감이라 해도 이런 괴리감이 그를 다른 청소년들로부터 갈라놓는다. 더구나 영재 청소년은 또래들이 주로 관심이 있는 주제에 관심을 두기가 어렵고, 그들의 취향에 맞추려면 상당한 노력을 기울여야 할 때가 많다. 그럼에도 그 역시 다른 청소년들과 마찬가지로 자신을 구축하기 위해서는 무리가 필요하다. 그러나 무리 속에서 동일시의 버팀목을 발견할 가능성은 희박하고, 이로 인해 일종의 고통스러운 고독 속으로 내몰린다. 이렇게 해서 영재 청소년 중에는 외부와 단절될 위험을 각오하고 완전히 자기 세계에 틀어박히는 경우도 있다. 훨씬 더 훗날 자신이 영재임이 밝혀졌을 때, 이 청소년은 또래들과의 관계에서 그토록 빈번히 느꼈던 이질감과 또래 집단에 번번이 동화될 수 없기에 자신이 미친 게 아닐까 두려웠던 감정을 자주 토로한다. 남들과 다르다는 느낌이 이렇듯 좀처럼 빠져나오기 어려운 극심한 불안을 일으킨 것이다. 조기 진단의 필요성을 다시 한 번 일깨우는 대목이다. 최악의 상황을 피하고 가능한 한 최선의 성장을 도모하기 위해서 말이다.

학업의 실패가 찾아올 때

영재 청소년은 아무도 자신의 특이한 사고방식을 알아봐 주지 않기 때문에 자신의 지적 능력에 대해 고통스러운 의심을 품을 수 있다. 그것은 자기애적인 토대를 약화시키는 의심이다. 자신이 진실로 어떤 사람인지를 아무도 알아봐 주지 않는다면, 자신의 사고방식을 정체성 구축에 통합하는 것이 매우 힘들다.

아동기에 품었던 환상의 죽음

영재 청소년이 맛보는 커다란 환멸은 현실의 한계를 온전히 자각하는 데서 비롯된다. 어렸을 때 그는 훗날 위업을 달성할 수 있으리라, 세상을 바꿀 수 있으리라, 새로운 삶을 찾아낼 수 있으리라 생각했지만, 이제 불현듯 자기 능력의 한계와 세상의 한계를 깨닫는다. 그건 환상이었어! 착각이었다고! 청소년기는 영재를 고통스러운 죽음과 대면하게 한다. 자기 자신 속 일부분의 죽음, 그리고 어린 시절 미래에 투사했던 예측들의 죽음.

부모의 역할이 무엇보다 중요하다. 영재 청소년은 매우 상처받기 쉽고, 비록 행동은 정반대로 나타날지라도 실제로는 도움이 필요하기 때문이다.

극도의 분노

영재 청소년에게는 분노가 필시 이 시기의 지배적인 감정일 것이다. 세상 사람들 모두에 대한 분노, 자신이 남다르다는 분노, 기대치만큼 잘해내지 못하는 데 대한 분노, 이해받지 못한다고 느끼는 데서 오는 분노, 체계와 규율에 대한, 그리고 그것들을 존재하도록 강요하는 삶에 대한 분노…….

영재 청소년 특유의 병리적 형태

영재 청소년의 삶이 삐걱거릴 때 나타나는 병리적 형태는 청소년기에 일반적으로 나타나는 병리적 문제와 똑같은 과정을 겪지만, 거기에는 몇 가지 다른 특이성이 있으며, 적절한 치료를 위해서는 그런 점들을 알고 있어야 한다.

흔들리는 자존감과 우울증

자존감의 혼란은 영재 청소년들에게 거의 예외 없이 나타난다. 지금껏 성장하는 동안 줄곧 자신에 대해 품어온 이미지가 요동치면서 불안에 떤다. 어떨 땐 뭐든 성취할 수 있을 것 같다가도 다음 순간 느닷없이 무능하다는 암울한 기분에 짓눌리고, 몇몇 성과에 대해 특별히 높은 평가를 받다가도 별안간 예측하지 못한 실패에 대해 맹공격을 당하는 식이니, 이 청소년은 자기 자신을 굉장히 혼란스럽게 바라보게 된다.

나는 보잘것없는 존재인가? 능력 있는 존재인가? 유능한가? 무능한가? 이렇듯 분열되고 상반된 이미지들의 모자이크 속에서 어떻게 자기 자신을 되찾을 수 있을까?

자존감의 심각한 혼란은 일반적으로 우울증과 밀접한 상관관계가 있는데, 자기상에 대한 갈등 속에서 정체성을 구축하고 자기애적인 토대가 유난히 취약한 영재 청소년들에게는 특히나 우울증을 동반한 보상작용 상실로 이어진다.

'절대로 더는 사고하지 않는다': 영재 청소년이 겪는 우울증의 특이성

일반적인 우울증 증상과 달리, 영재의 우울증은 '공백'의 우울증이라고 이름 붙일 수 있다. 이 우울증은 절대로 더는 사고하지 않겠다는 게 목적이다. 고통의 근원이 되는 끔찍한 사고 장치를 더는 작동하지 않겠다는 것이다. 공백 우울증은 사고에 대항하는 방어기제이다. 그것은 다른 임상 차트에서 볼 수 있는 구조적인 공백이 아니다. 영재 청소년에게 '사고한다'는 것은 '위험', 즉 상징적인 의미에서 죽음의 위험과 같다. 한편으로는 인지에 의한 방어기제가 감정의 접근을 차단한다. 이런 청소년은 상담 중에 어떤 질문을 받든지 지치지도 않고 '잘 모르겠어요'라고만 대답한다. 그는 스스로 사고를 활성화시켜 다시금 견딜 수 없는 고통에 사로잡히기를 원치 않고, 그럴 수도 없다. 더 이상 사고하지 않는 것, 그것은 자신에 대한, 타인들에 대한, 세상에 대한, 삶의 의미에 대한…… 그리고 죽음의 의미에 대한 질문들, 해답이 없는 그 모든 질문을 잊으려는 것이다. 그러니 이런 청소년은 치료에 대한 저항을 누그러뜨리기가 얼마나 어려운지, 치료하기가 얼마나 까다로운지 쉽게 이해할 것이다.

지적 억제와 학교 공포증

영재 청소년에게 억제는 통합되기 위한 전략이다. 자신의 작동을 자발적으로 중지하는 것, 그것은 또래들과 같아지려는 시도이자 고통을 멈추려는 시도이다. 1970년대에 정신의학자 알랭 고브리는 지적 거식증을 이렇게 표현했다. 절대로 더는 생각을 품지 않고 그 어떤 형태의 지능도 모조리 거부하는 것. 여기에서 다시 우리는 자기 자신 속 일부분의 죽음이라는 개념으로 돌아오게 된다. 내 지능은 아무 쓸모가 없다, 그것은 심지어 나의 통합과 내 정신적 삶에 위험하기까지 하다, 유일한 해결책은 나 스스로 그것을 중지시키는 것이다.

이는 사실상 자신에 대한 공격이며, 자기 자신을 향한 위협적인 방향 전환이다.

그리고 이런 과정이 극단으로 치달을 경우 실제로 지적 잠재력을 공격하기도 한다. 지적 억제는 또한 영재 청소년으로 하여금 '가짜 바보' 가면을 쓸 수 있게 함으로써 남들 눈에 띄지 않는 존재로 만들어준다.

학교 공포증은 불안장애의 가장 심각한 형태이다. 불행히도 이것은 영재 청소년들에게서 매우 빈번하게 나타난다. 학교 공포증은 치료 차원에서 볼 때 가장 개선되기 어려운 병리적 문제 가운데 하나이며, 특히 영재 청소년은 주지화(主知化)*와 엄격한 논리를 쉽게 완화할 수 없어서 이 문제는 훨씬 더 까다롭다. 학교로 돌아간다? 뭘 하려고? 어떤 미래를 위해서? 어

---

*불안과 스트레스를 야기하는 감정을 피하고자 직면한 문제나 갈등을 지적 분석으로 다스리는 방법. 감정이나 충동을 느끼는 대신 사고와 지적 활동으로써 통제하려는 방어기제이다.

떤 어른이 되려고? 이런 청소년들은 자신이 견디기 어려운 궁지에 몰려 있다고 느끼고, 해결책에 대한 전망은 뭐든 끊임없이 의심하고 문제 삼는다. 어떤 대답도 만족스럽지 않고, 어떤 길도 확신이 들지 않으며, 어떤 가정도 받아들일 만한 의미를 담고 있지 않다.

무대의 뒷면 : 믿음이 압박으로

"네가 할 수 있다는 거 난 안다.", "어쨌든 넌 결국 잘해낼 거다!" 그러나 실패할까 봐 참으로 두려울 때는 어떻게 해야 할까? 자기 스스로는 정말 보잘것없는 존재로 느껴진다고, 부모의 신뢰로 인해 삶이 한층 더 힘들다고 어떻게 말할 수 있겠는가? 부모는 자식이 응당 잘해내리라 믿고 있는데, 만일 잘해내지 못한다면 정말 고통스러운 죄의식이 생긴다고 어떻게 부모에게 말하겠는가? 수치심의 휘장이 자신을 휘감는다고, 자신이 너무 외롭고 무능하게 느껴진다고 말이다. 게다가 정말로 실패에 직면하게 되면 어떻게 자신을 보잘것없는 존재라고 생각지 않을 수 있겠는가? 그토록 많은 기대를 한몸에 받은, 소위 말하는 똑똑한 아이 아니었나? 이렇게 해서 끔찍이 고통스럽게도 자신을 한층 더 심하게 깎아내리고 자존감 또한 공격받게 되면서 최후의 위기가 닥치는 것이다.

클레망스(16세)는 고등학교 2학년이다. 그녀는 줄곧 모범생이었다. 하지만 줄곧 자신을 의심해왔다. 끊임없이 자신을 문제 삼고 자신의 결점 하나하나, 약점 하나하나를 낱낱이 찾아내는 영재들이 흔히 그러듯이 말이다. 그럼에도 그녀가 줄곧 잘해온 것은 사실이다. 그러나 지금 이 청소년기에, 더구나 진로를 결정해야 하는 선택의 시간이 가까워지는 이 시점에서 두려움이 헤아릴 수 없이 커지고 자기애적 불안이 걷잡을 수 없는

어른이 된 영재들

상태가 되었는데도, 부모는 딸을 무조건 믿고 있다. 몇 차례의 자살 기도, 거식증, 불안한 학교생활, 의사들도 딱히 원인을 알 수 없는 몇 차례의 실신도 부모의 절대적인 믿음에 금을 내지 못하고 그저 클레망스를 지옥 같은 내면의 혼돈 속으로 밀어 넣고만 있다. 이런 딸을 도우려고 부모는 끊임없이 다독인다. 걱정하지 마라, 다 지나갈 거다, 넌 해낼 수 있다……. 그런데 이런 말이 클레망스를 안심시키기는커녕 불안만 가중시킨다. 그녀는 절망적이게도, 자신의 문제 앞에 완전히 홀로 서 있는 기분이다. 그렇다면 우리는 어찌해야 할까? 아이들이 얼마나 자기 가치를 인정받고 싶어 하고 격려받고 싶어 하는지 잘 알고 있긴 한데, 정작 격려한다고 하는 게 오히려 불안을 일으킨다면? 역설적이게도, 사실이 그렇다. 여기서 우리가 취해야 할 바람직한 태도는 균형이다. 칭찬을 해주고 자랑스럽다고 표현해주되, 어려움을 겪을 권리, 잘해내지 못할 권리가 있다는 여지도 이 청소년 자녀에게 남겨주자. 그리고 이 아이에게서 발견되는 어떤 징후들은 긴급 호출임을 이해하자. 이 아이는 또한 두렵다는 게 정상적인 감정이라는 것, 두려움은 때로 대단히 고통스럽다는 것, 의심이 머리에서 떠나지 않을 수도 있다는 것도 알 필요가 있음을 이해하자. 흔히 자녀를 이렇게 만드는 것은 다름 아닌, 자녀의 두려움과 마주한 부모의 두려움이다. 자녀의 감정을 부정하지 말자. 그것만으로도 이미 자녀에게 커다란 위로가 되고 정신적 치료의 가능성이 열린다. 이 점을 절대 잊어서는 안 된다!

영재 청소년의 치료

영재 청소년을 정확히 치료하려면 이 아이가 영재라는 사실을 알아야 함은 물론이고, 정신세계의 특성들 또한 알고 있어야 적절한 치료법을 적용할 수 있다. 영재 청소년에게는 반드시 사려 깊은 치료사가 배정되어야 한다! 영재 청소년의 심리치료를 맡은 치료사는 이 일에 온전히 투신해야 한다. 해결책이 존재하리라는 확신, 함께 해결책을 발견하리라는 확신을 갖고서 서로 공감하고 상호작용하며 단호하고도 적극적인 협력 관계를 구축해 나가야 한다. 자신이 공들여 보살피는 이 청소년에게서 뭔가를 기대해서는 안 된다. 치료사의 역할은 이 아이에게 가장 적합해 보이는 길을 '제시하는' 것이다.

> 영재 청소년의 치료는 그의 손을 잡아주는 것이 아니라 그를 이끌고 나아가는 것이다.

영재 청소년에게 치료사가 '자, 나는 이렇게 이해했단다', '자, 이게 바로 우리가 앞으로 할 일이란다', '효과가 있으리라 생각하는 이유가 바로 그거란다.' 등으로 말해준다면 그것만으로도 벌써, 자기 자신에 대해 길을 잃고 그토록 자기 본연의 모습대로 인정받고 싶어 하는 이 아이에게 훨씬 도움이 된다. 정말로 그렇다. 내적으로 큰 도움이 된다. 이렇게 해서 제대로 식견을 갖춘 효과적인 치료의 길이 열린다.

플라세보 효과를 잊지 말자. 플라세보의 치료 효과는 오늘날 의학적으로 널리 증명되고 있다. 어떤 약이 효과가 있을 것이라고 믿으면, 뇌는 고통이 완화될 것을 미리 가정하고서 모르핀처럼 고통을 완화하는 화학 물질을 분비한다. 심리치료에서도 이 같은 과정이 일어날 수 있다! 그것을 잊지 말자!

'자기'의 인지 부분에 대한 치료가 필수적이다

영재 청소년을 치료하는 핵심 방향은 '자기'의 인지 부분이 치료에 통합되어야 한다는 점이다. 이 방법은 이 청소년이 자신의 사고를 인내심을 갖고 천천히 세심하게 다뤄나가면서, 점진적으로 사고를 다시 길들이고 제어할 수 있게 하는 것이다. '사고하는' 것이 바로 이 병리적 문제의 원인이기 때문에, '사고의 위험'이 가장 뛰어넘기 어려운 장벽임을 치료사는 우선 받아들여야 한다. 이 '인지 소생법'은 전반적인 정신 동력에 다시금 활력을 불어넣고 자기애를 회복시키는 데 필수적이다. '자기'의 인지 부분을 치료하려면 인지적 매개를 치료 과정 속에 통합할 수 있는 능력이 있어야 한다. 이 능력은 영재 청소년을 치료하는 데 반드시 필요한 수단이다.

치료는 폭넓게 접근해야 한다

영재 청소년을 치료할 때는 다양한 방법으로 접근할 필요가 있다. 고통의 표현에 끊임없이 적응하기 위해서는 치료상의 한 틀에서 다른 틀로 유연하게 넘어갈 수 있어야 한다는 말이다. 단 하나뿐인 경직된 치료의 틀 안에서만 움직이는 것은 이 청소년을 자신이 동조하기 매우 어려운 과정 속에 가두는 꼴이다.

영재 청소년은 노련한 조종자다!

치료사는 영재 청소년에게 사람을 조종하는 뛰어난 능력이 있음을 알아야 한다. 치료가 시작되면 이 아이가 먼저 치료사를 시험하고, 치료사가 자신을 이해하고 도울 만한 능력이 있는지를 평가한다. 이는 치료에 반대하거나 공연한 기 싸움을 하려는 게 아니라, 주위 사람들을 분석하며 이해하고 싶어 하는 욕구를 도저히 억제할 수 없고 또 그럴 능력도 있기 때문이다. 어떤 경우에는 부모를 기쁘게 해주려고, 혹은 비밀스러운 지적 쾌감을 맛보려고 치료사의 방식에, 치료사가 자신에게 기대하는 바에 맞춰주기도 할 것이다. 흔히 그는 치료사의 질문과 해석을 예견하고, 이런 영재의 덫에 걸린 치료사는 자신이 유능하다는 착각을 단단히 품게 된다. 그러나 결국 몇 달 혹은 몇 년이 지나도 치료에 아무런 진전이 없고 영재 청소년은 여전히 해결되지 못한 문제들과 씨름하고 있을 것이다. 그가 정말로 필요로 하는 것은 누군가가 자기를 진심으로 이해해주고 자기를 효과적으로 도와주는 것이다. 그토록 도움을 갈구하는데도 도움을 얻을 수 없어 그는 환멸을 느낀다.

치료 현장 : 심리치료사와 영재 청소년

이건 투우장에서 벌어지는 투우사와 황소의 대결과 같다. 목숨을 건 싸움이다. 치료사와 청소년 내담자 중 누가 이길까? 아니, 치료사는 이 격렬한 기질에 수세적인 내담자의 방어 자세를 푸는 데 성공할 수 있을까? 누가 자신의 감정적 측면에 접근할까 봐 그토록 두려워하여 악착같이 방어막을 치는 이 상처받기 쉬운 나약한 내담자를 말이다. 치료사가 성공에 이른다면, 이 내담자의 방어기제들을, 다시 말해 자기 밀폐 능력을 상징적으로 '죽임으로써' 이 청소년에게 최선의 행복을 가져다줄 것이다. 그러나 이 청소년이 '이긴다면' 그건 이중의 패배가 될 것이다. 그의 비밀스러운 상처들은 그대로 남아 있는 데다, 다시 한 번 타인을 이기고 타인을 지배하는 데 성공하긴 했지만 실상 그가 그토록 기대한 것은 도움을 받는 것이었으니 말이다. 이렇게 되면 아무도 자신을 이해할 수도 도울 수도 없다는 고통스러운 확신이 공고해진다. 이 청소년 내담자에게 투우사 최후의 일격 '에스토카다'*는 방어 자세를 풀고 치료사의 도움을 받아들이게 하는 것이다. 이는 치료사가 '파세'**를 성공적으로 해냈기 때문에 내담자가 결국 자신의 나약함을 인정하게 된다는 뜻이다. 즉 치료사가 고뇌에 빠져 있는 영재 청소년의 신뢰와 존중을 얻게 된다는 뜻이다.

에두아르의 이야기이다.

"제 담당 선생님은 자기 패를 너무 빨리 보여주셨어요! 저를 조금 더 요리하셨어야 하는 건데. 선생님은 한 시간을 버티더니 결국 두 손을 드셨고, 그리고 다시 기운을 차리셨어요. 감각도 회복하셨고요. 선생님은 분명히 피곤하셨을 거예요. 그 일에 에너지를 엄청 뺏기셨으니까요!"

우리는 에두아르의 이야기를 통해 이 내면 대결에 얼마나 많은 에너지가 소모되는지를 알 수 있다. 그리고 같은 싸움터에서 펼쳐지긴 하지만 대등하지 않은 이 싸움에서 두 주인공 각자에게 요구되는 노력과 긴장도 능히 짐작할 수 있다. 결국에는 에두아르가 동정심으로 손을 들었다. 그는 담당 치료사를 존경하고 있었기에, 직업적으로 너무 큰 곤경에 빠트리기가 싫었던 것이다. 그는 치료사를 존경하고 그의 능력을 존중하고 있다. 이런 마음이 바로 그 자신을 구하게 된다!

---

*투우사가 날카로운 검으로 황소의 급소를 정확히 조준하여 단숨에 찔러 죽이는, 투우의 마지막 순간. ─옮긴이주
**투우사가 붉은 천이나 망토로 소를 희롱하는 행위. ─옮긴이주

아직 뭔가 할 수 있을까?

"청소년기는 되도록 그르치지 않는 게 바람직한 하나의 시작을 의미
한다."*

그것이 중요하다. 자신감을 가져야 한다. 청소년기가 미래를 결정짓지
않는다. 아동기를 수월하게 보내고서 힘든 청소년기를 보낼 수도 있고, 어
린 시절에 힘들었다가 청소년기를 차분하게 통과할 수도 있으며, 고통스
러운 청소년기를 겪고 나서 행복한 어른이 될 수도 있다.

> 청소년기는 하나의 약속이다. 패는 다시 돌려지고, 삶이라는 게임은
> 이 시기가 지나면 다르게 펼쳐질 것이다. 언제나 그렇다. 누구에게든.
> 그러니 청소년기의 저주라든가 돌이킬 수 없는 문제 같은 건 존재하지
> 않는다.

내가 만난 영재 청소년들

지금껏 엇나가는 영재 청소년들을 많이 만나 왔다. 개중에는 상태가 심
각한 경우도 있었다. 처음에 이들은 거의 모두가 고집스럽고 사나웠다. 협
조하지 않겠다고 단단히 결심하고 있었다. 어른들에게 절대 그런 기쁨을
주지 않겠노라고 말이다. 그러나 우리가 이런 저항이 뭘 감추고 있는지 알
게 될 때, 그 뒤에 숨겨진, 상처받기 쉬운 나약함이라는 동기를 알게 되고
이런 청소년의 지적·정서적 작동의 메커니즘을 이해하게 될 때, 비로소 우
리는 이런 청소년에게 비교적 무난히 그 자신에 대한 이야기를 건넬 수 있

---

*필립 자메, 『청소년기』, 제뤼 출판사, 2004.

어른이 된 영재들

다. 영재 청소년과 함께할 때는 상담자로서의 존재가 거기 없듯이 '보이스 오버'*로 말해야 하고, 우리가 그에 대해 이해하는 바를 말해주어야 하며, 또 그가 받아들이기를 거부하는 것이 무엇인지를 설명해주어야 한다. 그렇게 해서 그가 조금씩, 조금씩, 처음에는 놀라다가 그러곤 마침내 적절한 말로 그 자신의 이야기를 나누는 것에 마음이 가벼워지니, 결국 타인과 만남으로써 자기 자신과 더 잘 만날 수 있는 이 특별한 관계에 열정과 에너지를 투자하게 된다. 그리고 내기에 이긴다. 거의 이긴다. 그럼 관계가 시작될 수 있고 치료 과정이 궤도에 오른다. 그 과정은 곧 치료사와 이 내담자 간의 공모가 된다. 일부 전통적 심리치료사들에게는 충격일지도 모르지만, 나는 침착하게 그렇다고 단언한다. 영재 청소년과 공모하지 않고는 아무것도 시작될 수 없다고. 심리치료사 또한 우회하지도 말고, 조종하려 들지도 말고, 허심탄회하게 이 관계 속에 뛰어들어야 한다. 그것만이 극도의 불신을 가진 이 청소년의 신뢰를 얻는 유일한 방법이다. 서로 간의 진솔한 태도를 담보로만 타인과 소통할 수 있는 아이이니 말이다.

필리핀(16세)은 부루퉁한 표정으로 내 상담실로 들어선다. 이 소녀는 심리치료사라는 작자들을 잘 알고 있다! 물리도록 보아왔으니까! 부모는 딸을 여기저기 끌고 다녔지만 그녀는 치료사들이 아무 소용없다는 걸 오래전부터 알고 있었다. 그것이 그녀가 내게 분명하게 전달하려 하는 메시지이다. 나는 그녀의 저항을 애써 누그러뜨리려 하지 않는다. 그녀의 견해에 억지로 끼어들지 않는다. 그녀의 공격적인 태도에 반응하지 않는다. 나는 다만 그녀의 옆에서 어떤 길을 그려 보인다. 나는 내가 이해하는 바

_____

*영화나 TV 등에서 연기자나 해설자가 화면에 나타나지 않는 상태에서 대사나 해설 등의 목소리만 들리는 것. ─옮긴이주

를 설명한다. 왜 그녀가 잘 지내지 못하는지. 그토록 불편하고, 자신이 무능하다고 느끼는지. 나는 내가 믿는 것을, 그녀에게 꼭 필요하다고 생각하는 바를 설명한다. 마치 그녀의 존재와 그녀의 반응에는 거의 신경 쓰지 않는다는 듯이. 그녀가 어떻게 생각하든 말든 상관없다는 듯이. 그러자 필리핀이 점차 나를 흘긋흘긋 쳐다보기 시작한다. 그러곤 앉은 자리에서 눈치채기 어려울 만큼 살짝 자세를 바로 하더니, 자신이 감추고자 했던 수줍은 미소를 띤다. 성공이다! 신뢰가 생긴 거다. 이제 치료를 시작할 수 있다. 어쩌면 제휴 또는 협력이라고 말하는 편이 맞을지도 모르겠다. 왜냐하면 이제는 둘이서 함께, 큰길을 버리고 '샛길'을 찾아 나설 것이기 때문이다. 그녀에게 맞는 길로, 그녀가 마침내 편안해지는 길로 그녀를 되돌려놓기 위해서.

어른이 된 영재들

대낮에
이르면 :
어른이라는
것!

어린 시절 우리는 '내가 커서 어른이 되면'을 꿈꾼다. 어른이라는 신분이 품고 있는 것처럼 보이는 그 모든 약속과 함께. 또 '내가 원하는 건 뭐든 할 수 있을 거야!'라는 커다란 환상도 함께 말이다.

그러나 '언제' 어른이 되는 것일까? 어른이라는 건 실재일까, 아니면 관념일까?

어쩌면 그것은 대개 실현하기 힘든 꿈일지도 모른다. 다른 사람들 눈에, 특히 아이들 눈에 어른으로 보이는 것과 자기 스스로 어른이라고 느끼는 것 사이에는 간극이 있다. 우리 가운데 이 간극을 느끼는 사람은 얼마나 될까? 사실 우리는 누구나 어렸을 때 어른이라는 게 어떤 것인지를 상상하지만, 그것이 지금 우리가 느끼는 것과 정말로 똑같지는 않다.

어른이 된다는 것은 과거에 아이였던
나의 손을 잡아주는 것

"엘리베이터에서 내가 정중하게 인사를 건네는 이 남자, 나보다 나이가
조금 더 많아 보일까 말까 한 이 남자는 지금 자기에게 말을 건네는 사
람이 어린 소년임을 알고 있을까? 조금 수줍어하고, 마치 자기도 어른인
양 어른에게 말하는 게 조금은 어색하고, 오십이라는 나이에도 남들이 자
기를 어른으로 믿어주는 게 진정 놀랍고 거의 흡족하기까지 한 그런 아
이라는 걸? 아마 내가 이 이웃 남자의 과거에 존재했던 어린 소년을 알고
있는 것이나 오십보백보이리라. 아무도 모르는, 거의 육십 대의 겉모습
밑에 얼토당토않게 감추어진 아이의 존재 말이다. 세상에 어른은 없다.
다 큰 척을 하는 아이들이 있을 뿐. 아니면 정말로 다 크긴 했지만 다 컸
다는 사실을 전혀 믿을 수 없는 아이들이 있을 뿐이다. 자신의 과거에 존
재했던 아이, 지금도 여전히 머물러 있는 아이, 현재의 자기가 품고 있는
아이, 혹은 자기를 품고 있는 아이를 지우지 못하는 다 큰 아이들."[*]

그리하여 우리는 가끔 어른 놀이를 한다. 어른인 척하고, 어른의 분위기
를 풍기고, 아이처럼 꿈을 꾸면서! 그리고 우리 인생에서 다른 사람들이 이
끄는 대로 자신을 내맡길 수 있었던 그때가 얼마나 아름다웠던가 하고 향
수에 젖으면서. 우리가 어른이라고 믿었던, 진짜 어른이라고 믿었던 사람
들이 우리를 인도하는 대로 따랐던 시절 말이다! 비록 우리가 항상 동의했
던 것은 아니지만, 또 그들의 행동이 우리를 슬프게 한 적도 있기는 하지만

---

[*]앙드레 콩트-스퐁빌, 『인간의 삶』, 에르만 출판사, 2005. ―저자주

어른이 된 영재들

말이다! 으레 우리는 아이들에게 어른들은 뭔가 알고 있으며, 뭔가 할 수 있고, 전능하다는, 거의 전능하다는 환상을 심어준다. 그리고 아이들이 마침내 성인이라는 인생의 단계에 도달하면 그것이 엄청난 기만임을 알게 된다. 어른이 되어도 여전히 아는 게 없고, 여전히 어찌해야 할지 모르고, 여전히 두렵다! 얼마나 두려운지 모른다! 아이였을 때보다 훨씬 더 크고 훨씬 더 강해졌는데 말이다. 그러니 이제 누구에게서 위로를 구한단 말인가? 그 위로조차 덧없는데? 옳거니, 이제 이해한 것이다! 어른이 되어도 전능하지 않다는 것을 이해하게 된 것이다! 어른으로 살아가는 길은 풍요롭지만, 그야 물론이지만, 아주 위험하기도 하다는 것도.

영재 아이는 오래전부터 알고 있다

대체로 영재 아이는 그런 사실을 알고 있는 상태에서 성장한다. 이 아이가 타인들을 느끼는 능력, 감정적 감수성, 지각력과 분석력이 아이 자신에게 '조심해, 속임수야!' 하는 메시지를 일찌감치 보내기 때문이다. 그리하여 어른이라는 것이 어른들이 심어주려 애쓰는 이미지와 똑같지 않다는 확신을 아주 어릴 때부터 얻는다. 어른으로 산다는 것은 복잡하고 굴곡진 미션이며, 이 미션에 미리 정해진 해결책은 없기에 영원히 조정하고 맞춰나가야 함을 금세 알게 된다. 또한, 이 아이는 어릴 때 경험할 수 있는 것보다 훨씬 더 강력한 외로움이 어른을 노리고 있음을 아주 일찍, 너무 일찍 이해한다. 어른이 되면 사랑하는 사람들에게 둘러싸여 있을 때조차 혼자라는 사실을 말이다. 그래서 영재 아이는 청소년이 되면 훨씬 더 이 시기가 도래할까 봐 두려워한다. 독립적인 인간이 되기를 못 견디게 기다리면서도 조급해하지 않는다. 자신이 삶의 복잡성에 과감히 맞설 능력이 있는지 회의적인 만큼 두려움이 큰 까닭이다. 자신이 평범한 행복에 만족할 수 있을지

가늠하기 어렵고, 자신의 꿈들을 결코 실현할 수 없을까 봐 두렵다. 사실상 감정이 그토록 핵심적으로 작용하는 영재로서는, 이렇듯 예정되어 있는 외로움을 보통 사람들보다 훨씬 더 두려워한다. 그에게는 타인들과의 관계와 그들의 시선이 그토록 중요한 양상을 띠기 때문이다. 그에게는 정서의 관여가 오직 맹목적이고 단호하게 이루어지지, 결코 흐지부지 이루어지는 경우는 없기 때문이다.

> 영재가 겪는 어려움은 자신의 남다름과 직접적으로 관계된 것이 아니라, 자신의 남다름에 대한 자각과 관계된 것이다.

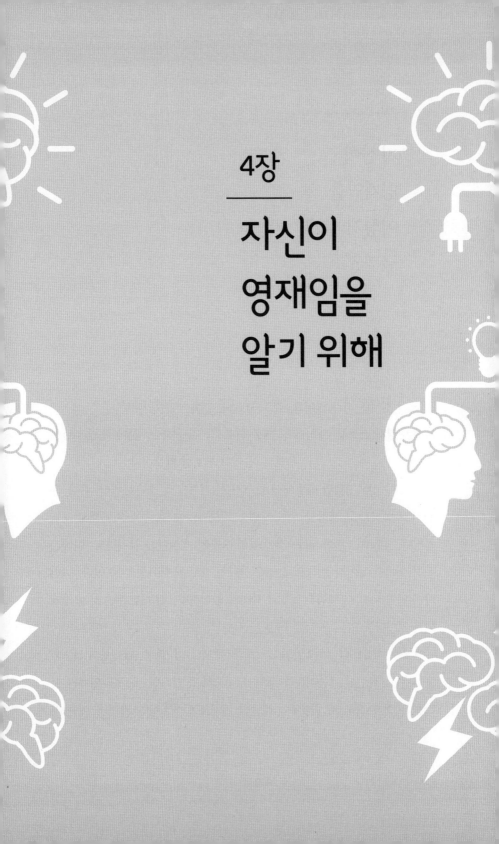

4장

자신이
영재임을
알기 위해

자신이
영재임을
어떻게 알게
될까?

"제가 영재일 리가 없어요. 전 너무 보잘것없는 인간인데!"

성인 영재 스스로 자신이 영재냐 아니냐를 자문하는 경우는 드물다. 여러 가지 이유에서 그렇다. 우선 그 용어의 모호함 때문이다.

어떤 아이가 지적인 측면에서 앞서거나, 지적으로 조숙하거나, 혹은 유난히 똑똑하다고 생각할 수 있다면, 그것은 결국 '표준'과 비교해서 그런 것이다. 성장의 가속도라는 것이 설령 그릇된 생각이라 할지라도, 어쨌든 우리는 어떤 아이가 '지적으로 조숙'하다는 개념을 받아들일 수 있다. 그러나 성인이 되면 이 개념은 단번에 의미가 없어진다. 더 이상 유효하지 않게 되는 것이다.

영재는 무엇이 다른가? 만일 그것이 '남들보다 더', 혹은 '남들보다 잘', 혹은 사실로 확인된 재능이라는 생각을 내포하고 있다면, 스스로 영재라 생각하는 것은 결국 자기를 무척 대단한 존재로 인식한다는 말인데, 이는 진짜 영재가 자기 자신에 대해 갖고 있는 이미지와 정확하게 정반대이다. 지능이 가진 가장 큰 효력은 자신의 지능을 의심하는 것이기 때문이다! 따라서 이렇게 결론지을 수 있다. 누군가 영재라면, 자신과 영재의 관련성을 꿈에도 생각지 못한다고 말이다. 어려서 영재 진단을 받지 않은 경우는 더더욱 그렇다.

어른이 된 후에 자신을 영재라 생각하려면, 영재라는 사실이 갖는 모든 측면과 미묘한 차이들을 전부 파악하고 있어야만 한다. 영재성이 고도의 지능이라기보다는, 구성요소들이 특이한 지능, 세상을 지각하고 이해하며 분석하는 방식이 남다른 지능임을 이해하고 있어야 한다. 정서적 측면이 영재의 인성을 구성하는 핵심 요소임을 온전히 이해하고 있어야 한다. 영재라는 것은 결국, 머리로 생각하기 훨씬 전에 먼저 가슴으로 생각하는 것일지도 모른다.

영재라는 것은 질적으로 다르게 작동하는 강력한 지능, 그리고 삶의 매 순간 영향을 미치는 강렬한 감성, 이 이중의 특성이 영구히 각인되어 있는 인성이다.

대부분 제 자녀를 통해

이것이 십중팔구 가장 흔한 경우일 것이다. 어떤 이유로든 자녀에게 문제가 생길 때, 부모는 자녀에 대한 의문과 더불어 자기 자신에 대한 의문과도 마주하게 된다.

1. 부모는 자녀가 경험하는 일이나 어떤 사건에 임하는 방식, 부닥치는 어

려움을 바라보면서 자신 또한 그런 걸 이미 경험한 듯한 느낌, 즉 기시감(데자뷰)을 느낄 수 있다.

2. 자녀의 심리평가 결과를 통해 자녀가 어떤 아이인지 알게 될 때, 부모는 거기서 자기 모습을 발견하게 된다. 그 광경은 대단히 이채로울 때가 많다. 심리 전문가로부터 아이에 대해 듣는 이야기가 어느 순간 불현듯 본인과 관계된 이야기처럼 느껴지고 그 이야기에 충격을 받고 흥분한다. 그게 꼭 자기 이야기인 것만 같은 야릇한 느낌에 휩싸인다. 그래서 조심스럽게 그게 '유전되는 것인지' 묻기도 하고, 자기 역시 그와 같은 것들을 같은 방식으로 경험했는데 그게 '정상인지' 묻기도 한다. 부모가 설령 자신의 혼란을 숨기려 해도, 심리전문가는 이 부모가 내적으로 동요하고 있음을 느낀다. 그러면 부모에게 언제 따로 만날 것을 제안한다. 혹은 부모 자신이 상담을 요청할 때도 있다. 감히 자신이, 가당찮게도 자신이 영재일지 모른다고 생각하는 것에 당혹감을 느끼면서 말이다.

가끔은 타인의 자녀를 통해

이 역시 가능한 경우이다. 주변의 어떤 아이가 영재 진단을 받았다는 사실을 접하고, 그 부모에게서 아이의 이야기를 듣거나 혹은 아이 본인과 함께할 기회가 생길 때, 거기서 자기 모습을 보게 된다. 거울 효과가 일어난다. 이 아이가 가진 성향이 영재성이라면, 나를 다른 사람들과 구별 짓는, 내 속에서 어렴풋이 느껴지는 그것도 같은 것일까?

드물지만, 스스로 혼자서

어떻게 자신을 영재라고 상상할 수 있단 말인가? 자신이 똑똑하다는 생각, 아니 좀 더 정확히 말해 다른 식으로 똑똑하다는 생각은, 지능이 대단히 높은 사람들에게서 거의 일어나기 어려운 일임을 우리는 앞서 이야기했다. 자신을 능력이 부족한 존재로 여기기에 겸손할 수밖에 없고, 자신을 의심하며, 자신을 문제 삼는 것이 보다 일반적으로 영재의 사고에서 나타나는 무의식적인 현상이다.

그러므로 성인 영재의 내부에서 최초의 속삭임이 희미하게나마 싹트기 위해서는 사람들과의 만남, 확실한 정보, 우연히 접하게 된 책이나 글 등이 필요할 것이다. 그런 다음 거기서 한 걸음 더 나아가기 위해 그는 타인들이 자신을 바라보는 시선 속에서 최초의 확증을 찾으려 할 것이다. 질문해도 무방하겠다 싶은 질문들을 던져보고, 어린 시절의 자기를 알고 있는 사람들에게 당시의 일화들에 관해 묻기도 하고, 때로는 전문가들의 의견을 구할 때도 있을 것이다. 그러나 직접적으로 캐묻고 파헤치는 일은 거의 없다. 자기를 발견하기 위한 이 과정은 여하튼 너무 어렵고, 너무 복잡하며, 그로서는 너무 대담한 작업이다.

미래가 낙관적인 동시에 위험하리라 느껴지는 이 자취를, 따라서 그는 오롯이 혼자서 추적해 나가려 할 것이다. 그는 이 길 끝에서 (영재인) 자기 자신과의 만남을 상상하는 자신의 대담함이 거의 부끄럽기까지 하다.

"그래, 이거예요. 이게 바로 나예요. 하지만 난 똑똑하지 않은걸요!"라고, 영재의 특성에 대해 묘사한 글을 막 읽은 오로르(35세)가 소리친다. 어떤가, 의미심장한 발언 아닌가?

그러나 자신의 내면 깊은 곳에 감추어진 작은 목소리가 이따금 비밀스러운 말을 귓가에 속삭인다. '아니란 법이 어딨어?'라고 말하는 작은 목소리, 영재에 대한 묘사가 얼마나 그 자신과 닮았는지 역설하는 작은 목소리. 이 내면의 작은 목소리에 귀 기울여야 한다. 이 목소리는 대체로 옳다. 왜냐하면 이 목소리는 그가 여태 한 번도 표명하지 못했던 자기 자신에 대한 인식에 뿌리를 두고 있기 때문이며, 감히 자기 것으로 인정하지 못하면서도 결국에는 늘 믿어 의심치 않았던 내밀한 직관, 그 직관이 메아리쳐 울리는 것이 바로 이 목소리이기 때문이다.

영재라는 것을
어떻게 알 수
있을까?

심리검사라니, 그게 뭐지?

한 걸음 내딛기 위해서는 우선 심리검사를 받아야 한다. 심리검사를 받는다는 것은 자신에 대한 질문들을 받아들이는 것이며, 그 질문을 위해 상담자와 만나는 것을 받아들이는 것이고, 테스트라는 시련을 받아들이겠다고 마음먹는 것이다. 그리고 최종적으로는 자신이 인정하는 자신과 자신이 거부하는 자신을 속속들이 비춰주는, 자기라는 사람에 대한 내밀한 반영이라 할 수 있는 자기 분석을 받아들이는 것이다. 심리검사를 받는다는 것은 무엇을 발견하게 될지 알지 못한 채 자신의 내적 영토를 발견하기 위해 출발하는 것이다.

심리검사란 개인을 전체적으로 이해하기 위한 테스트의 총체를 말한다. 완전하고 신뢰성 있는 검사가 되기 위해서는 언제나 다음의 두 부분을 포함하고 있어야 한다.

- 지능과 인지 능력을 측정하게 해주는 지능검사
- 감성의 조직을 이해하고 정신적 균형을 평가하기 위한 개성 탐구

지능검사는 인격 전체에 대한 총체적 접근이라는 맥락 속에서만 그 의미를 가진다. 지능검사만 단독으로 시행하는 것은 개성의 일면만을 나타낼 뿐이며, 거기에서 나온 결과를 해석하는 것은 위험하고 틀린 것일 수 있다.

심리검사는 언제나 전문적인 임상심리사를 통해 실시되어야 한다. 검사의 실행과 분석에 전문성을 갖춘 임상심리사만이 유효한 검사를 할 자격이 있다. 모든 다른 접근과 모든 다른 실시자는, 자기 분야에서 아무리 유능한 사람이라고 해도 심리검사를 하도록 허가되어 있지 않다.
심리검사는 결과로 요약되는 것이 아니며, 테스트를 통해 드러날 수 있는 개성의 모든 측면에 대하여 심도 있는 분석이 필요하다.

어떤 테스트?

검사 종류는 대단히 많지만 심리학 분야에서 특히 선호하는 몇 가지 테스트가 있다.

- 지능과 넓은 의미에서의 지적 작용을 검사하기 위해서 : 웩슬러 성인용 지

능검사(WAIS : Wechsler Adult Intelligence Scale). 커텔의 매트리스, 레이 복합 도형 검사, D48 테스트 같은 테스트도 검사가 추구하는 목적에 따라 지적 작용에 대한 이해를 풍요롭게 하는 검사들이다.

• 인격의 분석을 위해서 : 일명 투사검사라고 불리는(주어진 이미지를 통해 자기 개성의 일부분을 투사하기 때문에) 로르샤흐 검사. 그 유명한 잉크 반점 검사이다. 이 검사는 초기에 정신분석가들이 그들의 이론에 따라 해석하면서 오랫동안 잘못 이용되었지만, 로르샤흐가 일반 정신분석학의 연구에 기반한* 폭넓고 엄격한 분석을 적용한 덕에 제자리를 찾을 수 있었다. 로르샤흐 검사를 올바르게 사용하면 정서적 심리과정과 심리적 취약성을 '사진'처럼 놀랍게 투사해 보여준다. 줄리거가 개발한 Z테스트는 투사검사를 간소화한 것으로 로르샤흐 검사와 구성과 분석의 기준은 같으며 이 또한 해석의 여지가 풍부하다. 이외에도 자기 평가, 불안, 사회관계를 대상으로 표준화한 다른 인격검사들도 많다. 이런 검사들은 모두 인격의 조직에 가장 정확하게 접근하는 것을 목표로 한다.

WAIS 지능검사

WAIS 검사는 성인을 대상으로 하는 대표적인 지능검사로서, 전 세계에서 가장 일반적으로 이용되고 있다. 심리학자의 도구인 WAIS 검사는 전반적인 지능의 유효성을 평가한다. 이 검사는 총체적 지능을 가장 정확하게 반영하는 전체 IQ 점수를 산출하는 방식으로 구성되어 있다.

---

*그리고 특히 존 엑스너의 뛰어난 작업에 기반하여.

IQ는 절대 평가가 아닌 상대 평가임을 잊지 말자. 그것은 지능의 척도가 아니라 지능의 표현이다. IQ는 피험자가 자신의 지능으로 동일 연령대의 기준 집단에 비하여 상대적으로 획득한 점수를 나타낸다.

WAIS는 각기 다른 지능의 차원을 검사하는 11개의 검사 항목으로 이루어져 있다(3가지 선택 검사 항목이 추가될 수 있다). 크게는 언어영역과 수행영역이라는 두 개의 범주로 나누어진다.

언어영역은 전통적으로 습득된 지식, 기억, 수학적 능력과 연관된 것으로 간주한다. 언어영역 테스트는 피험자가 사용할 수 있는 지적 자산, 문화, 학습, 경험의 산물과 관련되어 있다. 심리학자들은 이 지능을 결정 지능이라 부른다.

수행영역은 새로운 검사 유형으로서, 이 검사의 성공 여부는 오직 피험자가 검사를 수행하는 현장에서 새로운 인지적 전략들을 얼마나 활용할 수 있느냐에 달렸다. 이것은 전에 배워놓은 것과는 무관한 유동적 지능으로서, 검사를 받는 사람이 사용할 수 있는 지적 능력을 가장 정확하게 반영한다.

16세에서 89세까지 대상으로 하는
웩슬러 성인지능검사(WAIS)

웩슬러 성인지능검사는 16세에서 89세까지의 성인을 대상으로 표준화되어 있다. 다른 웩슬러 지능검사들과 마찬가지로 이 검사도 거의 10년마다 개정된다. WAIS 검사를 할 때는 그것이 현재 시행 중인 버전인가를 확인하여 검사 결과의 신뢰도를 확보해야 한다. 대부분의 선진국에는 웩슬러 성인지능검사의 여러 버전이 있으며 지표 문화에 따라 표준화되어 있다.

어른이 된 영재들

결과를 이해하고 분석하기

점수를 분석하여 일련의 지표를 얻을 수 있고, 이 지표들에 따라 구체적인 지능의 형태를 알 수 있다.

• 총괄 득점인 전체 IQ는 총체적 지능을 반영한 것이다. 전체 IQ는 언어능력 IQ와 수행능력 IQ로 나뉘며, 이는 각각 언어 영역과 수행 영역이라는 두 범주의 테스트 결과이다. *
• 언어 이해, 인지 조직, 작업 기억 그리고 처리 속도라는 4가지 다른 지표들을 각기 다른 테스트에서 얻은 점수들과 조합하여 계산한다.
• 이어서 이 전체 득점을 넘어서서, 점수 간, 영역 간, 지표 간의 다른 많은 비교를 검토한다. WAIS로부터 50가지 이상의 유효 가치를 추정할 수 있다.

결과의 분석은 지적 작용에 대한, 지적 작용의 많은 요소에 대한 넓고 깊은 이해를 제공한다.

IQ 점수와 각 지표의 점수는 어떻게 분포되어 있는가

점수는 '정규분포', 즉 수학자 프리드리히 가우스(이 사람 역시 영재였다!)의 분포 법칙에 따라 평균값을 중심으로 하여 분포되어 있다. 이것이 그 유명한 '종 곡선'이다.

---

*주의: 6~16세 아동을 대상으로 하는 WISC 검사의 새로운 버전에서는 언어 IQ와 수행 IQ가 없어졌다. 언어 이해, 지각 조직, 작업 기억 그리고 처리 속도라는 4개의 지표만을 가지고 테스트를 분석하고 전체 IQ를 산출한다.

평균 IQ와 표준 편차는 다음과 같다.

- 평균 IQ=100
- 표준 편차=15. 중간에서 멀어질수록 지적 작용은 '평균'과 차이가 난다.

또한 아래와 같은 분포 곡선을 이룬다.

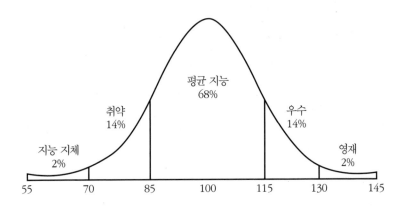

▶영재 진단 내리기

- 전체 IQ 점수 130부터 영재라고 할 수 있다. 이는 평균으로부터 두 표준
  편차 위에 해당한다.
- 언어영역과 수행영역이라는 두 영역의 IQ 점수가 비슷할수록 진단의 신
  뢰도가 높다.
- 모든 지표가 130 이상이면 지적 잠재성은 예외적으로 높다.

이때 최적의 진단 조건을 확보하는 게 중요하다. 최상의 가시성을 제공하고 해석의 오류 가능성을 최소화해야 한다. 최적의 진단 조건을 만족했다고 해서 단 한 번의 평가로 충분하다는 의미는 아니다. 언제든 추가로 테스트를 실시하여 진단을 보충함으로써 인격을 총체적으로 이해하고 지적 작용의 무게를 심리적 역동성 안에서 평가할 수 있도록 해야 한다. 이러한 총체적 진단 과정을 거쳐야만 진단을 확신할 수 있으며 인격을 모든 차원에서 이해할 수 있다.

목표는 언제나 어떤 도움과 보살핌이 그 사람에게 가장 적합할 것인가를 평가하는 데에 있다.

진단 절차 : 점수가 그다지 명확하지 않을 때

진단 절차는 언제나 전반적인 절차이다

진단이란 복잡한 임상 과정이다. 어떤 진단도 단순한 지표 하나만으로 내려질 수는 없다. 어떤 진단이든 마찬가지다. 여러 기호를 취합하여 방향을 부여하고 임상 차트를 확정할 뿐이다.

심리검사를 실시할 때 우리는 결정 수형도를 따라간다. 검사를 함에 따라서 나타나는 가정들이나 얻어진 결과들을 따라가면서, 이런저런 문항을 제시하여 지능의 영역과 감정의 영역에서 일어나는 피험자의 작용들을 최대한 파악한다.

- 심리검사는 개개인에게 맞춰지는 동적인 과정이다.
- IQ 점수는 진단이 아니다. 그것은 진단의 방향에 영향을 미치는 하나의

요소일 뿐이다.

- 진단은 전문가의 종합적 평가로서, 전문가와 환자의 만남에서 싹트는 전문가의 전문성과 경험의 열매이다.

프로필이 직접적으로 명확한 의미를 갖지 못할 때

불안

WAIS 같은 검사는 여러 가지 요소에 대단히 민감하다. 불안은 시험 결과에 영향을 미치는 주된 요인이다. 검사를 수행할 때 성인이 느끼는 불안은 언제나 중요하다. 불안에는 두 가지 측면이 있다. 긍정적인 측면은 자신이 가진 자원들을 최적의 방식으로 동원하게 해준다는 것이다. 부정적인 측면은 불안이 심하면 지능의 표현이 억제된다는 것이다. 따라서 불안감으로 인해 전체 점수가 낮아지는 결과가 나올 수 있다. 그리고 어떤 문항들은 불안감의 영향을 받지 않고 성공적으로 해결하는 데 반해, 어떤 문항들은 심하게 망칠 수 있다. WAIS 검사에서는 불안의 무게가 문항의 성격에 따라 똑같은 효과를 발휘하지 않는다는 것을 알고 있어야 한다.

혼란스러운 심리 상태

일례로 우울증은 지적 잠재성을 충분히 표현되지 못하게 한다. 우울감을 일으키는 문제지에 대해서는(심리검사의 다른 문항들을 통해 확인된), 이런 우울감의 영향을 고려하여 WAIS 검사의 수치를 해석해야 한다. 다른 심리적 문제들도 모두 테스트의 결과에 영향을 미칠 수 있으며, 이 역시 진단의 과정에 포함해 고려해야 한다.

특정한 어려움

어떤 사람들은 성인이 되고 나서도 오래전에 앓은 질병의 후유증을 간직하고 있을 수 있다. 난독증, 통합운동장애, 주의력 결핍…… 이런 문제들은 다른 영역에서 어느 정도 드러나게 될 것이다.

두 영역 간의 이질성

한 영역의 점수가 현저히 낮은 데 비해 다른 영역의 점수가 대단히 높다면 그것은 괴리가 있는 것으로 보아야 한다.

• 언어영역의 점수가 특히 높은 경우는 피검자에게 있어서 지능의 투입이 상당한 중요성을 띠고 있다고 생각할 수 있다. 자신의 지식, 기억, 논리, 추상화 능력에 의지하는 것은 이해력이 방어기제로 사용될 때의 심리적 불안감을 반영하는 것일 수 있다. 또한, 이런 괴리는 두 영역의 성격 차이로도 설명될 수 있다. 언어영역에서는 기억 속에 잘 보존되어 있는 지적 자원들을 더 쉽게 활용할 수 있고, 사람들이 일상적으로 사용하는 지능도 바로 이 지능이다. 반면에 수행영역에서는 평상시와는 다른 능력을 동원해야 하고, 이는 어떤 사람들, 특히 자신이 무능하다고 믿고 있는 사람들에게는 몹시 힘든 일이 될 수 있다!

• 수행영역에서 IQ가 높다면 지능이 뛰어나다는 것을 의미한다. 잠재성이 있지만 어떤 문제들이 그 잠재성을 실현하고 충분히 이용하는 것을 막아놓았던 것이다. 수행영역이 특히 높은 사례는 검사를 받는 동안 상담가와의 관계에서 스트레스나 억제를 느껴 그들의 능력과 지식을 언어적으로 표현하는 데 어려움을 겪었던 사람들에게서도 발견된다. 언어영역에서는 심리상담가와 직접적이고 언어적으로 상호작용을 해야 한다. 반

면에 수행영역의 인지 활동들은 비언어적이고 더 자율적이다. 일부 어른에게는 이런 관계가 감당하기 어려운 것일 수 있다. 혼자서 검사를 수행하는 편이 훨씬 수월하다. 다른 사람에게 뭔가를 말해야 할 때는 상당히 불편해진다.

이것이 중요하고 일반적인 점수 구성의 두 가지 예이다. 이외에도 다른 많은 조합이 가능하다.

영재를 많이 만나본 사람은 어떤 사람이 영재라는 사실을 금방 알 수 있고, 테스트와 상관없이 자신의 가정에 곧 확신하게 된다. 전문적인 임상심리상담가에게 그것은…… 명백하다! 테스트는 전문가의 눈길이 단번에 알아챈 것을 확인하는 절차라고 말할 수도 있다……. 하지만 테스트가 쓸모없다는 뜻은 아니다. 오히려 그 반대이다. 테스트라는 조명은 핵심적이고 불가피하다.

심리검사에 좋은 결과니 나쁜 결과니 하는 것은 없다. 심리검사는 언제나 자신을 더 잘 이해하도록 해주고 더 나은 삶을 꾸려가기 위한 열쇠를 갖도록 해줄 뿐이다. 해답을 찾지 못한 채 남은 끈질긴 질문들에 심리검사를 통해서 답을 찾아주는 일은 언제나 바람직하다.
심리검사를 받는 것은 용감한 행동이다. 그것은 진정한 자기 자신과의 만남이다.

명심해야 할 것

1. 한 가지 테스트에 한정해서는 안 되며, 더욱이 한 IQ 점수에 한정해서는 절대 안 된다.
2. 모든 지표를 검토해야 하며 그 지표를 합하여 이해해야 한다.
3. 지적 작용의 기반이 되는 것은 지능검사에서 분석된 점수가 아니라 그것을 넘어서는 추론의 과정, 전략, 성격이다. **얼마나**가 아니라 **어떻게**에 더욱 관심을 가져야 한다.
4. 사고의 과정은 지능과 감정이라는 두 개의 원천을 통해 분명해진다. 하나는 다른 하나 없이 절대 작동할 수 없고, 다른 하나의 조명 없이 이해될 수 없다.
5. IQ 점수가 전통적인 양적 기준에 미치지 못할지라도 영재라는 진단을 내릴 수 있다. 심리검사를 완전하고 깊이 있게 분석해야만 지능의 작용과 인격의 구조를 이해할 수 있다.
6. 지능이 높아도 영재 진단이 내려지지 않을 수 있다. 지능검사의 점수가 대단히 높아도 그럴 수 있다.
7. 오직 심리학자만이 적정한 진단 절차에 따라, 적합한 테스트의 성격을 결정할 수 있다. 심리학자의 진단만이 임상적 가치를 갖는다.
8. 심리학자는 **언제나** 수행된 심리검사에 대하여 구두와 서면으로 자세한 보고서를 작성해야 한다. 다른 설명 없이 서면 결과지로 IQ 점수만 확인하는 것은 말도 안 되는 일이며, 혹은 무능한 심리학자라는 증거이거나 직업윤리상 옳지 않은 검사를 했다는 증거이다.

지능은 하나일까, 아니면 여럿일까?

전통적 지능검사들은 지능의 일부분만을 검사한다는 점에서 비난받고 있다. 특히 언어적 지능, 논리-수학적 추론, 그리고 시각-공간적 능력과 같은 소위 말하는 아카데믹한 지능 말이다. 그러나 WAIS 같은 하나의 검사의 특수성이 곧 그 유효성이기도 하다는 것을 이해해야 한다. 하나의 테스트는 다른 형태로 지능을 평가하는 다른 검사들과 매우 밀접한 연관성을 가지고 있음이 여러 연구를 통해 입증되었다. 즉, WAIS 검사에서 IQ가 높게 나오면 다른 지능검사들에서도 높은 결과를 얻게 된다는 뜻이다. 바로 그것이 한 테스트의 유효성이며, 표준화된 테스트와 과학적 유효성이 없는 테스트 간의 차이점이기도 하다.

한편, 개인이 가진 역량과 인격의 자원들에 대해서 이야기하는 다른 형태의 지능들(감성 지능, 음악 지능, 자기 이해 지능, 대인관계 지능⋯⋯)도 있다. 이것도 물론 본질적이다. 이런 지능들은 분명히 총체적 지능 속에 포함되어 있지만, 그러나 총체적인 평가에서 포함되어 있지 않으면 거의 관련성이 드러나지 않는다.

어른이 된 영재들

인터넷으로 하는 테스트의 신뢰도는 어떨까?

인터넷으로 하는 심리검사는 몇 가지 영역에서 자신의 역량을 테스트하는 일종의 놀이이다. 테스트를 통해 자신이 무엇에 성공할 수 있는지, 무엇을 해결할 수 있는지, 무엇을 이해할 수 있는지 생각해볼 수 있다. 그것은 마치 앞으로 완성해야 할 초상화의 초벌그림과 비슷하다. 일반 대중이 이런 테스트를 하는 것은 이 또한 자신의 지능을 시험하는 하나의 방법이므로 유익할 수도 있지만, 거기에서 나온 결과를 진단과 혼동해서는 절대로 안 된다. 다른 진단의 경우와 마찬가지다. 가령, 자가 설문지나 인터넷, 잡지, 책 속에 들어 있는 설명을 보고 질병의 징후나 건강상의 문제 같은 것들을 짐작해볼 수는 있지만, 거기에 의학적 가치가 없는 것과도 같다. 그런 것들은 하나의 단서나 실마리가 될 수 있을 뿐이고 전문가들을 통해서 유효성을 검증받아야 한다.

인터넷으로 하는 IQ 테스트는 과학적인 유효성의 대상이 아니고 통제된 표준치의 대상도 아니다. 그 테스트들은 표준화되어 있지 않으며, 결과는 '자신에 대한 이해를 시도한다'는 테스트의 목적에 맞는 정도로만 믿어야 한다. 거기까지다.

역사적으로…… 알고 있나요?

최초의 표준화된 지능검사는 1905년, 비네와 시몽이라는 두 명의 프랑스 심리학자가 교육부의 의뢰를 받아 정신지체를 평가하려는 목적으로 개발했다. 이어서 정신병원 의사였던 미국인 심리학자 다니엘 웩슬러가 1939년

비네-시몽 테스트를 성인용으로 개정한다. 이렇게 해서 최초의 웩슬러 지능검사가 태어났고 이후에 아동용 버전으로 개정된다. 현재는 3가지 유형의 검사가 있다. 6세 이전 아동을 대상으로 하는 WPPSI, 6~16세의 아동을 대상으로 하는 WISC, 성인을 대상으로 하는 WAIS. 심리학적 진단에서 기준이 되고 유효한 IQ를 얻을 수 있게 해주는 검사가 바로 이 웩슬러 검사이다. 어떤 심리측정 테스트들(지능을 측정하는)은 더 오래된 것도 있다. 특히 군대는 줄곧 지능검사의 첫 번째 소비자로서 신병 모집 시 지능검사를 활용해왔다. 여러 가지 다른 버전의 지능검사들이 있으며 다양한 직업 분야에서 이용되고 있다. 각 테스트는 적용 분야에 따라서 특정 측면에 중점을 두기 때문에 사용 목적에 따라 차이가 있다. 따라서 그런 검사에서 측정되는 것은 지능이 가진 특정한 역량들이다. 기술적 능력, 인간적 능력, 예술적 능력, 문학적 능력, 수학적 능력…… 유효성이 인증된 심리검사만이 총체적 지능을 평가할 수 있다.

성인의 심리검사 :
용기가 필요한 힘든 일

성인이 되어 심리검사를 받는 것은 자연스럽지는 않다. 오히려 그 반대다. 심리검사를 한다는 것은 다른 사람의 시선에 자신을 내맡기고 자신을 드러내기 때문이다. 특히 그 일은 커다란 위험을 안고 있다. 우리가 자신에게 던지는 그 숱한 질문들에 답을 얻게 된다는 위험. 정말로 오래된 그 질문들! 우리는 정말로 답을 알고 싶은 것일까? 그게 그저 질문으로만 남아 있는 한은 우리는 모든 종류의 가정을 상상해볼 수 있다. 상황에 따라 그 순간에 필요한 자기 이미지를 얼마든 '변통'해낼 수가 있다. 자신에게 질문을 제기하는 것에는 아무 위험성이 없다. 거기에는 대답이 없기 때문에!

첫 번째 단계

심리상담가의 문을 두드린다…… 무슨 말을 하려고? 심리검사를 받아보고 싶다는 말? 하지만 왜? 어떻게 말을 하지? 뭐라 말하기 어려운 이걸, 자신조차도 믿지 못하는 이걸 어떻게 표현한다지? 상담가는 뭐라고 생각할까? 오만하다고? 잘난 척한다고? 부적응자라고? 미쳤다고 할지도 몰라! 나는 심리검사를 시도한 성인 영재 가운데 고통, 의심, 머릿속의 오락가락, 주저…… 같은 다른 여러 단계를 통과하지 않은 사람을 여태껏 본적이 없다. 더구나 상담소를 찾아와 자기가 뭘 하고 싶은지 수줍게 이야기 꺼내려 하는 이 어른은 앞에 있는 상담자가 자기 말을 잘 들어주리라 믿을 수 있어야 한다. 우리 심리학자들의 수가 그렇게 많은가? 신입사원 모집 절차로 시행되는 것 말고 어른을 대상으로 한 심리검사를 완벽하게 시행할 수 있는 상담가의 수는 얼마나 될까? 그러나 제일 중요한 문제는, 이 수줍은 중얼거림 뒤에 진정한 고통이 감춰져 있다는 것을, 심리학이나 정신의학 교과서에 분류된 것과는 다른 진정한 고통이 숨겨져 있다는 것을 이해할 수 있는 상담자가 과연 얼마나 될까 하는 것이다. 심리학자들을 비난하려는 것은 아니다. 하지만 탐색 중인 이 사람들에게, 삶의 난관에 봉착해 자신들의 질문을 가다듬어 생각해볼 여지조차 없는 이 사람들의 현실에 그토록 무지할 수 있다는 게 화가 난다. 내가 더욱 화가 나는 것은 그런 건 없다고, 지능결핍은 있을지 몰라도 영재는 허구라고 악착같이 주장하는 사람들이다! 그들은 지능이라는 건 절대로 문제일 수가 없고 오히려 하나의 기회라고 주장한다. 간단히 말하겠다. 지능이 높을 때, 문제는 단지 그 지능에 있는 것이 아니다!

두 번째 단계

테스트와 마주하는 두려움을 극복하기. 자기 자신과 마주하려고 타인 앞에 서기로 결심하는 것은 예외적인 용기가 필요한 대단한 모험이다.

아이들은 시험을 치르며, 평가를 받고, 점수가 매겨지는 데에 익숙하다. 아이들은 어른들이 자기들에 대해 말하는 걸 듣는 데 익숙하다. 그들은 시험에 이골이 나 있다. 아이들에게 '심리검사를 하는 것'은 비록 심리검사의 다른 성격을 잘 이해하고 있다고 해도 어쨌든 이와 비슷한 종류의 일이다.

하지만 어른은 어떨까? 어른은 무척 겁을 낸다. 다음의 두 가지 이유에서다. 우선 자기가 시험을 잘 못 치른다는 걸 알기 때문에 시험 결과에 진짜로 실망하게 될까 봐 겁을 낸다. "내가 잘못 생각했던 거야, 나는 정말 아무것도 아니야, 잠깐이나마 내가 똑똑한 줄 알았다니 얼마나 건방져……" 곧 이런 내적 반응이 생겨나 그를 심각하게 흔들어놓는다.

또 다른 이유는 다른 사람의 눈에 자신의 한계를 드러내는 걸 두려워한다. 불안감이 스멀스멀 생겨나고, 심리학자가 자신을 정말 안쓰럽게 여길 것 같은 생각이 든다.

성인은 심리검사라는 시련 속에서 이런 심각한 두려움을 겪게 된다. 이 두려움은 심리검사를 치르는 동안 어른이 느끼는 불안만큼이나 뿌리 깊다. 두려움은 줄곧 대단히 강렬하며, 끊임없이 솟아나는 근심들로부터 생겨난다. 이런 근심들은 대부분 아무 근거가 없지만 겪어내기도 통제하기도 어렵다. 그것을 알아야 한다. 불안은 항상 현재형이라는 것을!

인터넷이나 잡지에 나와 있는 테스트로 자가 평가를 하면서 재미있어 하는 것과 전문적인 진단 절차에 들어가는 것은 전혀 다른 모험이다. 목적이 같지 않다. 심리학자와 마주하며 심리검사를 하는 것은 위험을 무릅쓰는 것이다. 진짜 위험. 우선은 자기 자신과 마주하는 위험이지만 이는 또한 타인과 마주하는 위험이기도 하다. 자신을 바라보는 타인의 시선 말이다. 심리검사를 분석하고 그것을 말로 표현하게 될 심리학자의 시선이 그 첫 번째가 될 것이다. 성인은 그 말들을 그토록 기다리면서도 동시에 너무나 두려워한다!

진단 :
해방에서
새로운
불안으로

평가 뒤에 변하는 것? 자유!

진실은 우리를 자유롭게 한다. 우리는 어떤 사람인가에 대한 진실. 그것은 어쩌면 자유를 넘어 해방감에 가깝다. 이제 더 이상 삶의 수인(囚人)이 아니라 게임의 주인으로 돌아온다. 선택을 하고, 자신의 삶을 생각하며, 자신을 이해하고, 자기 자신에 따라서 자신의 진짜 바램과 진정한 필요를 평가할 가능성을 되찾았다고 느끼는 것은 황홀하다. 진정한 자기 자신에 따라서. 이전에도 물론 작동을 하고 있었지만, 이따금 몹시 나쁘지 않았던 것도 사실이지만, 그러나 눈앞은 흐리멍덩했다. 우리는 우리의 진짜 목소리가 표현되고 있다고 생각했지만 사실 그것은 우리가 만들어낸 것이었다. '가짜 자아'로 인격이 포장될 정도로 말이다.

"살아오는 동안 설명할 수도 없고 이해할 수도 없는 사건들과 행동들이 있었고, '진단이 그런 일들에 어떤 의미를 준' 건 사실입니다. 나에게는 물론이고 모두에게 말입니다(대단히 뛰어난 학생이었다가 열등생으로 전락한 것, 나라고 하는 존재와 완전히 단절된 것 같은 감정적 시련 같은 것).

문제들을 분석하고 해결했다는 짧은 행복감이 사라진 뒤에 그것은 어떤 쓸쓸함을, 내 인생의 주인이 아니었다는 느낌을, 내 삶을 전적으로 선택하지 못했다는 인상을 남겼습니다."

가짜 자아(faux-self) : 가면을 쓴 인격

가짜 자아란 심리학에서 자주 사용되는 영어식 표현으로서, 자신의 진정한 자아를 보호하기 위해 만들어내는 왜곡된 인격을 가리킨다. 가짜 자아는 다른 사람들이 우리에게서 기대하는 바라고 생각하는 것에 종종 들어맞는다. 우리의 인격은 타인들의 바람에 어울리는 것이 된다. 그로 인해 우리는 사랑받을 수 있게 된다. 그것은 이따금 편안하다. 하지만 이는 우리의 심오한 본성은 아니다. 본성은 감추어져 더 이상 겉으로 드러나지 못한다. 본성은 가끔 으르렁거리며 우리를 불안정하게 만든다. 이 갑작스럽고 폭력적인 힘이 어디에서 나오는지를 우리는 알지 못한다. 그것은 예측 불가능한 힘이다. 그래서 우리는 그 힘을 진정시키는 데 엄청난 에너지를 사용하게 되며, 그 에너지를 다른 데에는 사용할 수 없다. 우리는 우리의 '대외용' 인격을 유지하는 데 우리의 에너지를 소모한다. 그것은 한순간 한순간 힘을 소모시키는 구성이다.

진단이 내려지고 이 새로운 조명을 받으면, 마침내 '자신으로 돌아왔다'는 대단히 강력한 느낌이 솟아오른다. 길고 긴 방황의 시간이 지나고 '돌아왔다'는 느낌.

'그거였어!', '후유!' 이제 막 자신을 발견한 어른들은 자신들이 느끼는 막대한 안도감을 거의 예외 없이 이런 감탄사로 표현한다.

자기 자신이기를 허용하다

자신과 마주하는 것, 그것은 마침내 우리와 닮은 삶을 계획할 수 있게 되었음을 의미한다. 이제 모든 것이 가능해진다!

믿을 수가 없어……
하지만 믿음에 대해 말할 수 있어?

심리검사가 끝나고 난 후 첫 번째 반응은 '위'와 같다. 구원을 받는다. 장막이 찢어지고 우리의 실재가 다시 그려지는 것 같은 느낌이 든다. 하지만 이런 황홀감은 잠깐뿐이고, 어느새 새로운 의심 때문에 마음이 어두워진다. 자신에 대한 의심. 언제나처럼 똑같다. 가장 역설적인 형태로 지능이…… 지능을 만들어내는 법이니까 말이다. 지능이 빈틈을 찾아낸다. 그러고는 의심을 조금씩 흘려보낸다. 그건 불가능해. 사람들이 말하는 게 내 애기일 리가 없어.

그렇게 영재의 사고방식이 다시 우세해진다. 그는 자기가 가진 모든 인지 능력을 총동원하여 자신을 스스로 보호하고 분석한다. 그는 전력을 다해 자신의 검사 결과를 정당화하려 하고, 자신의 지능은 '평범'하며, 자신의 점수는 전혀 예외적인 것이 아니고, '다른 사람들도 전부 자기처럼 작동한다'고 입증하려 든다. 그는 테스트 결과가 좋았던 것은 우연히 아는 게 많이 나와서 그런 거고, 그 외 다른 것들은 알지 못한다고 할 것이며, 기억력이 좋은 건 직업상 필요해서고, 논리적인 것은 '요령'이 있어서 그랬던 거라고 설득하려 할 것이다. 영재에게는 자신을 다르게 여기는 것이…… 비정상임을 입증하기 위한 그럴듯한 논지가 언제나 있는 법이다!

다음으로 문제 삼는 것은 테스트 자체이다. 어디에서 시작된 거지? 이 테스트를 누가 고안했어? '정말 너무 쉬웠는데' 진짜로 지능을 측정한 거 맞아? 그 지능이라는 게 대체 뭐야? 뭐 어쨌든 세상 사람들 다 비슷비슷하게 나오는 거 아냐? 등등. 이제 그는 계속해서 설명해야만 한다. 각각의 대답이 새로운 가정을, 새로운 질문을, 새로운 의심을 낳으니까 말이다. 실행 가능한 테스트들, 지능에 대한 현재의 개념, 참조표본의 표준치에는 물론 결함이 있다. 그러면 어떻게 입증할 것인가? 지치지 않고 반복해서 이야기할 뿐이다. 중요한 건 지능의 측정이 아니고, 지능은 정의상 측정할 수 없으며, 같은 연령대의 다른 사람들이 일반적으로 얻을 수 있는 결과 수치와 비교할 수 있게 해주는 상대적 점수일 뿐이며, 중요한 것은 점수 그 자체가 아니라 그 점수를 가능케 한, 이면에 숨겨진 작동모드라는 것을 말이다……. 그러나 한 번의 설명으로 충분한 경우는 거의 없다. 이따금 영재는 당신의 논리에 설복된 척할지도 모른다. 하지만, 명심하라. 그는 그 문제를 재론할 것이다.

다음으로 문제 삼는 것, 혹은 테스트 자체와 동시에 도마에 오르는 것은 바로 상담자이다. 상담자의 역량과 상담자의 경험. 그러나 이 문제는 좀 덜 직접적이다. 성인 영재는 상대방을 불편하게 만들고 싶어 하지는 않는다. 상처를 주려는 것도 아니다. 그는 빙빙 돌려서 그 질문을 한다. 당신이 이해하지 못하면서도 이해할 수 있도록. 혹은 거의 말하지 않았는데도 이해할 수 있도록.

종합하면 이런 메시지이다. '나는 그걸 믿지 않아!' 이 메시지가 의미하는 바는 이렇다. 갑자기 나의 그런 버전을 어떻게 받아들일 수 있어? 내가 믿어온 그런 사람이 아니라는 걸, 늘 조금 다르고, 이상하며, 어긋나 있던 그런 사람이 아니라는 걸 어떻게 대뜸 인정하라고? 미친 게 아닐까, 혹은 완전히 바보가 아닐까 이따금 자문하곤 했던 그런 사람이 아니라는 걸? 이따금 다른 사람들이 도움의 길로 인도해주어야 했던 사람, 온 세상이 다른 가능성은 없다고 똑똑히 믿고 있던 그런 사람이 아니라고? 더구나 이 모든 것은 영재 자신이 인정하고 있었던 것인데.

그러니 그 모든 것을, 그 테스트를, 그 심리검사를, 그 분석을 어떻게 믿을 수 있겠는가?

생각들, 표현들, 기억들, 그토록 많이 들었던 말들, 억눌린 상처들, 잃어버린 희망들, 감춰진 두려움들…… 회오리가 일어나 이것들을 온통 휘저어 놓는다. 그러나 나는 또한 알고 있다. 순결하게 지켜 온 그의 지능, 그 모든 것에도 불구하고 성인 영재가 줄곧 은밀하게 촉수를 대고 있던 그 지능에 번득이는 생각이 다시 불을 붙여놓으리라는 것을 말이다.

이어서 분노가 찾아온다

부모를 향한, 삶을 향한, 타인들을 향한 분노. 이해받지 못했다는 분노. 자신을 스스로 이해하는 법을 몰랐다는 분노. 억지로, 혹은 별로 적합하지 않은 선택을 했다는 분노. 조금 혹은 많이 헤매게 되는 그런 길을 가야 했다는 분노. 그래서 힘들었다는 분노.

이제 사람들이 다 알게 되었는데, 기대를 저버리면 어쩌나 하는 두려움. 영재들은 성공하도록 정해진 사람들인가?

이 새로운 목표에 대한 두려움은 흔히 진단이 내려지자마자 시작된다. 질문들이 쏟아진다. 영재라는 것은 내가 훌륭한 사람이 된다는 뜻인가요? 재능이 있다고요? 시도만 하면 전부 성공한다는 건가요? 그리고 훨씬 쉽사리요! 이러한 두려움은 한 가지 환상과 결부되어 있다. 검사를 하는 동안 마치 다른 사람이 되어버린 듯한, 새로운 의무를 부여받은 듯한 환상 말이다. 말도 안 되는 환상이자 걱정스러운 생각이기도 하다. 심리검사 후에 되찾는 것은 자기 자신이지 세상의 기대가 아니다.

지배적인 표상에 붙들리지 않도록 주의하라

이게 무슨 말일까? 매우 단순하다. 진단을 받자마자 대부분은 지능에 대한 일반적인 관념이 성인 영재의 머릿속에 자동으로 떠오른다. 마치 자신을 알게 된 지금 이 순간, 이제껏 간직해온 자신의 양식과 사물에 대한 섬세한 이해를 모두 잃어버리기라도 한 것처럼. 이후 벌어지는 일은 실로 어처구니가 없다. 그는 자신의 삶을 바꿔야겠다고, 자신이 하는 일과 직업에 대해 다시 생각해봐야겠다고, 공부를 다시 시작해야겠다고, 자기 커플에 대해 생각을 좀 해봐야겠다고 생각한다. 다시 말해 여러 가지를 다 바꿔야 한다는 것이다. 어쩌면 모든 것을 말이다. 대단한 지능에 대한 일반적 관념 속에는 위대한 운명이라는 것이 의무사항처럼 들어 있는 것만 같다. 비난하려는 것은 물론 아니다. 하지만 사실이다. 이유가 뭘까? 분명히 두려움 때문이다. 진단을 받고서 자신의 삶 전체를 빠르게 되돌아본 이 성인은, 자신의 가장 내밀한 자아와, 조심스럽게 묻어둔 모든 의구심과, 꼼꼼하게 짓눌린 모든 질문과, 포기해야 한다고 배웠던 그 모든 이상과 거칠게 다시 연결된다. 두려움은 고통스러운 죄의식의 얼굴을 하고 있다. 내가 인생을 망쳐버린 것일까? 그렇다면 어떻게 빨리 되찾을 것인가? 이제 다 알게 되었는데, 영재라는 진단에 어울리는 사람이 되려면 나는 뭘 해야 할까? 영재의 자기애적 나약함 속으로 곧장 흘러들어오는 생각의 오류. 그가 자신에 대해서 가지고 있던 혼란스러운 이미지가 단번에 그의 관점을 뒤흔들며 의문에 빠트린다.

그럼 이제 뭘 해야 하지?

이 질문은 합당하다. 대답은 좀 더 미묘하다. 좀 더 복잡하다. 색다른 무엇을 한다, 라기보다는 마침내 '스스로'가 된다는 것이 핵심이다. 심리검사는 자신에 대해 새롭게 생각하게 해주고, 이렇게 자신을 새롭게 이해하게 된 상태에서 자신이 경험한 바를 새롭게 깨닫게 해준다. 하지만 우리는 언제나 같은 사람이다. 다시 말해 심리검사가 우리를 바꿔놓지는 않는다는 말이다. 그럼에도 불구하고 이것이 심리검사를 받은 어른들이 종종 느끼는 무의식적인 느낌이다. 마치 그들을 바꿔놓는 변신 상자를 통과하기라도 한 것처럼 말이다. 바뀐 것은 자신을 향한 시선이지 자신의 실재가 아니다. 그것은 아주 다르다. 중요한 것은 자신의 삶을 변화시키고, 모든 것을 바꾸며, 모든 것을 다시 0으로 돌리는 것이 아니다. 모든 것에 성공할 필요는 없다. 다시 한 번 말하지만 관건은 내적이며, 개인적인 데에 있다. 바로 자기 자신과, 삶과, 타인들과 화해하는 것이다. 단지 내적인 조율을 통해서 조용히, 삶을 뒤죽박죽으로 만들지 않고도 그런 화해가 이루어질 수 있다. 자신을 알게 됨으로써 인생의 흐름이 바뀌는 일도 물론 여러 번 생기겠지만 그것이 본질적인 목표는 아니다. 그것은 거의 부차적인 효과라고 할 수 있을 정도이다.

보살핌을 받는 것

"나는 상담사를 찾아갔어요. 물론 도움이 되었죠. 조금은. 하지만 내가 심리검사를 받았다는 것과 내가 그거…… 라는 사실을 상담사에게 말하려고 했을 때, 결국 나는 어떻게 얘기를 꺼내야 할지 알 수가 없었어요. 아시겠죠! 상담사는 심드렁하게 그건 중요하지 않다고 대답했어요. 치료는 나의 진짜 문제들에 집중하게 될 거라고요. 나는 곧 상담사가 '그것'에 대한 얘기를 듣지 않으려 한다면 내 치료에 진전이 없을 거라는 느낌이 들었죠. 그러고는 몇 번의 상담을 더 했지만 이내 내가 우려했던 바로 그 일이 일어났어요. 나는 내 인격의 중요한 한 부분이 통째로 옆으로 제쳐진 듯한 느낌을 받았어요. 내 상담사가 나의 미세한 한 부분을 이해하지 못하고 있다는 느낌이죠. 내가 예상한 대로 상담사는 그걸 이해하지 못했고 관심도 없었을 뿐더러, 그 얘기를 다시 꺼낼 수조차 없었어요. 상담사가 비웃을까 봐, 문제는 그게 아니라고 다시 이야기할까 봐 줄곧 겁이 났거든요. 결국 나는 상담을 그만두었어요. 그리고 이제는 뭘 해야 할지 모르겠어요."

"나는 사람들 말대로 상담을 계속할 수가 없어요. 왜냐하면 내가 앞서 있다고 느끼는 때가 많으니까요! 이상한 일이죠. 내가 아무 가치도 없는 인간이라는 확신과 내가 완전히 우월하다는 환상을 동시에 가지고 있으니까요. 아시다시피 다 쓸데없는 얘기죠! 하지만 사람들이 이런저런 질문을 하겠구나 하는 걸 아주 똑똑히 알 수 있어요. 특히 그 사람들이 내 문제에 대해서 나 자신이 알고 있는 만큼 이해할 리가 없다는 느낌을 갖고 있죠. 그저 제자리에서 맴도는 거예요, 내 삶에서 나아지는 건 없이 말이에요."

이 두 증언은 영재의 치료에서 가장 큰 어려움을 잘 보여준다. 그리고 치료의 함정도. 환자의 입장에서나 상담자의 입장에서나 모두 말이다. 또한, 이 증언들은 이 내담자들에게 도움이 필요하다는 것을, 그것도 식견 있는 도움이 필요하다는 것을 분명히 알려준다. 영재를 자기 자신 속에 가두어 두는 이 치명적인 이중성에 익숙한 상담자, 이런 저런 이야기로 상대를 조정하려 드는 수완에 익숙한 상담사, 상담사가 자신을 견뎌내고…… 도와줄 만큼 충분히 강고한 사람이기를 간절히 바라는 영재의 파고드는 통찰력에 이골이 난 상담사가 필요하다.

심리검사는 이런 보살핌과 따로 떼어 생각할 수 없다. 검사에 의미를 부여하기 위해서는. 말로 표현하기 위해서는. 더 편안한 삶의 역사를 다시 짜기 위해서는.

심리검사를 통해서 자신이 영재임을 알게 되는 것은 결정적인 단계이다. 그렇게 됨으로써 자신에 대한, 자신의 삶에 대한, 타인들에 대한 깊이 있는 질문들이 생겨나기 때문이다. 그리고 그런 질문들은 우호적인 치료의 관계 속에서만 답을 찾을 수 있다.

치료의 목표?

자신으로 향하는 길을 다시 찾는 것. 이 새로운 불빛 아래에서 자신의 이야기를 새롭게 보는 것. 이는 미술관에 걸린 그림의 설명을 바꾸고 미술관을 다시 관람하는 것과도 비슷하다. 그림은 똑같지만 설명이 바뀌었다. 그러면 보는 방식도 달라진다. 다른 방식으로 이해하고, 자신이 살아온 삶을 다른 식으로 바라보게 된다.

이런 내면의 산책으로부터 태어난 새로운 자기 이미지는 자신의 인격의 윤곽을 다시 그릴 수 있게 해준다. 또한 자신의 삶에 대해서, 자신의 선택에 대해서 스스로 제기하는 질문들을 새로운 방향으로 이끌어준다. 모든 것을 바꾼다는 것이 아니다. 물론 그럴 수는 없다. 하지만 프로젝터를 새로운 방향에 놓는 것이다. 생각지도 않은 부분들이 불쑥 솟아오르고, 중요하다고 여겼던 것이 흐릿해지며, 쳐다보지도 않았던 것이 의미가 있게 된다. 우리를 기운차게 하는 것과 그 이유를 이해하고, 거북하고 숨 막히는 죄의식에서 벗어나며, 자신에게 어울리는 삶, 자신이 안락하게 느낄 수 있는 그런 삶을 환한 빛 아래에서 결정한다.

우리는 또한 이 새로운 전망 속에서 선택들을 공고하게 할 수 있다. 남편이나 아내를 다시 선택할 수 있다. 직업을 다시 선택할 수 있다. 이제껏 구축해온 삶을 다시 선택할 수 있다. 그것은 우리의 과거 결정들을 다르게 본다는 뜻이며, 그런 다시 읽기를 통해 그것이 우리에게 왜 들어맞는지를 이해하게 된다는 뜻이다. 이제 우리는 또렷하게 의식한 상태에서 우리에게 어울리는 것을 결정하는 것이다. 그리고 그것이 모든 것을 바꾼다!

말할까, 말까?

특히 무슨 말을 해야 할까? 어떻게 말할까? 어린아이였을 때부터 이미 다른 사람들한테 설명하는 게 힘들었는데. 순식간에 오해가 일어난다. 어른이 된 지금에 와서 자기가 사실은 영재라고 말한다면 좀 우습지 않을까? 평탄하게 지내지 못하는 게 그것 때문이라고? 이런저런 문제들을 일으켰던 게 바로 그 특이한 속성 때문이었다고? 그렇게 힘들었던 원인이 다름 아닌 지능이라고? 그토록 강렬하게 감정적으로 반응했던 게 영재이기 때문이었다고? 보다시피, 제일 큰 어려움은 있는 그대로 단순하게 말할 수가 없다는 점이다. 또다시 오해를 사게 될 위험이 있다. 최악은 놀림감이나 조롱감이 되는 것인데, 비록 친근함이 담긴 놀림이라 해도 상처는 상처다. 영재라는 진단에 대해 말한다는 것은 모든 것을 설명해야 한다는 뜻이다. 전부 말해야 한다. 상대를 이해시킬 때까지 확실히 해야 한다. 중요한 게 그거니까 말이다. 우리가 좋아하는 사람들, 우리에게 소중한 사람들이 우리를 이해할 수 있도록 다시 기회를 주는 것.

솔직해져야겠다. 그렇게 되기는 어렵다. 이 진단이 내포하는 모든 측면을 다 받아들일 수 있는 사람은 거의 없다. 그 미묘한 점들을 모두 받아들일 수 있는 사람은 거의 없다. 물론 그럼에도 그 이야기를 할 수는 있다. 하지만 당신 말에 귀 기울여줄 수 있는 사람들에게만 하라. 함께 나눔으로써 당신에게 도움이 될 수 있는 사람, 당신을 앞으로 나아가게 할 수 있는 사람들에게만 하라. 아니면 관계가 더 좋아질 수 있는 사람들에게만 하라. 신중해져라. 이미 오래전에 당신은 신중해져야 함을 배웠다. 당신은 알고 있다. 다른 사람들의 공감 혹은 단순히 이해를 구하는 일이, 그 끝에 기다리는 것이 오해일 경우 끔찍한 고통으로 변해버릴 수 있음을.

부모님께 말씀드리고 싶어요……

그렇다. 우리는 지금 성인 영재에 대해 이야기하고 있다. 그러니 이런 제목이 기괴하게 보일 수도 있다. 그러나…… 지금 어른으로 살고 있는 사람의 내면에 어린아이가 그대로 들어 있다는 것을 기억하라. 그리고 그 어린아이는 어른이 된 지금도 여전히, 언제나 그랬듯 자기 부모의 인정이 필요하다. 가족 간의 관계가 원만하지 못했거나 부모가 그 어린아이의 독특함을 한 번도 인정해주지 않았을 때는 특히 그렇다. 부모가 기대하는 수준에 한 번도 도달하지 못했다는 그 모호한 감정을 가진 채 어른이 되면, 부모의 눈길에서 자랑스러움을 한 번도 느껴보지 못했다면, 사람들이 대단한 아이라고 인정해주지 않는다는 확신을 가진 채 어린 시절을 지나왔다면, 그랬다면 은밀한 죄의식과 억눌린 분노의 장막을 걷어내고 싶은 마음을 진정으로 절실하게 느끼게 된다. 오래된 상처를 달래주기 위해서 마침내 자신의 실재에 도달할 필요를 느낀다. 자기가 괜찮은 사람이라는 것을, 부모의 사랑을 충분히 받을 만한 사람이라는 것을 증명할 필요를 느낀다. 유치하다고? 그렇게 확신하지 마라. 없어서는 안 될 과정이냐고? 거의 언제나 그렇다. 성인의 삶을 충만하게 살아가기 위해서 어린아이로 남아 있는 자신의 한 부분과 화해하는 것. 그래서 부모님이 돌아가시고 안 계신다면 종종 어떤 쓴맛이 남는다……. 부모가 한 번도 알아주지 않았다, 한 번도 이해하지 못했다는 쓸쓸함.

자기 부모의 시선에 여전히 종속되어 있음을 인정하는 것, 그것은 그만큼 성장하는 것이다.

자신에 대한 시선을 바꾸면 타인의 시선이 바뀐다

자신을 다르게 보기 시작하자마자 타인들은 그 변화를 감지하고 곧 그에 반응한다. 생각들이 바뀐다. 성인 영재는 타인의 시선에 비친 자신의 모습이 달라졌음을 느끼고 이번에는 자신을 거기에 맞춘다. 변화에 시동이 걸린다. 주위에서 이런 변화를 받아들이고 암묵적으로 다르게 행동한다. 자신에 대한 시선과 타인들이 되받아 보내는 시선, 이런 새로운 시선들이 교차하면서 자기 이미지를 연쇄적으로 좋게 만들고, 이렇게 새로워진 자기 이미지는 영재가 자신의 내적 영토를 재정비하고 새로운 외적 영토를 정복할 수 있도록 마음 깊은 데서 도움을 줄 것이다.

성인 영재들의 모임

모임을 만든다는 생각은 좋은 아이디어이긴 하지만 실제로 잘 이루어지지는 않는다. 성인 영재들이 모임을 바라면서도 그것을 두려워하기 때문이다. 모임을 만들어 만난다고 하면 이런 질문들이 떠오른다. 내가 다른 사람들하고 비슷할까? 아니, 더 정확히 말해서, 다른 사람들이 나하고 많이 다른 건 아닐까? 특히, 나보다 더한 건 아닐까? 더 지능이 높다는 그런 뜻에서 말이다! 여기에서 우리는 역설적으로 영재란 예외적인 재능을 부여받은 사람이라는 그런 생각을 다시 만나게 된다. 그래서 모두 자기가 그 수준에 미치지 못할까 봐 겁을 낸다. 그것은 그룹 활동을 하는 데 있어서 걸림돌이다. 중요한 걸림돌이 또 하나 있다. 자신을 고유한 존재로 느끼고 싶어 하는 욕망이다. 그것은 다름 아닌 동일시와 동일성 간의 변증법이다.

자신과 비슷한 사람들의 시선 속에서 자기 자신을 느끼고자 동일함을 추구하면서, 동시에 자신과 닮은 사람들 틈에서조차 자신의 차별성을 주장하는 것. 바로 이것이 성인 영재들이 그룹을 지어 만나는 것에 끌리면서도, 그 그룹이 게토* 같은 것이 될까 봐 두려워하는 이유이다. 그룹은 같으면서도 다른 이런 균형 속에 서 있어야 하며, 창조적인 역동성을 발휘하여 한 사람 한 사람이 그룹에 홀로 관련되어 있다고 느끼는 동시에 타인에 대한 동일시의 과정 속에 있다고 느낄 수 있어야 한다. 그룹은 그들이 자신을 알고, 자신을 느끼며, 진정으로 자기 자신의 모습 그대로 존중받고 이해되는 공간으로써, 개인이 가지고 있는 가장 내밀한 것을 표현하기 위한 그릇이 되어야 한다. 이런 변수들과 자기 자신을 추구하는 영재들의 특수성을 정확하게 고려한다면, 그룹 활동은 영재들이 자신을 복구하는 데 있어서 놀라운 가속장치가 될 수 있다.

마지막 질문:
영재임을 아는 것이 정말로 중요할까?

그렇다. 자신이 어떤 존재인지를 자각하는 것, 또한 자신과의 일치감 속에서 자신이 무엇이 될 수 있는가를 자각하는 것은 필수적이다.

그렇다. 영재라는 것은 엄청난 힘이며 전대미문의 풍요로움이다. 하지만 영재라는 사실이 지니는 다른 측면들, 함정들은 물론 그 무한한 자원들을 잘 알고 있을 때만 그럴 수 있다.

---

* '게토'는 예전에 유대인들이 모여 살도록 법으로 규정해놓은 거주 지역이다. 독일 나치는 유대인 학살 정책에 따라 게토를 만들기도 했다. ─편집자주

그렇다. 우리를 구성하는 것, 우리를 구축하는 것, 우리를 나아가게 하는 것들을 보는 것은 꼭 필요하다.

그렇다. 자기 자신을 장악했을 때, 자기 자신을 편안하게 느껴야 자신의 삶을 잘 꾸려나가는 활짝 피어난 영재가 될 수 있다.

그렇다. 영재라는 사실에는 인격의 독특한 구성인자들이 포함되어 있으며, 이를 수동적으로 혹은 고통스럽게 받아들일 것이 아니라, 우리가 나아가는 길에 밝게 빛나는 가이드가 될 수 있도록 자기 것으로 삼아야 한다.

어른이 된 영재들

5장
———
오해받기
쉬운 영재의
인격

세 유형의
영재

이 유형론은 불완전할 뿐만 아니라 영재의 특성을 단순화할 위험이 있으며, 또한 오직 진단을 받은 성인 영재들에게만 해당이 된다. 이들은 세 개의 큰 그룹으로 나뉠 수 있다. 이들 세 그룹에 속하는 사람들은 그들만의 고유한 특성을 드러내고 있으며, 삶의 방식도 다르고 삶에 대한 만족도 또한 다르다.

틀을 받아들이는 사람들

한계와 제약뿐 아니라, 열림과 가능성 또한 있는 삶의 일반적인 틀이라는 것. 이 유형에 속하는 사람들은 삶이라는 게임을 즐기고 게임의 규칙을 받아들인다. 이처럼 정해진 틀 안에서 살아간다는 것은 자기 자신을 위한

어른이 된 영재들

하나의 적응 전략이기도 하다. 이는 수많은 이점과 몇몇 진정한 한계를 동시에 가지는 전략이다.

마리 엘렌느는 말한다.

"규칙을 받아들이지 않는 게 뭐가 좋은지 모르겠어요. 모든 것을 바꾸려는 것보다는 시스템 안에서 시스템을 최대한 활용하면서 발견할 수 있는 모든 가능성을 찾아내는 편이 훨씬 흥미롭죠. 전부 바꾸고 싶어 하는 건 정말이지 쓸데없는 에너지 낭비예요."

틀 안에서 살아가는 유형의 영재는 두 타입으로 나뉜다. 이 두 타입이 살아가는 방식은 서로 다르다.

'현자들' 혹은 소극성이 주도할 때

이들은 투쟁도 반항도 원하지 않는다. 이들은 좋든 나쁘든 받아들이기로 선택했다. 이 사람들은 대단한 희망이나 대단한 이상, 미친 계획 같은 것을 갖지 않은 채 살아간다. 어쩌면 이건 그저 단순한 생존에 불과할지도 모른다. 이들이 꼭 불행하다고 할 수는 없지만 그렇다고 진정으로 행복한 것도 아니다. 이들은 자기가 가진 것을 이용할 뿐, 가질 수도 있을 것에는 마음 쓰지 않는 단순한 철학을 택했다. 그것은 비겁이 아니라 용기이며 더 나아가 일종의 통찰력이다. 물론 억눌린 욕구불만이 끈질기게 남아 있을지도 모른다. 그러나 이들은 그것을 알면서도 선택했다. 감당하기 어려운 고통을 피하려고 평범한 삶이라는 대안을 받아들인 것이다.

위기: 우울한 시기

적응하는 데 성공한 영재들, 다시 말해 틀 안에서 작동하고 그로부터 만족을 얻는 영재들도 이따금 영재 고유의 작동이 다시 '되살아나는' 때가 있다. 살아가다가 안정을 잃게 되는 어떤 순간, 선택을 해야 하거나 스트레스가 심하거나 극복해야 할 시련에 맞닥뜨린 힘든 시기가 닥치면, 적응하는 능력과 영재 고유의 작동방식인 예민한 능력이라는 두 힘이 서로 맞서게 된다. 틀 속에서 살아가는 영재에게 있어 더 익숙한 힘이자 현실적이고 안정적인 힘인 적응하는 능력이 통제력을 잃지 않으려고 싸운다. 그러나 인생에서 가장 민감한 시기가 닥쳐오고 어떤 균열이 생겨버리면 그의 모든 약한 부분이 일시에 급부상한다. 이제 영재는 힘들어하고, 의심하며, 기준을 잃어버린다. 자신과 자신의 능력에 대한 믿음이 흔들리고 공격을 받는다. 그는 자신이 뒤처진 것 같은 느닷없는 불안감, 다시는 따라잡지 못할 것 같은 공포에 사로잡힌다. 자신이 무능력하다고 느낀다. 진짜 우울증의 모든 요소가 여기에 있다.

사실 우울(depression)은 어원적 의미로는 이전의 기준들이 없어져 버린 '텅 빈' 순간을 의미한다. 조절 메커니즘이 작동을 멈추고, 자제력이 무너지는 퇴행의 순간이다. 인격의 구조가 심각하게 흔들림으로써 자신의 표상에 대해, 정체성에 대해, 사회적 기능에 대해, 감정적인 상황에 대해 근본적인 재조정이 일어날 수 있는 시기이다. 그것이 여러 힘 간의 문제라는 사실을 이해하고 있어야 한다. 자신 안에 숨어 있는 내밀한 힘, 오래전부터 억눌러 놓아 거의 잊혔지만 예기치 못한 힘으로 불쑥 솟아올라 삶의 방향을 뿌리째 흔들어놓을 수 있는 그런 힘. 영재 자신도 주변 사람들도 감당하기 어려운 인생의 교착. 영재의 삶에 의미를 부여하기 위해서, 삶의 균형을 다시 찾기 위해서 다시 삶 속으로 들어와야만 할 일대 혼란. 자신 인격의 구조를 조정할 수는 있지만, 인격의 조직 전체를 지우기는 어렵고, 나아가 불가능하다는 것을 잊어서는 안 된다. "천성을 쫓아내면 뛰어서 되돌아온다"는 속담처럼 말이다.

'도전자들' 혹은 적극성이 주도할 때

사람이 다르면 전략도 달라진다. 도전자들은 게걸스럽게 인생에 맞선다. 도전자들은 성공하기, 자신을 초월하기, 앞으로 나아가기, 그리고 세상을 나아가게 하기라는 목적을 위해 그들의 모든 에너지를 사용한다. 이들의 이상은 순결하다. 열정은 뜨겁다. 자신의 능력을 오로지 이 목적을 위해 동원하고, 목표에 도달하는 순간 곧 조금 더 높은 목표를 다시 세운다. 이들의 에너지는 고갈되지 않는 것처럼 보이고, 아무것도 이들에게 타격을 줄수 없으며, 그 어떤 실패도 이들의 용기를 꺾지 못하는 것 같다. 장애물은 오히려 이들의 결심과 동기를 한층 더 강하게 만들 뿐이다. 이들 도전자들이야말로 가장 쉽게 자신들이 가진 자산을 빛나는 성공과 재능으로 바꾸어낸 사람들이다. 이들은 자신들의 약점을 힘으로, 과민함을 생의 에너지로 바꾸는 데 성공한 사람들이다. 그러나 이런 작동방식이 가진 불안한 측면에 주의를 기울일 필요가 있다. 이 빛나는 성공과 찬란한 인생, 눈부신 행복의 이면에는 숨은 고통이 감춰져 있는 때가 많고, 이들은 이 숨겨진 고통을 과도한 적극성으로 완화하려 든다. 이 사람들이 갑자기 축 처져버릴 때가 있는데, 예상 못 했기 때문에 더욱 충격적인 그들의 이런 변화에 놀라지 않으려면 그런 이면을 알고 있어야 한다. 이런 '화면정지' 상태는 당사자가 그 느닷없는 격렬함과 내적인 충동을 전혀 이해하지 못하기 때문에 더욱 고통스럽다. 이 사람들은 남들이 보기에 너무 튼튼해서, 이들이 무너진다든가 힘들어한다든가 하는 모습을 도저히 상상할 수 없는 경우가 많다. 친구들은 당황하고, 그들이 얼른 평상시의 에너지를 회복하여 다시 자신의 가이드이자 리더로 돌아와 어느 때처럼 의지할 수 있기를 기다린다.

"다른 사람도 아닌 네가 그렇게 엉망진창이면 그럼 우린 어쩌란 말이니?" 이 사람을 무적의 마징가 쯤으로 여겨온 사람들의 당혹스러움은 어쩌면 이런 말로 표현될 수 있을지도 모르겠다. 가장 황당한 사실은, 가장 심각한 경계경보에도 끄떡 않는 것처럼 보이는 이들의 에너지가 이들을 다시 벌떡 일으켜 세운다는 사실이다. 그래도 믿어선 안 된다. 만일 당신이 이런 식으로 작동하는 사람이라면 헤매지 말기 바란다. 진정한 당신 자신에게 가까이 다가서라. 불안정한 순간, 의심스러운 순간, 흔들리는 순간을 받아들여라. 그런 순간들 또한 삶을 풍요롭게 하며 새로운 가능성이 태어나는 순간들이다.

> 자신의 가장 어두운 부분을 받아들이고 존중하는 것이야말로 자신에게 진정한 가치를 허락하는 일이다.

틀에 맞서는 사람들

이 사람들을 반역자라고 불러도 좋으리라. 이 이름이 가진 호의적이고, 역동적이고, 그러나 또한 부정적이고 파괴적인 모든 의미에서 말이다. 누군가가 그 어느 것에도 동의하는 법이 없이 모든 것을 통틀어서 거부할 때, 사물을 이해하고 분석할 수 있는 다른 모든 가능성보다 비판의식이 우세할 때, 늘 화나 있고 모든 것을 쓸데없는 대규모 가면무도회라며 관심도 없고 잘못되었고 참을 수 없다고 여길 때. 이렇게 되면 실망감이 이 사람을 가득 채운다. 분노가 모든 삶의 힘을 뒤덮는다. 불만족이 만성적인 것이 되고 일상생활에 장애를 일으킨다. 더 이상 앞으로 나아갈 수가 없다. 환멸이 모든 것을 장악한다. 낙담이 너무나 크다.

만일 이들이 진정한 창조자들이라면?

생의 어떤 부분들을 바꾸어 새로운 길을 여는 창조자들, 선구자들, '혁명가들'은 이러한 틀을 거부한다. 우리에게 맞지 않는 삶의 형식에 희생되지 않을 수만 있다면 반역자의 삶 속에는 진정한 자산이 들어 있다. 창조하기 위해서는 이따금은 틀 밖으로 나가야 하고 다져진 길에서 멀어지기도 해야 한다. 반역자가 된다는 것은 그래서 진정한 재능인 것이다!

발렌틴은 어떻게 할지 결정을 했다. 나이는 30살, 아이 하나를 둔 그녀는 '거푸집' 속으로 들어갈 생각은 손톱만큼도 없었다. 진을 다 빼놓고 자신이 정말로 좋아하는 일에 쓸 에너지마저 모두 뺏길 직업을 선택하는 것 말이다. 발렌틴에게 그건 안 될 일이었다. 그래서 그렇게 좋은 외적 조건을 갖추었는데도 그녀는 선반에 놓인 상품들의 바코드를 읽는 일자리를 얻었다. 그녀는 상점 안을 돌아다니며 상품들 위에 바코드 인식기를 꼼꼼하게 갖다 댄다……. 철학 강좌에 익숙한 머리 위에 안전모를 쓰고서 말이다! 철학이야말로 그녀가 진정 좋아하는 것이고, 그녀가 살 수 있게, 생각할 수 있게, 다른 삶을 꿈꿀 수 있게 해주는 것이다. 이 일은 기가 막힌 선택이었다! 자신에게 정말로 잘 맞는 길을 찾게 되는 그날을 기다리는 동안에는……(지금 그녀는 심리학 공부를 염두에 두고 있다).

원하든 원치 않든……

그러나 모든 일이 이렇듯 선명하게 대비되는 것은 아니다. 극단적인 두 유형 사이에는 틀 밖에서 자신들의 삶을 꾸려가면서도 틀로부터 그렇게 멀리 벗어나지는 않는 '말랑한' 반역자들도 존재한다. 그들은 모든 것을 받아들이고 싶어 하지는 않지만 기존의 시스템으로부터 얻어낼 수 있는 이익을 의식한다. 그들은 자신들의 삶에서 의미를 발견하겠다며 틀을 거부하려 들기도 하지만, 그렇게 하면서 삶에서 뒤처진 듯 느껴져 화를 내기도 한다. 자기 자신에 대하여, 틀 속에 있는 사람들에 대하여, 틀 속에 있고 싶어 하는 욕망에 대하여, 그리고…… 틀 속에 있기를 욕망하는 그 욕망에 대하여! 그들은 그렇게 들어왔다 나갔다를 반복한다. 그들은 있는 그대로를 받아들인다. 그들은 자신의 본질이라 여겨지는 자기 내면의 정체성을 부정하고 싶지 않지만, 그러면서도 조직화되고 코드화된 시스템으로부터 얻어낼 수 있는 이익을 조금이나마 인식하고 있다. 그들은 멈추려고 하지만, 어디서 어떻게 멈춰야 하는지는 잘 모른다. 그들은 이 모든 마음과 경향에도 불구하고 어쨌든 타인에게 인정을 받고 싶어 한다. 그러나 그 방법은 혼란스럽다. 누구로부터 무엇에 대해 인정을 받을까? 타인의 시선을 필요로 하는 그런 마음이 부끄러운 것 같기도 하다. 다른 사람들의 애정과 호의에 대한 이런 욕망은…… 복잡하고…… 결핍감이 여전히 지배적이다.

뱅상은 의사 집안에서 태어났다. 뱅상 또한 의사가 될 만한 자질을 갖추고 있었다. 그러나 뱅상은 그러고 싶지 않았다. 자기 가족처럼 풍족한 부르주아로 사는 것? 천만에, 그가 원하는 건 그런 게 아니다. 뱅상은 조각을 선택했다. 그러나 운명의 눈짓인지, 그는 고통받는 인간들(보살펴 주어야 할 환자들일까?)을 실물 크기로 재현하는 목조조각을 선택한다. 그

어른이 된 영재들

리고 그 일로 먹고살기 위해서 인터넷과 가족의 인맥을 동원해서 판매를 시작한다. 그는 자기 마음 깊은 곳에 있는 가장 소중한 꿈은 자기 가족이 자신의 재능을 인정해주고 자기의 지금 모습을 보고 자랑스러워하는 것이라고 상담 중에 고백했다. 반역자에서 '현자'로…… 경계란 때로 아주 가냘픈 것이다…….

틀 없이 살아가는 사람들

이 사람들은 틀이라는 게 있다는 것을 어렴풋이 알고 있다. 하지만 뭘 어찌해야 하는지는 알지 못한다. 이 사람들은 그 틀이 정확하게 무엇으로 만들어진 것인지도 잘 알지 못한다. 그렇다면 안이든 밖이든 그게 뭐가 중요하겠는가? 그들의 삶은 흐리멍덩하다. 기준이라고 할 만한 것이 없다.

이들은 살기는 하지만 닻을 내리지는 않는다. 이들을 방황하는 사람들이라 불러도 좋으리라. 이들은 어디에서 멈춰야 하는지 알지 못한다. 이들은 그 어느 것으로부터도 편안함을 느끼지 못한다. 이들은 계속해서 모색하며 영원히 자신을 찾아 헤맨다. 그러나 이들은 자신이 그토록 찾아 헤매야 하는 이유나 원인도 알지 못한다. 이들의 끝없는 질문은 대답을 얻지 못한다. 이들의 생각, 이들의 삶은 결코 휴식을 얻지 못한다. 이들은 목적 없이, 방향 없이, 계획 없이 나아간다. 대부분 사회적으로 고립된 삶을 살아가며, 그 가운데에는 진짜 심각한 사회 부적응자들도 있다.

자신의 지표를 찾지 못하는 사람들은 언제 어디서든 괴롭다. 자신을 둘러싼 배경의 틀을 받아들이지 못하고 내적인 틀을 확립하지도 못했을 때, 사람들은 성마르며 냉소적이고 환멸을 느끼게 된다.

환멸 속에서 살아가는 사람들?

이 사람들은 일종의 자기파괴 상태에 있으며 심리적으로 가장 취약한 사람들이다. 아마도 이들이 가장 고통스럽게 살아가는 사람들이다.

올리비에는 세상을 냉소적으로 바라본다. 그는 끊임없이 직업을 바꾸며 하루하루 근근이 살고 있다. 그는 어쨌든 상관없어, 라는 말을 입에 달고 산다. 노력을 바칠 만한 일도, 관심을 둘 만한 일도 아무것도 없다. 결혼? 얼마나 가식적인 짓인가, 사랑은 덧없는 것인데. 공부? 뭘 위해서? 직업? 그건 결국 사기이고 개똥 같은 짓이다. 어느 것도 그를 진정으로 기쁘게 하지 못하고, 어느 것도 그를 진정으로 감동시키지 못하는 것 같다. 이제는 상담하러 오지도 않는다. 상담자들? 웃기고 있네! 나는 올리비에를 만난 적이 있었다. 올리비에에게 한 문장이 넘는 얘기를 하게 만드는 게 힘든 일이긴 했지만, 여러 차례의 상담 끝에 나는 그가 청소년기에 심리검사를 받은 적이 있다는 사실을 알게 되었다. 학교생활이 힘들어진 때였고, 그가 학교에서 겪은 실패는 예상 밖의 일이었던 만큼 더욱 쓰라렸다. 그전까지 올리비에는 아무 문제없는 뛰어난 학생이었던 것이다…….

자리 매김을 위한, 자각을 위한 유형론

이렇게 유형을 분류하려고 시도해본 이유는 단 하나, 기준을 제시하기 위해서이다. 이렇게 저렇게 작동하게 되어 있다고 정해져 있다는 뜻은 아니다. 그저 내가 임상적으로 관찰한 결과이다. 이렇게 다른 몇 개의 그룹을 만드는 것은 자신의 존재 방식을 의식할 수 있게 해주는 거울 효과가 있다는 점에서 흥미롭다. 이것이 자각의 시작일 수 있다. 이것은 또한 자신을 스스로 자각하는 자기만의 발걸음을 시작하기 위하여 외부의 시선이 필요한 사람들을 우리 주위에서 찾아볼 수 있게 도와준다.

아무것도 고정된 것은 없다는 것을, 오늘 자신을 어떤 작동 모드라 인식했더라도 그것은 삶의 단계마다 바뀔 수 있으며 전혀 다른 길을 가게 될 수도 있다는 것을 또한 강조하고 싶다.

성공이라는
감정의
위험성

성공은 우리 사회의 키워드이다. 성공을 목적으로 삼으면 끊임없는 압박과 긴장에서 벗어날 수 없다. 하지만 우리가 성공이라 일컫는 그것은 무엇일까? 성공이라는 것이 정말로 사회가 가리켜 보이는 바, 타인들이 반영해 보이는 바 그것인가? 그 성공이라는 것이 우리를 행복하게 만들어주는가? 물론 그럴 때도 있지만 항상 그렇지는 않다. 실상 우리는 모든 사람에게 공통으로 인정되는 성공이라는 것과 기존의 규범과는 무관한 성공의 느낌을 혼동하고 있다. 성공의 느낌은 내적이다. 개인적인 것. 자신의 인생이 성공이라고 느끼는 것은 자기를 둘러싼 환경과는 무관하다. 인생을 망쳐버렸다는 느낌에 괴로워하는데 남들은 사회적으로 인정받는 우리의 성공을 보고 눈부실 수도 있다. 그것은 또한 주위에서는 우리의 선택을 안타까운 시선으로 바라보지만, 우리 마음속 깊은 곳에서는 자신의 인생을 성공이라 여길 수도 있다는 뜻이다.

어른이 된 영재들

성공은 자신을 향한 이런 시선 속에서, 자기가 제자리에 잘 있음을 느끼게 해주는 타인의 시선에서 인정을 받을 때 분명해진다.

> 성공이라는 감정은 미묘한 연금술에서 나오며, 그 비밀은 한 사람 한 사람에게 모두 다르다.

수많은 질문, 지속적인 의심, 끊임없는 문제제기에 사로잡혀 있는 영재는 자신의 성공에 대해 어떤 생각을 하고 있을까? 성공이라는 것을 생각할 수는 있을까? 영재에게 있어서 성공은 오락가락하는 불안정한 감정일 뿐이다.

영재에게 성공은 가능한가?

영재에게 성공은 대단히 중요한 문제이지만 그 자신은 성공할 수 없다고 여긴다. 그러고 싶어서가 아니다. 이는 원하는 바도 아니다. 영재가 자기 삶과 자신에 대해서 가지고 있는 이상의 높이에 걸맞은 성공이 결코 불가능하기 때문이다. 그에게 있어 성공이란 인류와 이 세상을 더 낫게 만드는 일이다. 일반적인 직업적 성공 같은 것은 의미가 없다. 영재에게 그런 것은 성공이 아니다. 비록 그가 직업적으로 성공했다 하더라도 말이다. 그는 성공에 대해서 더 초월적인 비전을 가지고 살아간다. 그는 진정으로 그 비전을 성취하고 싶어 한다. 하지만 타인들의 한계를 그토록 명확하게 알아차리는 사람이 어떻게 자기 자신의 한계를 우선 인식하지 않을 수 있겠는가? 그래서 영재는 만족하기가 어렵다. 가끔 성공의 이미지를 가진 경우도 있지만, 그 성공은 영재가 이 세상에 대해 품는 비전과는 절대 일치하지 않는다. 당신이 보기에 이 사람은 성공한 사람일 수 있지만, 그에게는 아직 갈 길이 멀기만 하다. 언젠가 도달할 수는 있는 것일까? 거기에 도달하지 못하리라는 것은 그에게 뿌리 깊은 두려움이다. 그는 자신이 떠맡고자 하는 막중한 임무 앞에서 자신을 너무도 하찮고, 무능하며, 자격이 없다고 느낀다.

"당신은 분명히 나를 비웃겠지만, 내 계획은 인류 전체가 더 잘살게 돕는 거예요."라고 쥘리엥은 내게 힘주어 말했다.

이보다 한술 더 뜨는 경우도 있다. 자신의 바람이 과대망상이라는 것을 알면서도, 예수나 부처 같은 사람이 되어 인류에게 메시지를 전하고 사람들을 진정으로 진보하게 만들고 싶다고 중얼거리는 미셸 같은 사람.

현실과 장대한 꿈을 갈라놓은 나락이 훤히 보인다. 언제나 영재를 괴롭히는 그것. 비록 그런 얘기는 전혀 꺼내지 않고, 단순한 행복과 안락한 성공이 있는 보통 삶에 순응하는 것처럼 보일지라도 말이다. 거기에 속지 말자. 그의 마음 깊은 곳에서는 엉뚱한 계획이 계속해서 웅얼거리고 있다.

이 세상에서 어떻게 행복할 수 있을까?

위대한 동기 또한 성인 영재를 자극한다. 이 세상에 만연한 불행과 삶의 부당함을 보고 공포에 질린 어린 아이처럼. 대부분 사람은 이 세상에 크고 작은 불행이 있음을 받아들이고, 우리를 에워싸는 그 모든 것과 더불어 살아가는 법을 배운다. 가까운 데서 혹은 먼 데서 벌어지는 드라마들을 미디어가 끊임없이 그리고 집요하게 우리에게 알려주지만 그럼에도 우리는 우리 개개인의 삶에 매몰된 채 살아갈 수 있다. 마취라도 된 것처럼 말이다.

그러나 성인 영재의 내면에는 영원한 딜레마가 있다. 불공정으로 울부짖는 이 세상에서 어떻게 행복할 수 있는가, 그토록 많은 사람이 고통받고 있는데 어떻게 이기적으로 나만 잘살 수가 있는가, 이 세상의 운명 같은 것은 나 몰라라 하고 이 하찮은 나만의 삶에 집중할 권리가 있는가? 과장이 아니다. 성인 영재 가운데 이런 얘기를 내놓고 하는 사람은 거의 없다. 누가 그걸 믿어주겠는가? 이런 연민과 이런 죄스러운 무능의 느낌을 누구와 나눌 수 있겠는가? 그래 봤자 우리가 할 수 있는 건 아무것도 없다고, 우리가 세상을 구할 수는 없는 거라고, 그렇게 걱정해봐야 아무 소용없다고 말하는 대답이 즉시 그에게 되돌아올 뿐이다. 결국 이런 태도는 우스꽝스럽고…… 유치하다! 하지만 당신이 그와 더불어 그런 이야기를 나눈다면, 당신이 자기 얘기를 믿음을 가지고 진지하게 듣고 있다고 그가 느낀다면, 그는 당신에게 분명히 말할 것이다. 그는 세상만사에, 언제나 관련되어 있다고 느낀다고 말이다.

어린아이
같은 면

성인 영재들에게는 대단히 놀라우면서도 잘 감춰진 공통적인 성격이 있다. 그들에게 여전히 남아 있는 어린아이 같은 면이 그것이다. 아주 작은 유혹만 있어도 그 어린아이 같은 면은 금방 활동을 개시한다. 그것은 '다 큰 어른' 속에 웅크리고 숨어 있지만, 정말로 생생하다.

이 어린아이 같은 면은 유아기의 마법으로부터 살아남은 것이다. 꿈, 창조성, 모든 것이 가능하다는 확신이라는 마법. 무엇보다도 감탄하는 능력. 아주 사소한 것을 통해 진정한 기쁨에 빠져드는 능력. 정말이지 아무것도 아닌 것으로도. 그러나 이들은 아주 작은 부당함, 아주 미미한 고통 때문에도 쓰러질 수 있다. 예를 들면 상처 입은 짐승, 몸을 일으키기 어려운 노인, 첫 걸음을 떼고서 신나다가 넘어지는 어린 아기…….

어떤 사람에게 어린아이 같은 면이 있다고 말하는 것은 분명한 확실성을 가지고 살아가면서 일반적으로 받아들일 수 있는 사회적 행동만을 선

어른이 된 영재들

택하는 그런 어른들의 입장에서 보면 때로 신랄하고 지독한 비판일 수 있다. 이제 자기들은 그런 아이의 부분을 느낄 수 없는 게 아쉬워서 비난하는 것일까?

순진성, 고지식함의 표현

순진성은 성인 영재의 가장 큰 특징 가운데 하나이다. 그는 어린아이처럼 여전히 쉽게 믿는다. 그는 경이로운 것을 마술적인 것을 믿는다. 삶에서, 만남에서, 가능한 것에서. 그의 순진함은 그로 하여금 모든 것을 믿을 수 있게 하고, 그 믿음의 결과에 순식간에 빠져들게 한다. 그의 두 눈에는 금세 눈물이 고이지만 그는 티를 내지 않고 신중하며 진지한 '어른'처럼 행동한다.

하지만, 그는 아이의 영혼을 감춰놓고 있다.

열정, 엄청난 에너지

"남편이 어제 그러더군요. 이미 알고 있는 일에 그렇게 감탄할 수 있다는
게 신기하다고요."

열정이야말로 정말 놀라운 으뜸 패이다. 흔히 생각하는 것과는 달리 열정은 쉽게 찾아보기 어려운 드문 자질이다. 다른 사람들이 모두 처져 있을 때 이런 열정을 느낄 수 있다면 그건 정말 예외적인 에너지이다. 삶을 통째로 바꿀 수 있는 에너지이다. 삶을 아낌없이 불태우는 에너지이다.

어린아이 같은 면의 어두운 얼굴:
불평과 뭐든 할 수 있다는 느낌이 교대로 찾아온다

성인 영재는 종종 아이처럼 불평을 한다. 그는 모든 것에 대해 줄곧 불평을 늘어놓는다. 자기 잘못은 없고 언제나 남 탓이다. 그는 그렇게 믿는다. 진지하게. 나쁜 점수를 받으면 선생님이 못돼서 그런 거라 여기고 부모님이 꾸중을 하면 '난 아무 짓도 안 했어!'라면서 부당하다고 하는 어린아이 같다. 이것이 바로 외인적(外因的) 작동이며, 문제의 원인을 바깥에서 찾는 경향이다. 자기 책임은 없다. 고용인, 배우자, 사회, 경제, 정부, 타인들, 상담자 등 모든 사람에게 잠재적으로 책임이 있다. 모두, 오로지 나만 빼고! 책임을 진다는 것은 근본적인 검토가 전제되어야 하는 일이고, 이는 자신을 믿고 싶어 애쓰는 영재에게는 무척 힘든 일이기 때문이다. "나도 그러고 싶지만, 그럴 수가 없어요."라고 그는 자주 말한다.

그러나 자신이 발 딛고 선 기반이 흔들리는 것이 느껴지고 단절의 순간이 시시각각 다가올 때, 비록 허약한 것일지언정 그가 자신에 대해서 가지고 있는 이미지가 완전히 무너져 내리려고 할 때, 우리는 그에게서 강고한 평점심이 불쑥 솟아오르는 것을 볼 수 있다. 갑자기 성인 영재는 모든 것을 해낼 수 있다는, 전능하다는 완벽한 환상을 가지고 통제력을 발휘하기 시작한다. 이런 순간에 힘을 발휘하는 것도 바로 어린아이 같은 면이다. 자기가 모든 것에 권능을 가지고 있다고 믿는 어린 아이의 전능함.

그런 순간의 성인 영재는 내가 원하면 얻을 수 있다, 내가 마음먹으면 아무것도 나를 막지 못한다, 나는 해낼 수 있다, 고 하는 순수한 확신을 품고 있다.

불평에서부터 전능까지, 영재의 힘겨운 자기 구축의 스펙트럼이 드러난다. 영재를 몰아붙여 이렇게 유치한 양 극단을 오가게 하는 것이 바로 이 자기 이미지의 취약성이다. 영재가 약해지는 것, 구식 메커니즘에 매달리는 것도 자기 자신에 대해 안정적이고 편안한 표상을 구축하기가 어렵기 때문이다. 그 예리한 지능과 날카로운 감수성을 통해 만들어진 의심들, 그가 품고 살아가야 하는 모든 의심이 그가 가야 할 길을 뒤죽박죽으로 만들어놓는다. 나는 정말로 누구인가? 내가 스스로에 대해 가지고 있는 인식은 안심하고 의지할 만큼 충분히 공고한 것인가? 이것이 그의 커다란 딜레마다.

세상의
모든 나이를
먹은 사람

그러나 여기에 예기치 못한 측면이 또 하나 있다. 영재의 아이 같은 부분은 또 하나의 인식과 궤를 같이한다. 바로 자신의 나이를 여러 가지로 느끼는 것이다.

이게 무슨 뜻일까? 사실 매우 단순하다. 상항에 따라, 맥락에 따라, 함께 있는 사람에 따라, 동시에 혹은 연속적으로 자기 나이를 각자 다르게 느낀다는 뜻이다.

미성숙은 잊고 초성숙을 말하자

사람들은 영재에 대해서, 특히 영재 아동에 대해서 감정적으로 미숙하다는 이야기를 자주 한다. 그러나 여기에 이와 정반대되는 개념이 있다. 감정적으로 미성숙하다는 생각은 틀렸다. 미숙하다는 것과 감정적으로 의존하는 것을 혼동하고 있을 뿐이다. 그 둘은 아무 관계가 없다. 그렇다. 영재는 근본적으로 감정적인 존재이다. 무엇보다도 그는 감정적인 존재이다. 영재에게는 언제나 감정이 끼어든다. 인지 작용에서도 마찬가지다. 영재는 머리로 생각하기 전에 우선 감정으로 생각한다. 그래서 영재에게는 미숙하다는 말이 종종 따라다닌다. 마치 감정이 우세한 것은 어린 아이들의 전유물이기라도 한 것처럼 말이다!

미숙하다기보다 영재는 오히려 카멜레온이다. 그의 연기 폭은 대단히 넓다. 그는 자신의 행동, 생각, 행위를 상황의 필요에 딱 맞게 맞출 줄 안다. 영재는 자신의 지능과 감수성을 활용하여 나름의 방식으로 자신이 그 상황에 잘 맞춰져 있는가를 측정한다.

예를 들어 '아기'처럼 행동함으로써 뭔가를 얻을 수 있고, 다른 사람들도 당신이 그렇게 행동하기를 기대한다면 영재는 가능하다. 또한 높은 추론 수준으로 상대를 설득하고자 하거나, 지위나 역할에 어울리는 이미지에 정확하게 맞추어야 한다면, 누군가 상황을 섬세하게 이해하는 사람의 조언과 지혜를 기대한다면 영재는 충분히 그러한 일이 가능하다. 누구도 어떤 까다로운 상황을 면밀하게 분석하여 결론을 끌어낼 수 없으리라 여겨지는 상황에서, 그래도 영재는 가능한 것이다.

잠깐, 나는 지금 영재가 모든 것을 할 수 있는 전능한 존재라는 이야기를 하는 게 아니다! 물론 그렇지 않다. 다만 그의 작동방식이, 지능과 감정의 측면 모두에서, 영재를 대단히 독특한 '초성숙'한 존재로 만든다는 말이다. 이때 초성숙이란 한 상황의 모든 구성 요소를 이례적인 통찰력으로 분석하여 그에 적응하는 고유한 능력으로 이해해야 한다. 혹은 맞서 싸우는 능력이라고 해도 좋다. 그 둘은 메커니즘의 측면에서 보면 똑같은 것이다.

15살 그레그와르는 1학년이다. 그는 자신이 다른 아이들과 다르다고 느낀다. 아직 사춘기도 시작되지 않았고, 친구들보다 키도 작고, 얼굴도 앳된 소년처럼 생겼다. 그레그와르는 또래 소녀들이 귀엽다고 느끼지만 아직 남자가 아니라서 데이트는 할 수 없다고 말하는 게 괴롭다. 교사들은 그가 수업 시간에 좀 힘들어하는 것 같으면 아직 어려서 그렇다고 한다. 교장은 그레그와르가 1학년을 한 번 더 다니면 따라잡기가 수월할 거라는 이야기를 하려고 그의 부모를 만난다. 교장은 그레그와르에게 너무 어려서 다른 아이들과 차이가 생기는 것 같지 않으냐고 의견을 묻는다. 그레그와르는 하는 수 없이 동의한다. 하지만 내 상담실에서 그레그와르는 폭발한다 : "미치겠어요! 내가 다른 아이들보다 덜 여물었다는 생각에 동의해야 한다니. 사람들이 그렇게 보는 건 제가 사춘기가 늦기 때문이겠죠! 그 사람들에게 사실은 그 반대라는 걸 어떻게 설명할 수 있을까요? 어떻게 해도 설명할 수가 없어요. 정작 나는 마치 브레이크를 마모시키듯 내 성숙을 써버리는 것 같아요. 머릿속에서 나는 스무 살, 어쩜 그 이상이에요. 내가 생각하는 것을 표현하고 말하며 행동하기에 알맞은 나이가 될 때까지 기다릴 수가 없어요. 내가 바라는 대로 살 수 있는 나이 말이에요. 더 이상 못 하겠어요. 스무 살 먹은 내 사촌의 친구들과 같이 있는 건 근사해요. 사촌은 내가 더 어린데도 자기 친구들에게 나를 지나치게 성숙한 사람이라고 소개해줘요. 정말 좋죠. 그 친구들은 나를 인정해주고, 나도 정말 즐거워요. 비로소 편안한 기분이 들어요. 하지만 매일매일의 삶으로 돌아오면, 나는 삐걱거리다 결국 폭발해버릴 것 같은 느낌이에요!"

어른이 된 영재들

안과 밖이 다르다

그레그와르를 도우려면 어떻게 해야 할까? 그레그와르의 문제는 10대 초반의 아이로 보이는 외모와 젊은 청년 수준인 정신적 성숙함 사이에 괴리가 존재한다는 것이다. 해줄 수 있는 일이 없다. 타인들은 육체를 통해서 그 사람을 본다. 만일 그가 진짜 자기 모습으로 살기 시작한다면, 자신의 내적인 느낌에 일치하는 말과 행동을 하기 시작한다면, 다른 사람들이 기겁하여 그를 내칠지도 모른다. 그런데 그레그와르는 무엇보다도 친구들을 원한다. 그래서 그는 자기가 자주 하는 말처럼, 자신의 성숙함을 자기 안에서만 다 '써버린다.' 하지만 그건 그를 녹초로 만든다. 그는 육체적으로도—배가 자주 아프다—, 그리고 정신적으로도—우울증이 있다— 잘 지내지 못한다. 그러나 그는 온 힘을 다해서, 그 어떤 대가를 치르고서라도 버티고 있다. 이 힘겨운 몇 해를 이겨내고 싶기 때문이고, 더 멀리 보고 싶기 때문이다. 그의 초성숙이 제공하는…… 광활한 미래에 대한 전망을 가지고서!

"앙투완은 늘 자기 나이가 개의 나이와 비슷하다고 느꼈다. 일곱 살 때는 마흔아홉 살 먹은 남자처럼 늙은 것 같았다. 열한 살 때는 일흔일곱 살 먹은 노인처럼 환멸을 느꼈다. 이제 앙투완은 스물다섯 살이 되었고, 삶이 조금쯤은 다정한 것이 되어주기를 바라면서, 자기 머리에 멍청함이라는 수의를 덮으리라 결심을 했다. 그는 너무나 자주 확인할 수 있었다. 지성은 잘 만들어져 귀엽게 발음되는 멍청함을 가리키는 다른 말에 불과하다는 것을. 지성은 너무 타락해서 지식인이라는 딱지가 붙느니 차라리 바보가 되는 편이 낫다는 것을. 지성이 본 모습을 감추고서 광택지에 불후의 명성을 수여하고 읽은 것을 그대로 믿는 사람들의 찬탄을 불러일으킬 때, 지능은 불행과 외로움과 가난을 가져온다."*

시공간의 비약**:
여러 개의 시공간 속에서 살아가기

이것은 조금 더 복잡하다. 자신의 나이를 여러 가지로 느끼는 것과 마찬가지로, 영재는 과거-현재-미래의 여러 개의 시공간에 동시에 위치한다. 우리가 개인적으로 체험한 시간이 우주의 시공간 속에도 다시 자리를 잡는다. 지금 여기에서 내리는 결정도 과거와 미래를, 또한 다른 곳을 고려하게 되면 매우 힘든 일이 된다. 자신에 대한 전망 역시 시간과 공간에 따라 상대화되면 매우 달라진다.

이는 배경과 자신을 분리하지 못하는 영재의 속성과도 관련이 있다. 그가 존재하는 이유, 살아가는 이유는 보편적 차원의 삶이라는 것에 종속되어 있다. 자신의 하찮은 삶도 이 세상의 의미와 직결되어 있다. 비록 의미를 찾을 수 없다 해도 그는 자신의 삶을 나머지와 따로 떼어 생각할 수 없다. 보잘것없는 자신의 삶 전체를 우주적 차원에서 끊임없이 조망한다. 영재에게는 이런 우주적이고 비시간적인 조망만이 의미가 있을 수 있으며 각자의 평범한 삶에 의미를 줄 수 있다.

사물에 대한, 삶과 자신에 대한 이런 비전이 해답을 찾을 수 없는 질문들을 낳는다는 것은 분명하다. 그리고 그 질문들이 이름 없는 고통의 나락에 도달하리라는 것도.

영재에게 자신이라는 존재와 자신이 해야 할 일이 내적으로 일치하는 경

---

*마르탱 파주, 『나는 어떻게 바보가 되었나』, 딜레탕트, 2000.
**코기토'Z의 심리학자 마린 앙브로지오니의 표현을 좇아서.

우는 거의 없다. 그 사이에는 비록 작다고 해도 없어지지 않는 거리가 있고, 이 거리는 불편함을 만들며, 불편함은 결국 자기 초월이나 억지 수용으로 이어져 좌절감을 일으킨다.

여기에서 벗어나기 위해 어떤 영재들은 정반대를 택한다. 자신들의 중요성과 자신들의 삶을 과대평가하면서, 그들은 자신들을 괴롭히는 그 질문들을 애써 무시한다. 그 질문들을 억눌러 놓은 채 더 이상 돌아보지 않고, 자신의 존재를 칭송하는 데 몰두한다. 거기에 속지 말자. 그것은 가면무도회다. 가면은 자신을 보호해준다는 점에서 이따금 유용하다. 그러나 내면의 떨림이나 저 깊은 곳에서 존재의 정수를 솟아오르게 하는 외부의 충격을 막아줄 수 없다는 점에서는 언제나 약하다.

템포 : 줄곧 어긋나 있다

템포는 움직임과 관련이 있다. 리듬, 어떤 움직임이 다른 것보다 더 빠르다고 할 때의 그런 의미에서. 더 느린 움직임은 빠른 리듬을 따라간다. 템포가 맞다는 것은 다른 모든 사람과 같은 리듬으로 삶의 움직임을 따른다는 뜻이다

템포는 영재의 중대한 문제이다. 영재는 절대로 템포를 맞추지 못하기 때문에! 영재의 템포는 일반적인 움직임처럼 작동되는 법이 없다. 영재는 영원한 괴리 상태다. 앞서 있거나 물러서 있다. 뒤처져 있거나 정지해 있다.

앞서 있는 것

영재는 흔히 인지하고 분석하며 이해하고 종합하는 데 있어서 빨리, 너

무 빨리 간다. 하나의 문제, 하나의 상황에서 나온 모든 정보를 폭넓게 인지하여 받아들이면서. 그 현장에 있는 아주 작은 세부까지도 놓치지 않고 파악하여 처리하고 등록해놓는 늘 깨어 있는 그의 감각들을 통해서 말이다. 거의 마조히즘에 가깝다고 할 정도의 감정이입 능력을 타고난 덕분에 타인들의 감정을 자기 것인 양 그토록 생생하게 느끼면서……. 그래서 영재는 예언적 전망을 보이게 된다. 영재는 다른 사람들이 헤매고 있을 때 도달하고, 질문이 채 끝나기도 전에 이해해 버리며, 다른 사람들이 자문하고 있을 때 뭘 해야 할지 안다. 간단히 말해서 영재는 너무 빠르다! 영재에게 타인들의 리듬은 마치 슬로우모션처럼 느껴진다. 영재에게 삶의 움직임은 마치 잠든 것처럼 둔하게 보인다.

함께할 사람 없이 혼자일 때가 많기 때문에 이렇게 앞서는 것은 영재를 불편하게 한다. 앞서 있다는 사실이 그를 기다리게 하고, 다른 사람들이 하는 것을 지켜보게 하고, 다른 사람들이 헛발질하는 것을 찾아내게 한다. 다 알고 있는 상태에서 하지만, 무엇을 어떻게 해야 할지 말해주면서 거만하고 저만 잘난 줄 안다는 소리를 듣지 않을 방법이 있을까? 사람들이 '그래, 결국 네 말이 언제나 옳다는 거지.'라는 말을 하게 되는 그런 사람이 되지 않으면서 말이다. 다른 사람들의 이런 말 속에는 감춰진 공격성, 경쟁심, 시기심, 질투가 잔뜩 들어 있다. 짜증은 물론이다.

영재가 얼마나 앞서 있는지는 사생활과 직장생활의 여러 부분에서 드러날 수 있다. 영재는 다른 사람들보다 앞서고, 자신의 시대에 앞서고, 자신의 삶에 앞선다. 물론 혁명적인 생각도 해낼 수 있지만, 그 생각에 근거를 부여하여 '통하게' 하기는 무척 어렵다. 누군가가 말을 다 마치기도 전에 무슨 말을 하려 했는지 알아채 버리면 그 사람은 짜증이 나고 속으로 공격당했다고 느낀다. '알고 있으리라' 여겨지는 어떤 이보다 더 잘, 더 빨리 이해해 버리면 회사에서 튀는 존재가 된다……. 이런 예들을 끝도 없이 댈 수 있다. '어긋나 있는' 삶의 매 순간들, 그래서 결국 불편한 삶의 매 순간들. 앞서 있다는 것, 대체 뭘 위해서 그래야 한단 말인가?

멈춰 있거나 뒤처져 있는 것

매 순간 이렇다. 매 순간, 주변을 지극히 민감하게 받아들여 아주 미세한 것까지 의식에 새겨넣느라 주의력을 집중하는 매 순간. 다른 사람들은 계속해서 나아가고 있는데, 이야기의 리듬은 계속 이어지고 삶은 진행 중인데 영재는 멈춰 있다. 사로잡혀 있다. 누구도 관심 두지 않고 눈치조차 채지 못하는 미미한 것이 영재에게는 대단히 중요한 것으로 보인다. 영재가 보기에는 그 문제의, 그 상황의 그 작은 부분을 고려하지 않고서는 만족스러운 결과에 도달할 수가 없다. 죽을 쑤게 된다. 그래서 그는 멈춰서 검토하고 생각하며 현실의 그 부분을 받아들이려고 한다. 다른 사람들은 멀리 가버리고 그만 여전히 거기에 남아 있다.

뒤처지는 것은 다른 형태의 괴리

우아한 뒤처짐. 영재는 삶을 '초의식'하기 때문에 다른 사람들과 같은 템포를 유지하지 못한다. 영재에게는 정말로 부차적인 것으로 보이는 여러 가치에 어떤 사람들은 과도한 중요성을 부여한다. 성공이라든가 돈이라든가 물질적인 풍요 같은 가치들 말이다. 그는 이따금 숱한 사람들이 진정한 목표도 없이 끊임없이 달리는 것 같은 인상을 받는다. 그들의 삶에 의미를 부여하지도 않은 채로. 나는 어디로 가고 있는가, 무엇을 위해서, 내가 반드시 얻고자 하는 것은 무엇인가, 나에게 중요한 것은 어떤 것들인가, 이런 숨 막히는 추격전이 나를 행복으로 인도하는 것일까, 등의 본질적인 질문을 할 새도 없을 만큼 너무 빨리 달리는 것은 아닐까? 영재는 남들이 달리는 것은 관여하지 않지만, 자신은 매우 천천히 전진한다. 영재는 자기가 '진정하다'고 여기는 것들에 시간을 바친다. 영재는 풍경을 감상하느라, 예술작품을 감상하느라, 자연이 제공하는 장관을, 길을, 사람들을 바라보느라 늦을지도 모른다. 영재는 어떤 이야기에, 충실히 맛보고 싶은 만남에 멈춰 머무를 수도 있다. 영재는 지나가 버린 일들이나 앞으로 생길 일들에 대해 환상과 향수와 일락을 품은 채 공상에 잠길 수도 있다. 그리고 그 모든 것에 시간을 낭비할 수도 있다. 어쩌면 살아가야 할 시간을. 온전히. 하지만 그것으로 됐다. 그의 템포는 다른 사람들과 다르지만, 자신이 작은 샛길을 통해 다다른 이 삶이라는 것이 달려가는 모습을, 마치 고속도로의 갓길에 서서 바라보듯 담담하게 바라본다.

> 영재는 템포가 맞는 경우가 거의 없고 이런 괴리는 불편한 이질감을, 또한 역설적으로 세상에 대한 이해부족을 가져온다.
> 템포의 괴리는 다른 사람들과의 소통에 언제나 문제를 일으킨다. 서로 이해하지 못하며 동시작동이 되지 않는다.
> 같은 템포가 아니라는 것은 이 세상과의 거대한 불화이다!

자신의 경험과 템포가 동시작동 되지 않을 때: 상황을 이용하지 못한다

시공간의 비약과 템포의 괴리가 결합한 경우이다. 영재는 자신이 하는 일 속에, 자신이 체험하는 것 속에 온전히 머물러 있기가 어렵다. 영재의 생각

어른이 된 영재들

은 이 현재를 추억 속에, 혹은 더 넓은 과거 속에 재구성하기도 하고, 또 지금 여기에서 경험하는 것을 추억하게 될 미래에 자신을 투사하기도 한다.

예를 들어 폴은 가을날 멋진 산속을 산책하고 있다. 특별히 기분 좋은 그런 산책이다. 그러다 한 세기 전과 비교했을 때 이 풍경에서 달라진 건 무엇일까 하는 생각이 떠오른다. 옛날 사람들도 지금의 풍경과 똑같은 풍경을 보았을까? 무엇 때문에 변한 것일까? 그러나 특히 몇 시간 후에 친구들을 만나 얼마나 멋진 산책을 했고 풍경이 얼마나 멋졌는지를 이야기하는 자신의 모습이 떠오른다. 그녀는 자기가 보고 느낀 것을 어떻게 정확하게 묘사할 수 있을까 생각한다. 하지만 저런, 내가 뭘 봤지? 실제로는 현재에 온전히 연결되어 있지 않았기 때문에 그녀는 무슨 말을 해야 할지 아무것도 알 수가 없다.

여성과 남성:
각자의 자리를 인정하는 것

우리는 모두 우리의 인격 안에 여성적인 부분과 남성적인 부분을 가지고 있다.

여성적인 부분은 개방성, 감수성, 감정적인 것, 의존성, 약함에 해당한다. 반대로 남성적인 부분은 의지, 수행, 투쟁, 독립, 힘 같은 것들이다. 지나치게 도식적인 분류이긴 하나 나의 논지를 조명하기에는 충분하다.

여자냐 남자냐에 따라서 이런 부분 중 하나가 더 우세한 상태로 인격의 균형을 이룬다. 이는 반대 측면이 존재하지 않는다는 뜻이 아니라 더 눈에 띄지 않게 뒤편에 물러나 있다는 뜻이다. 우리의 성적 정체성에 부합하는 부분이 앞으로 나서서 주로 활성화되어 표현된다. 이런 경향은 유아기를 지나면서 점차 시작되고 청소년기가 되면 확고해진다.

그러나 성인 영재에게는 인격의 이런 두 측면이 대단히 또렷하게 남아 있다.

남자 영재에게 있어 여성적인 측면은 대단히 중요한 자리를 차지하고 있다. 감수성, 감정적 수용성, 타인에 대한 필요와 관심, 이야기를 나누는 것에 대한 관심 같은 것이 뚜렷하게 존재한다. 남자는 놀림이나 조롱을 받게 될지도 모르는 자신의 이런 경향을 억누르려고 한다. 남자 영재는 여자들과 함께 있을 때 훨씬 더 편안하고 얘기도 잘 통한다고 느끼면서도 그걸 정상이 아니라 여긴다. 그는 여자들을 잘 이해하지만 여자를 유혹하는 데 써먹지는 않는다. 다른 남자들은 이걸 잘 이해하지 못한다.

영재 여성은 독립에 대한 거친 욕망, 도전 의식, 리드하고 명령하며 이끌고 지배하는 본능적 재능, 도전과 싸움에 대한(정신적으로!) 취향 같은 것을 통해 그녀 안에 들어 있는 남성적 측면이 힘차게 드러난다.

자신 안에 있는 여성적 부분을 받아들이기 : 성인 영재 남녀 모두에게 필요한 도전

남자에게 있어서 이것은 자신의 예민한 매력, 더 부드럽고 덜 날카로우며 더 상처받기 쉬운 예민한 매력이 자기 안에서 활짝 피어날 수 있도록 내버려둔다는 뜻이다. 그것은 남자들의 커뮤니티에서는 잘 받아들여지지 않을지 모르지만, 여자들과의 관계에서는 엄청난 무기이다. 또한 이 세상과 맺는 관계라는 측면에서도 굉장한 풍요로움이다. 미학적인 의미에서 주위에 대한 예민한 감수성은 높이 평가를 받아야 마땅하다.

여자에게는 정반대의 문제가 있다. 여자는 자신이 가진 남성적 측면을 이용하고, 자신의 삶을 구축하고 계획을 완수하기 위해서 그런 측면을 사용하면서도 동시에 감수성을, 감동성을, 약함을, 받아들여지는 것에 대한 욕망을 자신에게 남겨두어야 한다. 이런 면이 있어야 남자들이 여자에게 접근할 수 있다. 남자들이 겁을 덜 먹을 수 있고, 여자를 보호해야겠다는 느낌이 들 수 있다.

　일반적인 삶에서 이런 여성적 측면은 이 세상을 향해 열려 있다. 자신의 이런 측면은 자신의 가장 큰 약점을 드러내는 것이기도 하지만, 그러나 또한 영감과 창조성과 쾌락의 커다란 원천이기도 하다.

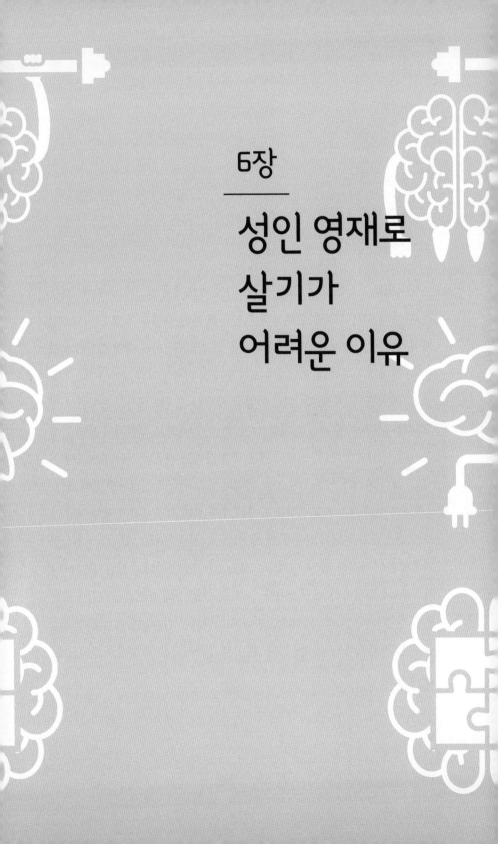

6장

———

성인 영재로
살기가
어려운 이유

성인 영재로 살아가는 어려움은 두 가지 각도에서 접근할 수 있다. 그들은 자아와 인격의 구축과 세상과 타인들에 대한 관계를 결정짓는 요소인 자아 이미지가 늦게 구축되어 어려움을 겪고 있다. 이와 함께 성인이 되었을 때 영재를 독특하게 도드라져 보이게 하는 작동방식의 특이성이라는 측면에서도 접근할 수 있다. 이미 어렸을 때부터 기미를 보이기 시작했던 영재의 특이성은 이제 세상을 대하는 자기만의 방식으로 고착되어 삶의 안정을 이루기 어렵게 한다. 영재의 이런 교착 상태는 과거에 어린 아이로서 거쳐 온 삶의 과정과 어른이 된 지금 현재의 모습 사이에 긴밀하게 얽혀 있다.

영재의 여러 가지 작동방식들을 따라가다 보면 그것이 인격 속에 여러 가지 모습으로 구현되어 있음을 알 수 있다. 그건 누구나 그렇다. 그러나 영재에게 있어 특이한 점은, 언제나 그렇듯 자아가 발현되는 모습 하나하나가 너무나 강렬하다는 사실이다. 그리고 그로 인해 생겨날 수 있는 고통 또한 강렬하다. 영재의 인격에 빈번하게 등장하는 이런 면들이 성인 영재들을 다른 사람들과 구별되게 한다. 많이 비슷하지도 않고 많이 다르지도 않은 그들을……

뛰어난 통찰력

"통찰력은 태양에서 가장 가까운 상처이다." —르네 샤르

주변의 모든 것에 침투해 들어가는 이런 통찰력을 가진 삶은 어떨까. 가장 후미진 데까지 탐색하는 눈길. 아주 작은 세부까지도 알아채는 시선. 타인의 가장 깊은 내면까지 파고들어가는 통찰. 영재의 통찰력은 다음의 두 가지 요인에서 양식을 얻기 때문에 그만큼 강력하다.

— 해체하고 분석하는 날카로운 지능
— 주위 감정의 가장 작은 미립자까지 빨아들이는 감정의 초민감성

이 예리한 통찰은 잠시도 쉬지를 않는다. 영재는 자신을 사로잡고서 쉼없이 작동하는 그 레이저 광선을 끌 수가 없다. 마음을 놓는 것이, 다른 사

람들을 믿는 것이, 삶을 지탱해 나가는 것이 점점 더 힘들어진다. 통찰력은 진짜로 문제를 일으키기도 한다. 정신의학 교과서에 나오는 문제는 아니지만, 현기증과 비슷한 증세에 의식을 잃는 경우도 왕왕 있다. 항상 괴롭다.

성인 영재들은 이렇게 증폭된 상태로 세상을 지각하는 것이 너무나 어렵다고 입을 모아 말한다. 어렸을 때 확대경이 달린 개미집 속에서 살아가는 개미들을 관찰하던 것과도 비슷하다. 확대되고 증폭된 통찰력, 그러나 무엇보다도 '보지 않는 것'을 허락하지 않는 통찰력. 주변의 문제를 눈치채지 않을 수 있다면, 가벼운 문제를 생각하지도 따져보지도 않은 채 지나칠 수 있다면, 별것 아닌 감정에 상처받지 않을 수 있다면, 그럴 수 있다면 살기가 얼마나 수월할까!

이런 통찰력은 삶의 안정을 해친다. 삶의 의미에 의문을 제기한다. 지치지도 않고. 그리고 그 어떤 것도 조건 없이 받아들이지 못하는 영원한 문제 제기로 이어진다. 어떤 상황, 능력, 지식, 이해를 유효한 것으로 인정하고 받아들이려면 그전에 우선 자신의 분석이라는 체를 통과해야만 한다.

상담에서도 이런 과정이 똑같이 일어난다. 이 남다른 환자가 단념하고 자신의 관제탑에서 내려와 상담자가 자신과 동행하며 이끄는 것을 받아들이기까지는 매우 오랜 시간이 걸린다. 자기가 먼저 상담자를 관찰하고, 상담자의 방식과 태도를 검토하며, 상담자의 이해력과 역량을 판단한다. 그가 먼저 상담자를 테스트하는 것이다. 테스트를 다 하고 나서 그 결과에 따라 상담자를 믿을 것인지 말 것인지 결정한다. 가끔은 '어쩌나 보려고' 상담자를 데리고 놀거나 조종을 하려 드는 때도 있다. 포커판에서처럼 말이다! 이때 상담자가 자신의 밑천을 드러내거나 게임에서 지게 되면 환자는 치료를 중단할 것이다. 그러나 안타깝게도 진정한 패자는 언제나 환자이다.

하지만 어떻게 나올지 뻔한 상담자와 함께 치료를 하는 게 무슨 재미가 있겠는가? 반면에 그가 치료사에게 신뢰를 보낸다 해도 그것을 안심하고 믿어서는 안 된다. 영재의 신뢰는 그렇게 쉽게 얻어지는 것이 아니다. 그는 의사가 잘 버티고 있는지, 도중에 포기해버리지는 않을지 알아보려고 정기적으로 상태를 점검할 것이다. 이때 의사가 함정에 빠져버리면 모든 것이 다시 원점으로 돌아간다. 영재가 이러는 것은 의사를 위험에 빠트리기 위해서가 아니라 자신이 이해되고 보호받고 있다고 느끼기 위해서라는 것을, 자기에게 손을 내밀어 주는 사람에게 그도 손을 내밀기 위해서라는 것을 이해해야만 한다.

다비드는 25살이다. 그는 나와 몇 번 상담했다. 그는 자신에게 맞는 인생의 길을 아직 찾지 못한 상태였다. 그는 여러 번 포기했고 그때마다 새로운 계획을 세웠지만, 자신의 비상한 분석을 통과하고 나면 새로운 계획의 결점과 한계들이 금세 드러나곤 했다. 그러면 또다시 새로운 길을 찾는다. 어느 날 상담 중에 그는 이런 말을 했다. "당신은 영재가 아닌데 어떻게 나를 이해할 수 있죠? 당신에게는 한계가 있어요. 당신은 이론을 알 뿐이지, 내가 어떤 사람인가를 정말로 이해할 수는 없을 거예요." 이런, 어쨌든 그의 말에도 일리가 있다! 그래도 그가 치료를 받도록 끌고 가야만 한다. 그렇지 않으면 끝장이다. 패배하는 건 언제나 환자다.

세상에 대한 통찰은 자신을 통찰하게 한다

이 세상을 포착하고 분석하는 이 예리한 능력이 지치지도 않고 늘 작동하고 있을 때, 다른 사람들의 한계와 약점을 날카롭게 인지할 때, 어떻게 자기 자신의 결함들을 우선 알아차리지 않을 수 있겠는가? 바로 이것이 영재의 발목을 잡는다. 영재는 자신을, 자신이라는 사람을, 자신의 가능성을, 자신의 능력을, 자신의 자질을 의심한다. 그래서 영재는 자신이 남보다 우수하다는 생각을 할 수가 없다. 오히려 그 반대이다. 그럼에도 영재가 아닌 사람들은 영재는 영재라서 자기가 남들보다 우월하다고 느끼는 줄 안다!

물론 몇몇 영재가 자신의 '자아를 부풀리는' 것은 사실이다. 그들은 거만한 것 같기도 하고 가끔은 건방져 보이기도 하는 그런 인격을 만들어낸다. 그들은 정말로 자신을 일반 대중보다 우월하다고 여기는 듯한 이미지를 만들어낸다. 하지만 그런 이미지에 속지 말자! 라 퐁텐의 우화에서 황소만큼 커지고 싶어 했던 개구리처럼, 거만하게 보이는 영재는 실은 우리 가운데 가장 약한 존재이다. 그의 거만함은 자신이 무능하다는 느낌과 마음 깊은 곳의 나약함을 가리기 위한 장치이다. 이 사람은 두려워하고 있다. 배척당하면 어쩌나 하는 생각에 겁을 내고 있다. 이런 식으로 행동하는 것은 그에게 문제가 있다는 뜻이다. 고통을 겪고 있다는 뜻이기도 하다.

이 세상과 자아에 대한 통찰은 충격적이고 날카로운 이해의 문들을 열어젖힌다. 이러한 통찰의 힘은 고통스러운 것일 수도 있지만, 또한 이 세계를 꿰뚫어 볼 수 있는 비상한 비전의 원천이기도 하다.

두려움

두려움으로 영재의 특이한 작동방식 대부분을 설명할 수 있다. 두려움, 모든 두려움이 그를 사로잡고 있다. 두려움은 위험을 감지하는 데서 생겨나지만, 그 위험의 실체가 언제나 뚜렷한 것은 아니다. 그럴 때 두려움은 전능하고, 막연하며, 지속적인 것이 된다. 두려움은 도처에 스며들어 삶의 숱한 순간들을 오염시킨다.

영재들은 왜 그토록 두려워하는가?

두려움은 우리가 모두 느끼는 감정이다. 두려움은 어떤 상황에 맞서는 데 필요한 감정이기도 하다. 두려움이 재능과 에너지와 힘을 솟아나게 하기 때문이다. 두려움은 때로 유용하다. 그러나 다른 상황에서 두려움은 진정한 고통을 일으키고 우리를 마비시키기도 한다. 일반적으로 우리는 자신이 두려워하는 대상이 무엇인지를 알고, 행동이나 생각으로 그 위험에 맞설 수 있다. 두려움의 윤곽을 구체화할 수 있는 것이다.

그러나 영재의 두려움은 형태가 전혀 다르다. 영재가 제일 두려워하는 것은 자기 자신이다. 그는 자신을 끔찍한 나락으로 끌고 들어가는 자신의 생각을 두려워하고, 어찌해 볼 도리 없는 방식으로 자신을 침범해 들어오는 감정들을 두려워하고, 너무 다른 것 같다가도 비슷하게 느껴지는 타인들을 두려워하고, 자기가 마음대로 할 수 없는 이 삶을 두려워한다. 특히 그는 자신과 마주하는 것이, 자신을 좋아할 수 없는 것이 두렵다. 자신을 실망시키는 것이. 자신이 틀렸음을 알게 되는 것이. 지금 자신의 모습이 자신에게 어울리지 않는 것이. 자신의 선택이 옳지 않다는 것이.

실제로 영재는 이런 내밀한 대결을 끔찍하게 두려워한다.

영재의 두려움은 다른 얼굴을 하고 있을 수 있다

완벽주의

영재에게는 완전한 것, 흠잡을 데 없는 것, 온전하게 완수된 것이 아니면 가치가 없다.

영재의 이런 특성을 성격이나 강박증과 혼동하지 않도록 주의해야 한다. 영재의 정상적인 상태와 고전적 병리학 사이에는 언제나 차이가 있다.

절대적이고 '완전'한 것을 갈망하다 보면 역효과가 생길 수 있다. 시도 자체를 못하게 될 수 있다는 것. 채울 수 없는 완벽을 추구하다 도중에 멈춰 끔찍한 무력감에 시달릴 때, 이런 영재를 보수주의의 함정이 노린다. 엄청난 지적 능력과 풍요로운 개성을 가졌음에도 불구하고 영재는 정체되어 있다. 움직이라는 재촉을 받을수록 잘해낼 수 없을 것 같은 두려움이 커져서 영재는 점점 더 얼어붙는다. 아예 시도 자체를 하지 않으면 시도했다 실패하는 위험을 피할 수 있고, 시도를 했다면 기가 막힌 성공을 거두었으리라는 환상도 계속 간직할 수 있다. 함정이자 속임수인 것이다.

"가능성을 타고났는데도 자신을 실현하지 못하는 그들의 무능 앞에서 불안이 그들이 가진 에너지 대부분을 빨아들인다."*

믿고 의지할 사람이 없다

이런 식으로 작동하는 힘을 가진 사람이 타인의 약점과 결함과 한계를 재빨리 눈치채지 않기란 어려운 일이다. 더 나쁜 것은 타인의 무능에 대해서도 마찬가지라는 사실이다. 사람들은 존경할 수 있는 누군가를, 가르침을 줄 수 있는 누군가를 찾아내어 믿고 싶어 한다. 깊고 견고한 존경심을 품을 수 있는 누군가를. 진정한 존중을. 혹은 자신의 인격과 역량으로 우리를 지배할 수 있는 누군가라고 말해도 좋으리라. 하지만 그런 만남은 극히 드물다. 대단히 예외적이다. 보통은 어떻게 될까?

영재는 외부에서 주어지는 규범들을 인정하기 어려워한다. 그런 규범들에는 언제나 이론의 여지와 재검토의 여지가 있기 때문이다. 영재는 '결코 누구도 진정으로 믿지 않는다'는 이야기를 자주 한다.

자신의 고유한 능력들, 분석의 예리함, 새로 시작한 어떤 주제와 관련한 다양한 지식을 하나로 모아 번개처럼 이해하는 능력, 이런 것들로 인해 그는 종종 자신의 선임자보다도 더 많이 더 잘 이해를 한다. 그리고 더 빨리.

---

*S. 리보비시, 「영재 아동의 정신 병리학적 미래」, 소아 신경정신 의학지, 1960, 8, 5-6, p. 214-216.

영재에게는 이것이 너무나 힘들다. 혼자서 또다시 앞선다는 게 당황스럽다. 다른 사람이 보기에 영재의 이런 태도는 불쾌하고 받아들이기 어렵다. 상하관계와 권력관계에서는 어김없이 갈등과 단절이 생겨난다.

> 성인 영재는 권위자를 믿지 않고 순식간에 선임자를 추월할 정도로 빨리 배우기 때문에 직장에서 혼자가 될 수밖에 없다. 자기 자신의 '상사'가 되어 오로지 자신에게만 의지한다.

생각의 강도

영재에게는 생각이 곧 삶이다. 그에게는 다른 선택의 여지가 없다. 그는 계속해서 이어지는 그 강력한 생각을 멈추지 못한다. 생각은 중단되는 법 없이 탐색하고, 분석하며, 동화하고, 연결하며, 예상하고, 상상하며, 전망한다……. 잠시도 중단이 없다. 결코 없다.

그는 모든 것을, 줄기차게, 강렬하게 생각한다. 늘 깨어 있는 자신의 감각을 총동원해서.

단순하게 일반화하면 그것은 '미션 임파서블'이다. 끝없이 정확성과 분석을 추구하니까 말이다.

"내가 보고 듣고 느끼는 모든 것이 내 머릿속으로 밀려 들어와서는 머리를 마구 전속력으로 돌아가게 한다. 이해하려고 하는 것은 사회적인 자살이다. 더 이상 삶을 맛볼 수 없다는 뜻이니까(…). 뭔가를 이해하려 하다 보면 그걸 죽이고 말 때가 종종 있는 법이다. 마치 해부를 하지 않고서는 진짜 알맹이를 알아내지 못하는 초보 의사처럼(…). 지나치게 의식하고 지나치게 생각하면서 이 세상을 살아갈 수는 없는 것이다."*

바로 거기에 위험이 도사리고 있다. 어떤 것에 대해 많이 생각할수록 불합리한 지점에 도달하기 쉽다는 것. 여러 생각을 결부시켜 맥락을 만든 결과 결국에는 아무것도 아닌 우스꽝스러운 지점에 도달하고 만다. 자신의 생각 속으로 점점 더 파고들어가는 과정에서 처음에 의미 있었던 것들이 점차 사라진다. 이렇게 일이 진행되는 동안 핵심을 이루고 있던 것을 잃어버린다. 그렇다면 이런 생각과 이런 아이디어를 어떻게 믿을 수 있으며 어떻게 가치 있고 흥미로운 것이라 여길 수 있을까? 더 이상 그것을 진지하게 고찰할 수 없다. 생각은 이제 그로테스크하게 보인다. 가소롭게 보인다. 더구나 그런 방식으로 생각하는 사람은 자기뿐인지라, 자기가 미친 것 같이 느껴진다. 다른 사람들에게는 자신의 생각이 거치는 이런 우여곡절들을 감춘다. 다른 사람들은 모두 다른 식으로 생각하고, 또 누구도 이만큼 깊이 생각하지는 않는다면, 이게 광기가 아니고 뭐겠는가? 엄청난 두려움이다.

나락의 전더구니에 서 있는 생각

강렬한 사고는 무한의 지점까지 계속된다. 끝도 없고 한계도 없는 움직임 속으로 빨려 들어갈 것만 같은 그런 지점. 뭐에 의지해야 좋을지 알 수 없기에 그 느낌은 정말 괴롭다. 갈피를 잡을 수 없고 무엇도 우리를 멈추게 하지 못한다. 무엇도 우리를 도와줄 수 없다. 그런 순간에는 삶이 마치 현미경으로 보아야만 보이는 하나의 점처럼 작아져서 전속력으로 멀어져 가

---

*마르탱 파주, 『나는 어떻게 바보가 되었나』, 르 딜레탕트, 2000.

는 것만 같다. 불안감이 터져 나올 순간이 멀지 않았다.

"지나치게 생각을 하고 있노라면 생각의 코마 상태에 빠져 버릴 수도 있
겠다는 느낌이 들어요." 22살 라파엘의 말이다. 그는 이런 느낌이 너무
겁이 나서 잠깐이라도 생각을 멈추려고 별의별 짓을 다한다.

이야기를 끝까지 밀어붙인다

영재가 이야기를 끝까지 밀어붙이는 것도 이런 맥락에서이다. 그는 처음
부터 끝까지 중단이 없다. 대상에 대한 정확한 느낌을 가지려고 한다. 애
매해서는 안 된다. 흐릿한 것도 안 된다. 확실해야 한다. 확실할 수 없다
면 최소한 실제에 최대한 근접한 것이어야 한다. 영재와 토론하는 것은 마
치 어떤 논거도 소용이 없는 끝장 토론에 끌려들어 간 기분이 들게 한다. 그
것은 다른 사람에게는 피곤한 일이고 또 종종 이해할 수 없는 일이기도 하
다. 어떻게 모든 것을 다 검토한단 말인가? 끝없이? 어째서 실용적인 설명
이나 일반적으로 받아들여지는 이유에 만족하지 못하는가? 그러나 영재들
은 그게 안 된다. 절대로 안 된다.

부모와 자녀 혹은 상사와 부하직원 같은 상하관계에서는 이로 인해 생
기는 갈등을 해결할 수 없을 때도 있다. 영재는 끝까지 갔다고 확신하기
전까지는 놔주지 않는다. 직장에서는 충돌이 생길 수 있다. 상대편은 영재
가 다른 사람을 '믿지 못해서' 자기를 괴롭힌다고 여긴다. 결국 끝까지 가
봤자 자기 생각에만 매몰되어 있던 영재에게는 적막한 괴로움만 따를 뿐이
다. 어떻게 하는 게 잘하는 것이었는지 이해조차 못 한 채.

주변에 있을지도 모르는 위험을 끊임없이 분석한다

"영화관에 가면 영화에 집중하지 못해요. 주변을 살펴보고, 일어날 수 있는 크고 작은 모든 일을 상상하죠. 영화관에 불이 나는 데서 시작해서 내가 아파지는 것까지. 생길 수 있는 모든 일의 시나리오를 쓰는 거예요. 이용할 수 있는 비상구는 어디인가, 폭탄이 터져서 천장이 무너지면 어떻게 빠져나가나, 의자의 재질은 무엇인가, 누구에게 제일 먼저 알려야 하나 등등. 그러고 있다 보면 패닉 상태에 빠지죠. 숨이 막히고, 이대로 5분만 있으면 죽을 것 같고, 몸을 덜덜 떨면서 함께 온 사람에게 미친 듯이 매달려요. 함께 온 사람에게 빨리 나가자고 해요. 너무 무섭다고요."

지나치다고? 예외적인 경우라고? 그렇지 않다. 어린 시절부터 주위의 모든 구성 요소를 인지하고 끊임없이 치밀하게 분석하는 것은 혼란스러운 불안감의 원인이었다. 사소한 세부까지도 검토의 대상이 된다. 놀라운 사실은, 영재만이 지각하는 미세한 세부뿐 아니라 너무 당연해서 보통 사람들이 관심을 기울여 보거나 의식하지 않는 큰 것들도 역시 잘 본다는 것이다.

8살 막심은 치과 엑스레이를 찍어야 한다. 엑스레이 실에 들어선 막심은 방사선에 주의하라는 의미를 담은 그림기호를 본다. 그는 방사선의 위험성에 대해서, 그 효과에 대해서, 환경에 미치는 영향에 대해서, 엑스레이 사진의 정확도에 대해서 숱한 질문을 던진다. 엑스선은 딱 정해진 구역만 찍는 건가요, 아니면 다른 신체 부위에도 영향을 주나요? 영향을 준다면 어디예요? 등등. 막심은 겁이 난다. 무척 겁이 난다. 의사와 엄마가 무슨 얘기를 해도 막심을 안심시키지 못한다. 위험하지 않다면 그런 기호를 왜

붙여 놓았겠는가? 설명을 해주면 다시 새로운 질문을 한다. 한참을 설득한 끝에 결국 의사와 엄마는 막심을 강제로 앉혀 엑스레이를 찍게 한다. 막심은 울음을 터뜨리지만 더 이상 아무 말도 하지 않는다. 아무리 작은 위험이라 해도, 그리고 실제로 위험해지는 일은 거의 없다 해도 어쨌든 위험이 존재한다는 것을 막심은 알고 있다. 주변의 어른들이 그걸 측정도 하지 않고 고려도 하지 않는 게 그의 불안감을 더 키운다. 막심은 몸을 떨면서 엑스레이 실을 나온다. 상담을 하러 나를 찾아오면, 막심은 방사선의 잠재적 위험성에 대해 내게 다시 질문을 던지리라…….

이 두려움을 어찌 달랠 것인가?

영재는 모든 것을 분석했기 때문에, 위험을 가져올 수 있는 가능성을 정말로 모두 분석했기 때문에, 그의 이런 두려움을 달래는 것은 무척 힘들다. 그리고 실제로는 그가 옳다. 예를 들어 당신이 지진발생구역에 살고 있지 않다고 해도 지진으로부터 안전하다고 장담할 수는 없는 것이다. 영재에게 안전하다고 믿게 해보라! 절대 할 수 없을 것이다. 당신이 괜찮다고 주장하면 할수록 영재는 오히려 점점 더 겁을 먹는다. 위험을 알고 느끼며 예상하는 사람은 이 세상에 자기 혼자인 걸까? 명백한 증거가 있는데도 사람들은 그걸 이해하지 못한다. 위험은 도처에 있다. 그래서 그는 겁이 난다.

그러니 그를 겁먹게 하는 그런 일은 일어나지 않을 거라는 말만은 특히 하지 말아야 한다. 그건 사실이 아니니까 말이다! 그보다는 그의 감정을 받아주는 따뜻한 태도를 취하는 편이 좋다. "겁이 난다니 우습구나, 겁낼 이유는 하나도 없어."라고 말하는 것과 "겁을 내는 것도 이해가 간다, 겁낼 만도 하지, 그런데……."라고 말하는 것은 천지차이다. 후자처럼 말하면 그의 두려운 감정을 받아주는 동시에 안심을 시킬 수 있는 다른 관점을 제시할 수 있다. 겁낼 이유 같은 건 없다고 말하는 것은 영재의 상태를 악화시킨다. 그가 겁을 낼 때는 그럴 만한 이유가 있는 것이다. 그 이유라는 게 정말이지 말도 안 되는 이유 같지도 않은 이유라고 해도 말이다. 감정은 언제나 있는 그대로, 타인이 느끼는 바 그대로 받아들여져야 한다. 자기가 느끼는 감정이 존중된다고 느껴야만 비로소 그는 상황을 분석하는 다른 방식, 문제를 생각하는 다른 방식을 받아들일 마음의 준비를 할 수 있다. 이것이 그를 안심시킬 수 있는 관점을 제시하기 위해 꼭 필요한 단계이다.

> 9살 오스카의 아빠는 매일 밤 오스카에게 와서 이불정리를 해준다. 아빠는 이때 〈뉴욕 타임즈〉의 기사를 몇 개 읽어주는데, 두 사람은 그 시간을 무척 좋아한다.
>
> (…)
>
> "정말 근사한 것은 아빠가 어떤 기사를 읽어도 잘못된 부분을 꼭 하나는 찾아낸다는 것이었다. 문법의 오류일 때도 있었고, 지리 명이나 사실을 잘못 쓴 것도 있었고, 기사에 들어 있어야 할 내용이 다 들어 있지 않은 경우도 있었다. 나는 아빠가 〈뉴욕 타임즈〉보다도 더 똑똑하다는 게 너무나 좋았다. 티셔츠를 사이에 두고 내 뺨에 느껴지는 아빠 가슴에 난 털의 감촉과 하루가 저물 무렵까지도 남아 있는 면도 크림의 냄새도 무척 좋았다. 아빠와 함께 있을 때는 내 머리도 고요해지곤 했다. 다른 것을 생각해낼 필요가 없었다."[*]

---

[*] J. 사프란 포어, 『엄청나게 시끄럽고 믿을 수 없게 가까운』, 올리비에 출판, 2006, 프랑스어 번역본으로는 『포엥』, 2007.

이런 두려움이 영재를 무너뜨릴 수 있다

일부 영재들은 그들의 생각과 감수성이 그들 자신이나 다른 사람들에게 닥칠 수 있는 위험을 감지하고서 완전히 패닉 상태에 빠져버린 적이 있다는 이야기를 한다. 그들은 이따금 자신을 이 세상의 '수호자'로 느낄 때가 있다. 자신들이야말로 한시도 자리를 비우지 않는 진정한 관제탑이기 때문이다. 그런 그들이 위험을 감지했으나 알릴 방법이 없을 때, 혹은 자신을 위험으로부터 보호할 수가 없다고 느낄 때, 그들이 느끼는 두려움은 더욱 증폭해 생각이 미치는 것은 모두 파괴하는 무시무시한 태풍으로 돌변한다. 불안정하고, 아무런 대비책도 없고, 아무런 힘도 행사할 수 없는 그들은 두려움으로 인해 정말로 몸이 아파지기도 한다. 위험이 임박했음을 느끼는 일이 자주 되풀이되다 보면 진짜 광장공포증이 생길 수도 있다. 광장공포증이 생기면 이 세상과 대면하는 일이 무척 힘들어지고 모든 사회 활동이 불가능해진다. 집 바깥으로 나오지 못해 결국 공부도, 일도, 삶도 포기하게 된다! 물론 광장공포증이 영재에게만 나타나는 것은 아니다. 그러나 이 병증을 겪었던, 혹은 현재 이 병증과 싸우는 영재의 수는 상당하다. 주위의 모든 것을 날카롭게 꿰뚫어보는 그들의 분석력에서 생겨나는 이 불안한 예상은 그들로 하여금 지나친 두려움을 느끼게 한다.

〈풀 메탈 자켓〉의 조커처럼, 이 이야기의 끝에서 나는 이렇게 말할 수 있었으면 좋겠다. "더러운 세상이다. 하지만 나는 살아남았고 이제 두렵지 않다."*

---

*마르탱 파주, 『나는 어떻게 바보가 되었나』, 르 딜레탕트, 2000.

다른 사람들에 대한 걱정

영재는 걱정을 한다. 아주 많이 한다. 세상 모든 사람에 대해서. 우선은 가까이에 있는 사람들에 대해서. 영재는 아주 어렸을 때부터 부모 걱정을 했다. 보통은 부모가 아이 걱정을 하는 게 일반적인데 거꾸로 된 관계이다. 그러나 어린 영재는 부모를 걱정할 기회를 놓치지 않는다. 엄마와 아빠 두 사람의 관계에서부터 돈 문제에 대한 걱정까지, 직업상의 문제를 알려고 드는 것에서부터 건강에 대한 근심까지…… 영재 아이는 자기 가족에게 일어날지도 모르는 일을 예상하며 불안해하고, 어느 정도는 의식적으로 부모에게 도움이 될 방법이나 부모가 근심에서 벗어날 수 있는 방법을 끊임없이 모색한다. 그런데 영재 아이를 가장 슬프게 하는 것은 부모가 자기를 걱정한다는 사실이다. 아이는 자신이 사랑하는 사람들에게 근심거리가 되고 싶지 않고, 특히 부모에게는 더욱 그렇다. 아이는 매일매일 불행한 예상을 한다. 이랬던 아이가 어른이 되면, 그는 한 사람 한 사람에게 계속해서 신경을 쓰고, 이 세상의 불행에 눈감을 수 없어서 근심한다. 그리고 부모가 되면 자기 자식에 대한 불안감에 사로잡힌다. 일어날 수 있는 모든 위험을 의식하는, 지나치게 의식하는 그는 그 모든 위험을 조절하고 싶어 한다. 그것은 부모 자신에게는 정신적으로 피곤한 일이고, 아이에게는 숨이 막히는 일이다. 이렇게 불안감에 떠는 어느 부모가 내게 이런 말을 한 적이 있다. "어떤 일이 일어나든 나는 거기에서 빠져나올 수 있겠지만, 아이는 어떡하죠?" 아이를 믿지 못해서가 아니라 환경을 지나치게 민감하게 의식한 탓에, 자신의 양식 있고 통찰력 있는 분석을 지나치게 받아들인 탓에 과도한 불안을 느끼는 것이다. 사는 게 호락호락하지가 않다.

과학적 연구를 통해서 본 영재들의 두려움

영재에게서 매우 흔하게 나타나는 이러한 위험의 예상 현상에 대해 최근 새로운 연구 결과가 나왔다. 일화적 연구이긴 하지만 시사하는 바는 대단히 크다.

- 영재의 무신론자 비율이 일반인보다 현저히 높은 것으로 나타났다. 이유가 무엇일까? 있을 법하지 않은 일을 믿는다는 게 그들에게는 불가능한 것이다.

  "근본적으로는 무신론자죠. 어쨌든 나는 그래요. 하지만 한편으론 무신론자가 아니기도 해요. 어디서든 안심을 하고 싶으니까, 그리고 특히 사물에 의미를 부여하고 싶으니까요." 이런 증언은 너무나 많다……

- 20년간 17,000명을 대상으로 행해진 연구에서 영재가 채식주의자가 될 가능성이 일반인보다 현저히 높다는 사실이 밝혀졌다. 채식은 줄곧 건강에 더 유익한 식습관으로 인식되어 왔다. 일반적인 식사를 할 때 생겨날 수 있는 잠재적 위험에 대한 두려움이 아마도 그들의 이런 선택을 부추겼으리라!
- 영재는 다른 사람들보다 담배를 덜 피운다. 일반적으로 영재들은 훨씬 자발적으로 자신을 보호하는 방식을 선택한다. 또한 영재들은 심장 혈관계 질환의 위험성도 더 낮다. 좋은 소식이다!
- 영재들은 하찮은 데에 돈을 쉽게 써버리는 경향이 있다. 이 세상의 끝과 허무를 예민하게 의식하는 그들은 절약해야 할 필요를 느끼지 못한다. 무엇 때문에 그래야 한단 말인가?

죄의식과
불만족

성공하지 못한 죄?

자기답지 못하다는 은밀하고 뿌리 깊은 수치심은 파괴적이다. 다른 사람들이 기대하는 존재가 되지 못했다는 수치심. 실망시켰다는 수치심. 어려움을 겪고 있다는 수치심. 자신이 '이상한' 사람이라는 수치심.

아무리 벗어나려 해도 수치심이 영재를 사로잡는다. 암묵적인 말들, 거짓된 호의, 가짜 연민들에서 자양을 얻는 죄의식에서 태어난 열매. 주변 사람들이 영재를 있는 그대로 받아주는 것처럼 보일지라도, 영재는 마음속으로 자기가 다른 사람들을 실망시켰다고 믿는다. 다른 사람들의 기대치에 도달하지 못했다고 믿는다. 사실 영재에게 가장 높은 수준의 요구를 하는 것은 다름 아닌 자기 자신이다. 다른 사람들이 줄곧 정말로 그것을 요구하는 것은 아니다. 영재 자신이 보기에 마땅히 도달했어야 한다고 여겨지는 바에 견주었을 때 충분한 것은 아무것도 없다. 그렇다고 도달해야 할 목표가 무엇인지를 정말로 아는 것도 아니다. 없어지지 않는 미완성의 느낌을 만들어내는 것은 현실이 아니라 자신과 성공에 대한 표상이라는 것을 알아야만 한다. 쓰라린 자기 환멸. 좋은 것이든 나쁜 것이든 자신에 대해서 대조적인 느낌을 줄곧 간직한 채 살아가다 보면 어떤 것을 어떤 수준으로 실현해야만 한다는 그런 확신 속에 갇히게 된다. 그 결과 무엇인지 알 수도 없고 도달할 수도 없는 공상의 목표를 찾아 헤매느라 스스로를 낭비하게 된다.

자기 이미지를 불안하게 만드는 것이 자신을 향한 이런 시선임을 이해해야만, 다름 아닌 이것을 이해해야만 우리를 뒤덮는 어둠의 장막을, 우리를 침묵 속에 고통받게 하는 그 어두운 장막을 찢어버릴 수 있다.

"그 시절에 나는 똑똑하다는 게, 모범생이라는 게, 무엇보다 부모님께 '좋은 딸'이라는 게 무척 좋았던 것 같아요. 하지만 무엇보다도 나 자신을 자랑스럽게 여길 수 있다는 게 좋았어요. 그 뒤로 다시는 누릴 수 없었던 호사지요." 36살 마리가 자신이 영재임을 알게 되고 나서 보내온 편지이다.

강렬하게 느끼는 죄?

상황을 지나치게 인식할 때, 그리고 그 인식 속에 알아서는 안 될 것들이 포함되어 있을 때, 뭐라 표현하기 어려운 죄의식 비슷한 것이 생겨난다. 너무 많이 이해했다는 죄의식, 다른 사람들에 비해 앞서 나간다는 죄의식. 다른 사람들은 아직 저 뒤에서, 자신들의 리듬으로 생각하고 있는데 그들은 벌써 다 이해해버렸다. 다른 사람들이 힘겹게 전진하는 것을 바라보며 고통을 느낀다. 다른 사람들이 너무 느려서 괴로운 것도 있지만, 자기가 너무 빨리 와버렸다는 죄책감 때문이기도 하다. 속도를 맞추지 못했다는 죄책감. 다시 템포에 대해 이야기하겠다. 이 이상한 죄책감은 영재를 대단히 불편하게 한다. 뭘 해야 하는지, 뭘 하지 말아야 하는지 알 수 없을 때가 많다. 이해를 했으니 앞으로 나아가고 싶으며, 예상하고 싶고, 속도를 내고 싶다. 그러나 그렇게 되면 무리에서 떨어져 나와 혼자가 되어야 하고, 왜 앞서 나가는지 이유를 대야 한다. 그는 그렇게 앞서는 것에 부끄러움을 느낀다. 그래서 영재는 자기가 앞서가는 것을 설명하기 위해 그럴듯한 이유를 '꾸며낼' 때가 많다. 그렇지 않으면 자기 시스템의 속도를 늦추고 멈춰서 기다린다. 기다리는 것은 지루하고, 할 일도 없으며, 관심도 사라지고…… 다른 사람들과 달리 나 몰라라 하는 듯이 느껴져서 죄의식이 든다.

앞서 있다 보면 어쩔 수 없이 다른 사람들의 결함과 약점을 보게 된다. 그런데 영재는 그런 것들을 정말이지 보고 싶지가 않다! 앞으로 나가라고 떠다미는 이런 이해, 이런 분석, 번개처럼 빠른 이런 추론과 왜 언제나 실랑이를 벌이고 있어야 하는가? 그것도 혼자서. 다른 사람들과 같은 리듬으로 함께 갈 수 있다면 훨씬 편안할 텐데 말이다.

영재는 언제나 타인들과 어긋나 있다. 자기가 원한 것은 아니지만 어쨌든 이 어긋남 때문에 그는 죄의식을 느낀다.

완전하지 않다는 느낌

생각은 모든 것을 트집 잡는 덫이 될 수 있다. 원했던 대로 된 것이 하나도 없다는 느낌, 본질적인 것이 하나도 없다는 그런 은밀한 느낌이 즉각 걸려든다.

성공? 성공해봤자 겨우 이 꼴인데 성공이 무슨 대수인가? 이것은 성공을 거부하는 것은 아니다. 오히려 그 반대이다. 의미를 찾을 수 없는 성공을 거부하는 것이다. 성공 자체에는 동의하지만, 무엇을, 어떻게, 무엇을 위해서, 같은 질문들을 끌어내어 끝없이 다시 검토하고 다시 생각한다. 그래도 확실하게 얻어지는 것은 아무것도 없다. 부족하다는 느낌, 미완성의 느낌이 항상 도사리고 있다. 그런 느낌은 작은 일에 성공하거나 작은 승리를 쟁취했을 때 얻을 수 있는 기쁨의 의미를 퇴색시킨다. 다른 사람은 엄청난 자부심을 느낄 만한 일도, 늘 경계의 시선으로 관찰하는 영재의 분석을 통과하고 나면 상대적인 성공에 불과한 것으로 전락하고 만다. 이 세상 전체에 견주니 상대적인 성공일 수밖에 없는 것이다!

시프리앙은 20살이고 방황하고 있다……. 대학에서 공부하려고 몇 번 시도하다 중단하고 기진맥진한 상태다. "공부는 아무 데도 쓸모가 없어. 괜찮은 직업? 그런 건 없어! 결국 아빠처럼 되는 건데, 그건 안 되지! 여자랑 함께 사는 것도 안 될 거야. 나를 못 견딜 테니까. 너무 까다롭고 너무 이상적이지. 운전면허를 딸까? 위험할 텐데."

일상화된 불만족

진정한 만족감을 느끼지도 못하면서 이 일 저 일 계속 직업을 바꾸고 싶어 한다. 진짜 자기 자리를 찾지 못한다. 자기가 하지 않은 일에 대해, 혹은 아직 시도하지 않은 일에 대해 항상 후회한다. 여기에서 우리는 청소년기에서 다루었던 문제를 다시 만나게 된다. 여러 가능성 가운데서 어떻게 선택을 하지? 어떻게 하나를 취하고 다른 걸 포기할 수 있지? 어찌 보면 이것은 모든 것을 하고자 하는 전능하다는 느낌이 암암리에 드러나는 것이기도 하다. 아이들이 흔히 하는 말처럼, '뭐든지 할 수 있어!'라는 확신이 이 안에 들어 있다. 이런 메커니즘은 사람을 편안하게 내버려 두지 않기 때문에 진정한 괴로움의 원천이 된다. 모든 것을 줄기차게 다시 생각하고 검토한다. 이런 독특한 형태의 중단 없는 사고가 빠지는 덫. 또 그거다!

권태

젊은 영재의 학교생활을 설명할 때 권태 이야기를 많이 한다. 다른 아이들보다 빨리 이해하고 배우며 외우는 탓에 많이, 자주 기다려야 해서 생기는 권태. 수업 시간은 길고 맥빠지며 심심하다. 어쩌다 새로운 흥밋거리가 등장하는 드문 순간들만이 이 기이한 학생의 호기심을 깨운다. 무엇보다 권태는 생각하는 시간으로 변한다. 그러나 생각이 우리를 너무 강하게 너무 멀리 데려가는 듯하면, 거기에서 벗어나려고 뭔가에 몰두하거나 몸을 움직이거나 수다를 떤다. 생각과 생각에서 생겨나는 끝도 대답도 없는 질문들에 사로잡히지 않으려고 말이다. 권태는 친구를 사귀지 못하는 데서 생겨나기도 한다. "유치원에 다닐 때는 친구가 한 명도 없어서 끝도 없이 숫자를 세곤 했어요." 9살 자크의 말이다.

성인의 권태는 이와 비슷하기도 하고 다르기도 하다. 일시적인 경우도 있고 더 만성적인 경우도 있다. 그러나 그 강도만큼은 모든 것을 뒤덮어버리는 그 짙은 영국 안개처럼 언제나 빽빽하다. 삶의 어떤 순간에 잠시 드리우는 가벼운 구름에 그치는 경우는 결코 없다. 일단 권태에 사로잡히면 빠져나오기가 무척 어렵다. 자기 자신의 산물이기 때문에 이 세상과 융화되지 못하게 하고 메우기 어려운 괴리를 만들어내는 그토록 강렬한 사고와 감정의 산물이기 때문에 영재의 권태는 치밀하다.

31살인 클레르는 아이였을 때 영재라는 진단을 받았지만 가족들은 그 진단에 아무런 신경을 쓰지 않았다. 클레르는 상담을 하러 와서 이렇게 말했다. "뭘 어떻게 해도 나는 줄곧 지루해요. 지루함을 피하려고 내가 궁리해낸 방법은 내 생각 속으로 도망가는 거예요. 그때의 순간과 상황에 따라서 여러 가지 시나리오를 만들어내는 겁니다. 예를 들어서 어떤 상황의 모든 요소를 곰곰이 따져가며 정밀한 분석에 빠져들든가, 아니면 하나의 주제를 선택한 다음 그 주제에 대해서 끝없이 생각을 펼치죠. 그것도 아니면, 특히 저녁나절 같은 때에는, 재앙이 닥치는 시나리오를 만들어냅니다. 아주 음침한 이야기가 들어 있는 정말로 끔찍한 시나리오죠. 마치 내 안에 존재하는 그 깊디깊은 두려움을 길들이려고 하는 것처럼 말이에요. 그러다 덜컥 겁이 나고, 그 두려움이 나를 지루함에서 빠져나오게 하는 거예요!" (…) "나를 정말 이상한 사람이라고 생각하시겠죠."라고 그녀는 조금 난처한 기색으로 덧붙였다.

실존적 권태

모호하고, 은밀하며, 집요하다. 산다는 것? 무슨 소용이 있을까, 무엇을 해야 할까, 살아서 뭐 할까? 모든 것에서, 의미가 없는 것에서까지 의미를 찾으려 한 결과 일종의 무기력이 자리를 잡는다. 기쁨은 생기를 잃고, 사건은 반향을 잃고, 감정은 퇴색한다. 살아간다는 권태로움. 영재에게 삶이란 새로움으로, 함께 나눌 수 있는 강렬한 감정으로, 커다란 기쁨으로, 뜨거운 행복으로, 최고의 성공으로 언제나 반짝반짝 빛나는 것이어야 한다……. 자신이 살아 있다고 느낄 수 있는 지금과는 다른 어떤 삶. 심장과 머리를 가지고, 뜨거운 갈망과 깨어 있는 호기심을 가지고 자기가 온전히 뛰어들 수 있는 세상. 모두가 같은 목적을 가지고 함께 나누는 흥미진진한 모험, 이것이 영재에게 가치 있는 유일한 것이며 근본적인 의미에서 인간적인 목적이다.

일상에서의 권태

예리하며, 혼란스럽고, 죄의식을 느끼게 하는 것. 예고도 없이 너무나 자주 불쑥 솟아오르는 권태. 권태가 제일 좋아하는 공격 타이밍은 바로 다른 사람과 함께 있을 때이다. 연기를 해야 하니까 엄청난 에너지가 필요하고, 그래서 가장 끔찍한 권태이다. 절대적으로. 남들과 나누는 그 모든 얘기가 정말 재미있는 척, 그들의 삶이 정말 뜨겁게 느껴지는 척, 그들의 일상사에 정말 가슴 두근두근하는 척해야만 한다. 또한 그들이 하는 일에, 그들의 자녀들에게, 그들의 배우자에게 관심이 있는 척해야 한다. 일시적으로 그렇게 될 때도 있다. 그러나 어느 순간 그런 상태는 끝나버리고 그는 그 상황에서 떨어져 나온다. 이유를 이해조차 못 한 채. 시선은 흐릿해지고, 주의력은 흐트러지고, 그는 다른 데 있다. 자리에서 일어나 나가버리는 일도 있다. 무슨 일이 벌어지고 있는지 이해하지 못하는 사람들을 경악하게 하면서. 가끔 다시 연결되는 때도 있다. 굉장히 노력을 하면 말이다. 그것은 대단한 인간 희극이다. 권태는 치밀하고 시간이 흐를수록 더욱 커지기 마련이니까 말이다. 늘 그렇듯이 잠시 시간이 흐르면 영재는 다시 집중하여 다시 연결될 수 있다. 하지만 리듬이 너무 느려지고 관심이 너무 줄어서 그리 오래 버티지는 못 한다. 뭔가 새로운 것이 있어야만 한다. 권태는 그렇게 수많은 상황 속에 스며든다.

결혼하여 두 명의 영재 자녀를 둔 교양 있는 아름다운 여성인 36세의 안느는 이렇게 이야기한다. "끔찍한 건 언제나 연기를 하고 있어야 한다는 겁니다. 저녁식사니 파티 같은 것은 견디기 힘들죠. 조금만 있으면 딱 한 가지 생각밖에 안 들어요. 이 자리를 떠나 혼자가 되어 이 모든 연극에서 벗어나고 싶다는 생각. 피곤한 일이죠. 하지만 분명히 말하건대 나는 누구도 내가 그렇다는 걸 알아채지 못하도록 믿을 수 없을 만큼 노력합니다. 사람들은 나보고 상냥한 사람이라고들 하지요. 그건 분명 사실이에요, 다른 사람들 입장에서 보자면. 내가 그만큼 노력하니까요! 그렇지만 나에게 그건 정말 힘든 일이죠. 너무너무 지루하거든요! 내가 다른 사람들을 좋아하지 않는다고 생각하지는 않으셨으면 해요. 오히려 나는 친구들이 있었으면 하고 바랍니다. 진정한 친구들 말입니다. 함께 있으면 기분 좋은 사람들. 하지만 그러지 못했죠. 더구나, 조금 부끄러운 얘기지만 모든 게 지겨워요. 내가 일을 하지 않으니까 친구들은 나에게 일을 가져보란 이야기를 자주 하지요. 여가활동이나 취미 같은 거라도. 하지만 그런 것도 역시 지겨워요. 그런 데서 정말로 재미를 느껴본 적이 없어요. 금세 다 알아버린 것 같은 느낌이 들어서 재미가 없어지죠. 이게 정상이라고 생각하세요?"

그게 정상인지는 모르겠지만, 영재의 삶에 나타나는 전형적인 현상이라는 것만은 분명하다. 안느가 그러하듯, 영재는 끊임없이 자기를 사로잡는 이 권태에 맞서 싸운다. 권태는 사람을 갉아먹고 약하게 만든다. 권태가 계속되면 우울증과 비슷한 상태가 된다. 병리적 증상은 아닐지라도 권태의 효과를 과소평가해서는 안 된다.

권태는 살아 있다는 느낌을 공격한다. 어느새인가 공터처럼 변해버리는 이 삶이라는 것 속으로 계속해서 뛰어들기 위해서는 엄청난 에너지가 필요하다. 끊임없이 자신에게 자극을 부여해야 한다. 도중에 멈춰 정지하지 않으려면.

과잉 활동성: 권태의 다른 얼굴

또 다른 일반적인 반응으로 초활동성을 들 수 있다. 동일한 이름의 유아기 병명과 혼동해서는 안 된다. 어쩌면 과잉 활동성이라고 하는 편이 더 적절할지도 모르겠다. 영재 성인은 권태에 빠지지 않으려고 여러 가지 일을 벌이고 참여하며 계획한다. 그는 동시에 오만 가지 일을 되도록 빨리한다. 그는 절대 멈추지 않는다. 지치지도 않는 것 같다. 다른 사람들은 그의 에너지와 일을 해내는 능력을, 사태에 맞서는 힘을, 삶을 대하는 그 맹렬한 기세를 칭송한다. 하지만 그것도 결국 같은 것이다. 이 꺼지지 않는 불꽃 아래에는 어슬렁거리며 위협하는 권태가 숨어 있다. 쉼 없이 움직이는 이 성인이 자신의 부산스러움으로 덮어놓았을 뿐이다. 조심하라. 영재는 종종 대단히 생산적이고 흥미로운 일에 열정적으로 빠져든다. 그런 열정은 찬란하게 빛나는 직업적 성공으로 이어지기도 한다. 어쩌면 이런 영재—생명의 영재—는 권태라는 독에 맞서는 신성한 약을 찾아낸 것일지도 모른다. 그의 삶이 일정한 리듬으로 꾸준히 돌아가는 한 균형은 유지된다. 그럼에도 불구하고 신중해야 하며, 이 마르지 않는 에너지가 어디에서 나오는가를 잘 이해하고 있어야 한다. 그렇지 않으면 문득 뜻밖의 장애물에 맞닥뜨렸을 때, 그로부터 오는 너무 큰 감정의 하중 때문에 이 표면적 균형이 돌연 무너져 내리는 일이 생길 수 있다. 이 영구적인 운동의 근본적 의미를 분명히 알고 있다면 영재는—거의—안전하다. 알고 있다면 강제로 멈추게 되었을 때에 대비할 수 있다. 그는 비축해둔 에너지를 꺼내 쓸 수 있을 것이다.

감추기 어려운 성급함

성급함은 곧 결함이라고들 한다. 일을 그르치게 하는 어떤 것. 분별력의 부족. 서두르다 실수를 하게 만드는 것. 반대로 인내의 미덕들은 칭송된다. '인내는 안전의 어머니'라는 속담은 제대로 성공을 거두려면 인내심은 없어서는 안 되는 자질임을 말해준다. 그런데 그게 꼭 그렇지만은 않다! 맞는 말이기는 하지만 세상 모든 사람에게 해당하는 말은 아니다. 영재는 예외인 것이다.

왜? 성급함이 영재의 인격을 이루는 가장 큰 특징들 가운데 하나이기 때문이다. 그는 앞서 있기 때문에 상황에 대한 분석과 이해와 종합을 통해 그 누구보다 먼저 결론에 도달한다. 그리고 그는 자신의 대답이 좋은 대답이자 옳은 대답이며, 유일한 대답임을 확신한다. 그래서 그는 기다린다. 다른 사람들이 조금 더 노력해서 그 결론에 도달할 때까지. 다른 대답에 도달하는 것도 괜찮다. 그가 즉시 반론을 펼칠 테니까 말이다. 영재가 틀렸을지도 모르지만 그는 그 사실을 알 수가 없다. 직관적이고 전격적이며 총체적인 그런 방식이 아니고는 달리 작동할 수도 없다. 그의 성급함은 여기에서 생겨난다. 종종 다른 사람들은 영재가 신경질적이고, 참을성이 없으며, 까칠하다고 느낀다. 그들은 이 단호하고 절대적인 작동방식을 이해하지 못한다. 사람들은 그에게 그가 항상 옳은 것은 아니며 다른 사람들의 생각도 고려할 줄 알아야 하고 그리고…… 기다려야 한다고 말할 것이다! 말하기 전에 기다려야 한다고. 결정하기 전에 기다려야 한다고. 반박하기 전에 기다려야 한다고. 그런데 바로 그게 문제다. 영재는 기다릴 줄을 모르기 때문에 기다리는 것은 그를 안에서부터 갉아먹는다. 그것은 거의 육체적인 행동을 통해 쉽게 드러난다. 다리나 발을 강박적으로 떤다든가, 얼굴에 틱 증상이 나타난다든가, 팔이나 손을 어쩔 줄 모르고 계속 움직인다든가, 펜을 꽉 쥐고서 만지작거린다든가. 기다리는 것은 영재에게 육체적으로나 정신적으로 정말 노력이 필요한 일이다. 의식해서 노력해야만 할 수 있는 일인데, 영재가 항상 그 일에 성공하는 것은 아니다. 기다리는 것은 영재의 본성에 반하는 일이다!

기다리는 것은 영재에게 정말로 어렵고, 그런 성향의 첫 번째 희생자가 바로 자기 자신이라는 점에서 고통스럽기까지 하다. 성급함 때문에 그는 인기 없는 사람이 된다. 그도 물론 그게 괴롭다. 이중의 고통이다… 여전히.

> "나로서는 정말 견디기 힘들 때가 많아요. 회의를 할 때 왜 그렇게 질질 끄는지 이해를 못 하겠어요. 같은 이야기를 스무 번은 한다니까요! 그러면 나는 열이 뻗치죠. 참으려고 애는 쓰지만, 이제 그만 결정하자고 금방이라도 소리를 꽥 질러버릴 것만 같아요. 하지만 내가 무슨 말만 하려 하면 기다리라고, 그렇게 빨리 나가지 말라고, 이러저러한 것들을 검토해

어른이 된 영재들

야 한다고 말하는 사람이 꼭 있어요. 참기가 힘들죠. 더 해봤자 아무 소용이 없을 거거든요. 결정을 하며, 넘어가고, 끝내야죠. 그런데 그들은 모든 위험 요소를 다 제거하려는 것 같아요. 아무것도 아닌 문제에 대해 끝도 없이 주절주절 이야기를 늘어놓죠. 그러다 결국에 그들이 도달하는 결론이라는 게…… 내가 한참 전에 도달했던 그 결론인 거예요! 그뿐 아니라 내가 항상 두려운 건, 그 과정이 결국에는 나를 의심하게 한다는 사실이죠. 물론 좋다고 말할 때도 있어요. 그들이 옳을 거라고, 그렇게 하자고요. 하지만 바로 그 순간에 나는 다시 정반대가 되어 모든 것을 다시 확인하고 싶어지는 거예요. 여러 번. 확실히 하기 위해서. 그게 모든 사람을 다시 한 번 짜증 나게 하죠. 그래서 이제 나는 나만의 방법을 찾았어요. 어떻게 해도 내 방안을 직접적으로 제시할 수 없을 것 같으면 나는 차라리 딴생각을 해요. 거기서 빠져나오는 거죠. 그냥 참여하는 척만 하면서 말이에요. 무슨 얘기를 하든 '네'라고 하죠. 하지만 나는 지독하게 지루해요. 솔직히 뭘 어찌해야 할지 모르겠어요!"

이런 위험이 있다: 그만둬버리는 것!

성급함은 그에 뒤따르는 육체적 정신적 느낌 때문에, 또한 성급함이 가져오는 그 모든 비판과 공격 때문에 너무나 감당하기 힘든 것이 되어버린다. 그래서 결국 영재는 아무 말도 하지 않게 된다. 따지지 않고 받아들이게 되는 것이다. 그는 순종적인 사람이 된다. 수동적이 된다. 끼어들지 않는다. 더 이상 의견이 없다.

최악은 결국 의심이 이기게 된다는 것이다. 성인 영재는 기다리지 않으면 알 수 없다는 말을, 기다리지 않으면 결정할 수 없다는 말을, 기다리지 않으면 성공할 수 없다는 말을 하도 들은 나머지…… 자기 자신에 대해 그 어떤 믿음도 가질 수 없게 되어버린다. 자신의 판단력에 대해서도. 그는 전의를 상실한 채 뒤로 물러나 버릴 수 있다. 이것은 그의 직업적 삶, 사회적 삶, 감정적인 삶에 대단히 불리하다. 그의 정신적 균형에도 마찬가지다.

권태와 사랑 :
지나친 구속에서 변덕스러운 사랑까지

이 부분은 설명하기가 조금 어렵지만 그럼에도 본질적인 문제이다. 사랑이 어려운 까닭은 일반화가 불가능하기 때문이다. 그러나 반드시 언급해야 할 일반적 성향들은 분명히 존재한다. 애정 관계의 큰 두 범주 속에, 더 정확히 말하자면 그들이 사랑에 대해 유지하는 관계 속에 이 일반적 성향들은 분포되어 있다.

안정적이고, 견고하며, 영속적인 관계에 대한 필사적인 갈망

삶의 풍랑에 견디며 돌풍을 막아낼 수 있는 '굳건한' 커플을 만들고 싶다는 의지. 안전에 대한 근원적인 갈망을 가진 사람들은 무엇보다도 확실한 커플과 결속된 가족을 가질 수 있기를 바란다. 그들은 자신의 커플과 가족을 가꾸고 지키는 데 한순간도 소홀함이 없고, 이를 통해 자기 자신도 보호받으며 사랑받고 있다고 느끼고 싶어 한다. 자신의 커플을 지키는 데 그토록 엄청난 에너지를 쏟아붓는 것은 자기가 행복하게 잘살고 있다고 믿고 싶어 하기 때문이며, 자기 커플에게 바깥에서 들어온 어떤 미지의 감정이 들이닥쳐 모든 것을 순식간에 뒤흔들어놓을까 봐 두렵기 때문이다. 때로 이렇게 안정된 커플을 유지하는 것이 지루하기도 하지만, 다른 것이 침입할지도 모른다는 두려움에 생각이 미치면 정신이 번쩍 들고 에너지가 샘솟는다. 권태의 땅에서 이만 해도 어디냐!

끊임없는 연애의 자극에 대한 갈망

새로운 사랑의 충격. 우리는 생리적 차원의 사랑이란 뇌에서 강렬한 쾌감과 행복감의 원천인 호르몬 분비가 일어나는 것임을 알고 있다. 또한 이런 호르몬 분비는 3년이 지나면 줄어들고, 이 상태를 유지하려면 새로운 관계가 필요하다는 것도 알고 있다. 쾌락 호르몬이 방출되는 시기가 지난 것이다……. 이 호르몬 없이 살 수 없는 사람들은 연애중독이 된다. 그들은 삶을 너무도 아름답고 반짝반짝 빛나게 만들어주는 이 호르몬 분비에 아등바등 매달린다. 호르몬이 분비되는 동안에는 화학적으로 보호되어, 자신도, 상대방도, 이 세상도, 그 모두가 너무나 아름답게만 보인다. 머리와 심장은 삶을 물어뜯을 듯 게걸스럽게 흥분한다. 바로 그것이 영재를 자극한다. 살아 있다는 느낌! 그런데 이렇게 반복되는 모험이 삶의 균형을, 삶의 만족을 만들어낼 수 있을까? 그럴 것 같지는 않다. 그러나 이런 연애의 모험이 권태의 강력한 배출구인 것은 분명하다.

양면성

그리고 이 둘을 동시에 원하는 사람들도 있다. 자신들의 균형을 유지하는 데 꼭 필요한 안정과 보호를 제공하는 커플관계와 사랑이라는 측면에서 지나치게 잘 정돈된 그들의 삶에 '마법 같은 삽화'를 만들어내는, 배우자가 아닌 사람과의 일시적인 감정의 광풍 모두를. 일상 위로 권태가 아슬아슬 날고 있을 때 그 일상에 주입되는 짜릿한 아드레날린 몇 방울. 이들은 위험을 즐기는 사람들이다. 자기 커플이 위험에 빠지는 것은 절대로 원하지 않지만, 그러면서도 자신들의 피를 빨고, 안정을 깨트려 위험 속으로 몰아넣는 감정의 유희를 즐긴다. 이들을 경계하자.

어떤 경우든 영재의 연애에는 권태에 대한 두려움이 있다. 권태에 직접 맞서 싸우든가, 부정하지만 언제나 그 자리에 있든가 할 뿐이다. 영재는 그 사실을 알고 있으며 언제나 조금 두려워한다. 그리고 알고 있는 편이 좋다. 삶을 '견디고' 꾸려가기 위한 적절한 대비를 할 수 있으니까 말이다.

어른이 된 영재들

타인에 대한
부러움

영재가 다른 사람을 부러워할 것이라는 생각은 얼른 들지 않는다. 그러나 영재에게는 그런 면이 있다. 영재는 다른 사람들이 살아가는 모습을 바라보면서 비밀스럽게 꿈을 꾼다. 그는 다른 이들의 자연스러움을, 그 단순한 기쁨을, 그 단순한 행복을 부러워한다. 그런 것들이 영재에게는 가질 수 없는 것처럼 보인다. 이 '생각하는 기계'가 멈추지 않는 한, 샅샅이 껍질을 벗겨 분석하고 검토하는 이 기계가 멈추지 않는 한 그런 기쁨을 맛볼 수가 없다. 어떤 행사나 모임에 나가더라도 주변에 있는 모든 감정을 모두 알아차리지 않을 수가 없다. 그 모든 암묵적 발화, 겉치레, 꾸며낸 감정이 저절로 해독된다. 그가 원하지 않는데도 말이다. 영재의 작동방식은 그를 편안하게 내버려두지 않는다. 그는 '잠깐 멈춤'을 하고 남들처럼 다른 이들과 편안하게 있고 싶지만 그게 안 된다.

이것이 그의 열등감을 부추긴다. 다른 사람들은 모두 어떻게 살아가야 하는지를, 어떻게 행동해야 하는지를 알고 있다. 그 사람들은 자기 자신에 대해서, 자신의 선택에 대해서, 자신의 삶에 대해서 정말로 확신을 갖고 있는 것 같다. 그들이 이야기하는 걸 보면 자기가 하는 이야기와 생각을 분명히 믿는 걸 알 수 있다.

영재는 구석에 틀어박혀서 질투에 사로잡혀 그들을 바라본다. 자기도 어떻게 해야 하는지 너무나 알고 싶다. 그러나 그의 속마음은 결코 그럴 수 없으리라는 걸 안다. 결국 그는 꾹 참고 '남들처럼 보이려고' 노력을 하든가, 아니면 스스로 뒤로 물러난다.

생각을 멈추고 싶다는 갈망

부러움의 또 다른 모습. 저 사람들은 뭘 어떻게 하기에 주어진 설명에 다들 만족할 수 있는 것일까? 어째서 그들 주변에 있는 것들을 보지 않을까? 뭘 어떻게 하기에 줄곧 생각하지 않을 수 있는 것일까? 정말 편안할 것 같다. 정말 부럽다…….

"괜찮으시다면, 내 뇌를 조금 잘라내 주시죠." 그 젊은 여성은 시니컬한 농담조로 뜬금없이 내게 이렇게 말했다. "더 이상은 못 참겠어요. 뇌가 멈췄으면 좋겠어요. 그런데 그게 안 돼요. 내 뇌는 끊임없이 돌아가고 있어요. 전속력으로 논스톱으로 작동하죠. 밤에 잠들기조차 힘들어요."

다른 예도 있다. 직업적으로 책임이 막중한 그 남자는 "어제저녁에 말도 안 되는 짓을 했답니다."라며 약간 부끄러운 듯 이야기를 꺼냈다. "나는 아내가 보지 못하도록 욕실에 들어가 있었는데, 결국 아내가 정신병원 구급차를 불렀죠. 욕실 벽에 머리를 찧고 있었거든요. 여러 번이나요. 머릿속에 든 게 멈출 거라고, 이제 조용해질 거라고 바보처럼 중얼거리면서 말입니다. 이상한 짓인 줄은 알지만, 정말이지 참을 수가 없었어요."

이런 이야기들은 과장이 아니다. 이것은 영재들이 거듭거듭 질러대는 비명이다. 생각을 멈추고 싶다는 것, 더 정확히는 자신의 생각을 조절할 수 있게 되는 것 말이다. 생각해야 할 때 생각하고, 필요 없을 때 혹은 생각을 해서 힘들어질 때는 멈추는 것. 켜짐/꺼짐 단추를 찾는 것. 더 이상 자기 생각에 끌려다니지 않고 생각을 지배하는 방법을 찾는 것 말이다.

"이렇게 계속 살고 싶지는 않아요. 그럴 순 없어요. 내 경우를 꼼꼼하게 검토해보니 내가 사회에 적응하지 못하는 건 나의 지나친 지능 때문이라는 결론이 났어요. 그게 나를 가만히 내버려두지를 않고 내가 그걸 길들이지도 못해서, 그게 결국 나를 음울하고 위험하고 불안한 귀신들린 성으로 만들어놓고 있어요. 번뇌하는 내 영혼이 출몰하는 성이죠. 나는 나 자신에게 사로잡혀 있다고요.
난 이제 그런 걸 따질 처지가 아니에요. 당신이 나를 도와줘야 해요. 내 뇌는 낮이고 밤이고 할 것 없이 내내 마라톤을 하고 있어요. 쳇바퀴를 도는 햄스터처럼 절대 돌기를 멈추지 않아요."[*]

---

[*] 마르탱 파주, 『나는 어떻게 바보가 되었나』, 르 딜레탕트, 2000.

타인에 대한
과도한
감정이입

뛰어난 공감 능력을 가지고 다른 사람의 감정을 고스란히 느끼면서 거기에 끼어들지 않기란 힘든 일이다. 영재에게는 자신의 관점과 지지와 이해를 피력하지 않으려고 하는 게 힘든 일일 때가 많다. 영재는 자기가 무엇을 해야 하는지, 어떻게 해야 하는지 알고 있다고 생각하기 때문에 도움을 주고 싶어 한다. 그만큼 영재는 다른 사람을 속속들이 정확하게 이해하고 있다. 영재는 다른 사람을 아주 깊이 이해하는 것처럼 보이기 때문에 다른 사람들이 종종 그에게 자신의 속내를 털어놓는다. 문제를, 상황을, 여러 변수를 통합하여 분석하는 그의 능력 덕분에 그의 의견은 값진 것으로 인정받고 그의 조언은 인기를 얻는다. 그런데 속을 털어놓을 수 있는 상대인 영재는 이야기하는 사람의 감정을 모두 흡수해 버린다. 그는 상대의 고통을 자기 몸으로 고스란히 느낀다. 타인의 고통이 자기 것이 된다. 이 감정의 소용돌이에 휘말리지 않고 균형을 유지하려면 보호 시스템을 강화해야 한다.

그 결과, 감정에 지나치게 휘둘리지 않으려 애를 쓴 나머지, 이번에는 정반 대로 타인들과 거리를 두게 된다. 그들의 고통에 관심이 없어서가 아니라 반대로 그 속으로 너무 끌려 들어가기 때문이다. 타인이 겪는 고통에 너무 가까이 있다 보니, 그를 도울 수 없다는 무력감, 그를 지금 겪고 있는 문제 들에서 빠져나오게 해줄 수 없다는 무력감이 너무 커서 오히려 영재를 그 사람에게서 멀어지게 한다. 영재는 더 이상 괴로워하지 않아서 이 모든 감 정의 수용을 최대한 막으려고 한다. 그것은 일종의 생존 전략이지······ 절 대 동정심이 부족해서가 아니다.

타인들에게 무관심한 듯한 이미지

더 이상 감정적으로 시달리지 않으려고 단단한 껍질을 두르고 있는 영재 는 다른 사람들이 보기에 거리감이 느껴지고, 타인에게 관심이 없는 차가 운 사람으로 보일 수 있다. 사랑이 없는 사람. 거만할 것 같은 사람. 세상 사에 초연한 사람. 이렇게 영재는 자기 자신의 수인(囚人)이 되어 이중의 고 통을 당한다. 타인이 겪는 감정에 거리를 유지하기 위해서 끊임없이 에너지 를 써야 한다는 고통과 실제의 자신과는 너무나 동떨어진 이미지에서 생겨 나는 고통. 이 방어 시스템은 허점투성이라는 것을, 변함없이 감정의 동요 에 휘둘리기 때문에 고통도 여전하다는 것을 영재는 잘 안다. 더구나 이렇 게 거리를 두는 사람과 가까이 지내고 싶어 하지 않는 다른 사람들로부터 배척을 당하기 때문에 그의 고뇌는 더욱 커진다. 이 무슨 악순환인가!

다른 사람들의 삶을 느끼는 것

이는 타인을 과도하게 인식하는 데서 비롯된 또 다른 측면이다. 타인이 어떻게 행동할 것인가, 무엇을 시도할 것인가, 무엇이 될 것인가를 손에 잡힐 듯 생생하게 느끼는 것. 다른 맥락에서라면 이것을 혜안(clairvoyance)이라 부를 수도 있다. 이 말의 어원적 의미는 영재가 지각하는 것과 완벽하게 같다. 삶에 대한, 미래에 대한, 자기가 마주하는 사람에 대한 투명한 확신. 이런 확신은 여러 가지 변수를 순식간에 응축하여 번개처럼 분석하는 능력에서, 또한 감정을 포착하여 그 명확한 의미를 끌어내는 강렬한 민감함에서 태어난다. 직관적 추론. 영재는 알고 있지만 여전히 설명은 할 수 없다. 안정적인 상황이라면 영재가 타인을 리드하려 하겠지만, 상황이 여의치 않을 때는 침묵한다. 설명할 수 없는 것을 어떻게 표현할 것인가?

난 그 아이를 보면서 생각했다. '저 아이도 다른 사람들처럼 될까?' 10년이 지난 후의 그녀의 모습을 상상해보았다. (…) 하지만 상상이 되질 않았다. 그때 난 커다란 행복감을 느꼈다. 평생 처음으로 운명이 예감되지 않는 누군가를, 삶의 길이 열려 있는 누군가를 만난 것이었다. *

---

*뮈리엘 바르베리, 『고슴도치의 우아함』, 갈리마르, 2006.

초감성의 압박

그건 매번 경이롭다. (…) 합창단이 노래를 부르기 시작하면 이 모든 것
이 순식간에 사라진다. 삶의 흐름은 노래 속으로 자취를 감추고, 돌연
우애, 깊은 연대감, 사랑의 느낌이 생겨나 완전한 일체감 속에 일상의 추
함을 녹아 없어지게 한다. (…)
매번 이렇다. 울고 싶은 기분이 들고, 목이 꽉 메어와 참으려 최대한 애를
쓰지만 몇 번이나 한계에 도달하고 만다. (…) 너무나 아름답고, 너무나
공명하며, 너무 놀랍도록 조화로웠다. 나는 더 이상 내가 아니라 다른
이들과 더불어 숭고한 전체의 일부분을 이루고 있으며, 바로 그 순간 난
이 모든 것이 왜 합창이라는 예외적인 순간이 아니라 일상의 원칙이 될 수
없을까 늘 자문한다. *

주위에서 진동하고 있는 생명을, 감동을 너무도 강렬하게 느끼는 것. 모
든 것을 증폭하여, 크게, 반드시 감지하는 것. 지극히 작은 세부까지도 포
착하여 기록하는 것. 누구도 그 존재를 자각하지 못하는 미미한 것, 정말
로 무의미하여 의식의 경계를 뚫지 못하는 그것까지도.
　　그렇게 되면, 감정들과 감각들로 가득 차버린 삶은 전대미문의 요철을,
희귀한 밀도를 가지게 된다. 그리고 그것은 종종 너무 강렬해서 견디기 어
렵다.

"나에게는 황금만큼 값진 상황들, 만 배는 증폭되어 다가오는 상황들이

---

*뮈리엘 바르베리, 『고슴도치의 우아함』, 갈리마르, 2006.

있다. 남들에게는 다른 상황과 다를 바 없겠지만."

어떤 때에는 감정의 하중이 너무 커서 발작적인 반응이 나오는 때도 있다. 폭발하지 않으면 기절해 버릴 것만 같을 때, 출력이 너무 강해서 시스템에 전류가 끊어질 때, 불시에 감정의 대재앙이 엄습한다.

"내 반응이 너무 극단적이어서 누구도 나를 이해하지 못해요." 델핀의 말이다.

이러한 반응의 양상을 통해 그들이 얼마나 과민한가를 알 수 있다. 또한 얼마나 창피할까 하는 것도. 아무것도 아닌 말 한마디, 사소한 몸짓 하나, 평범한 언급일 뿐인데, 영재는 일부러 자신을 공격했다 여겨 놀라고, 당황하며, 깊이 상처를 입는다. 그러면 영재는 마음의 문을 닫는다. 자신을 차단한다. 그렇게 하지 않으면 폭발하고 만다. 폭발하면 대부분 주위 사람들은 당황한다. 뜻밖이라서 더욱 놀라운 이런 행동의 내밀한 원인을 그들이 어떻게 이해할 수 있을까? 또다시 서로 이해할 수 없게 된다. 새로운 오해가 생긴다. 새로운 고독이 예고된다.

계속되는 델핀의 말이다.

"시댁에 있을 때는 항상 긴장이 되고 부자연스러워요. 시댁 식구들은 나한테 다정하게 굴면서 나를 받아주는 척하지요. 하지만 나는 그 사람들이 나를 좋아하지 않는다는 걸 알아요. 좋아하는 척하는 거죠. 자기 아들 때문에. 그러다 어느 순간 식구들이 하는 말 한마디 한마디에 너무나 예민해지는 거예요. 나는 대뜸 화를 내고, 아무도 내가 왜 그러는지 영문을 모르죠. 내가 그럴수록 식구들이 나를 더 싫어하게 될 게 뻔하죠! 나에게는 그 한번 한번이 다 시험이에요. 실제로 그 모든 것이 나에게 끔찍한 상처를 남기거든요."

감정은 아주 작은 틈만 있어도 어디서든 언제든 영재에게 파고든다. 대수로울 게 전혀 없는 것처럼 보일 때조차 영재는 지극히 미묘한 감정의 변화를 느낀다. 그러면 그는 그것을 해석하고 그에 반응한다. 그의 민감한 감정은 너무 강해서 제어 없이 뇌의 회로를 타기 때문에 이성으로는 통제가 안 된다. 그가 느끼는 감정은 그를 종종 그런 식으로 이끌어 항로를 이탈하게 한다. 원래의 의미에서 그리고 비유적 의미에서……

방어 전략의 결과: 아무것도 느끼지 못한다

방어 전략이자 보호 조치로, 몇몇 영재는 이 바닥 없는 감정의 우물과 단호하게 관계를 끊어버리는 편을 선택한다. 그들의 목적은 '더 이상 감정으로 느끼지 않고 머리로만 느끼기'다. 자신과 세상 사이에 인지적 거리를 두기. 나는 이것을 '인지에 의한 방어'라고 부른다. 모든 것이 지능이라는 필터를 통과하게 되고, 아무것도 삶과 타인들과의 접촉을 통해 직접적으로 체험되지 않는다. 진정한 감정적 자살인 것이다! 이런 선택은 정신적 균형에 위험하고, 살아 있다는 느낌을 해치며, 타인들과의 관계에 해롭다. 결과적으로 감정이 없고, 냉정하며, 감성이 억압된 사람이 된다.

나는 상담 중에 파트리스가 말하는 방식에 놀랐다. 나는 그에게 그가 사용하는 말들에 살이 없다는 이야기를 했다. 그는 내 말을 이해하지 못했다. 내가 설명을 해주었지만 소용이 없었다. 여러 차례의 상담이 이어진 어느 날, 나는 그의 말 속에 생명이 다시 깃들었음을 느꼈다. 나는 그에게 그 이야기를 했다. 그리고 그때 그는 내 말의 의미와 중요성을 이해했다. 그의 말들은 그 감정적 실체를 회복하고 있었다. 그의 말들에 새로이 생명이 실렸다.

느낌을 금지하는 것이 극단적으로 가면 육체적으로 증상이 나타난다. 억눌린 감정들이 그를 안에서부터 갉아먹어, 복통에서부터 다발성 신경 말단 염증에 이르기까지 여러 신체적 증상으로 나타나 의학을 무력하게 한다.

막막한
고독감

고독 가운데 최악의 고독은 내면의 고독이다. 따르는 사람이 많을 수도 있고, 친구와 아는 사람들도 있을 수 있다. 실제 삶에서는 혼자가 아니다. 직업도 있을 수 있고, 어쩌면 괜찮은 직업일지도 모른다. 그런데…… 그런데 내면의 괴로운 느낌이, 막막한 고독감이 쉬지 않고 그를 물어뜯는다. 이 고독감은 자신과 이 세계 사이에서, 자신과 타인들 사이에서 언제나 느껴지는 그 거리에서 생겨난다. 아무리 노력을 해도 여전히 혼자라고 느껴지는 본의 아닌 고통스러운 괴리감. 다른 사람들에게서 멀리 떨어져 있다는 느낌. 다른 사람들이 자신의 깊은 공허를 이해해주지 않는다는 느낌. 온 힘을 다해 깊은 사랑을 가지고 그들을 이해하려 하는 사람들 역시 실패하고 만다. 다가오려고 시도하지만 헛되이 끝나고 만다. 영재가 자신만의 관제탑에서 그들의 결함을, 약점을, 한계를 찾아내고 있기에……. 일부러 그러는 것은 아니지만, 모든 메커니즘을 분석하는 마당에 어떻게 진정으로 이해된다고 느낄 수 있겠는가.

고독감은 가족에게도 느껴질 수 있다. 그리고 그게 더 견디기 힘들다. 자신에게도 그리고 가족들에게도. 그가 편안하지 못하다는 것이, 힘들어하고 있다는 것이 너무나 잘 느껴지니까 말이다. 그는 그토록 사랑하는 사람들과 함께 있을 때조차 이 견디기 힘든 고립감을, 괴리감을 느낀다.

"다른 사람들은 나를 피곤하게 한다. 그래도 나는 노력을 한다. 그들에게 말을 걸고, 그들이 하는 말에, 그들의 이야기에 관심이 있는 척한다. 그들에게 대답한다. 싹싹하게 굴려고 애를 쓴다. 하지만 그건 많은 에너지와 집중력을 요구한다. 그러다 한순간, 미처 알지도 못하는 사이에 나는 떨어져 나온다. 파티 같은 데서 잠시 그렇게 시간이 흐르고 나면 내 주위에는 텅 빈 공간이 생긴다. 다시 혼자가 된 것이다. 나에게 말 걸고 싶은 사람은 하나도 없는 것 같다. 한편으론 애쓰지 않아도 되니까 편하기도 하다. 하지만 그건 나를 슬프게 하기도 한다. 왜일까? 왜 나는 다른 사람과 함께 있으면 편안하지가 않을까? 왜 다른 사람과의 대화에 금방 싫증이 날까? 재미가 없다. 그런데 저 사람들은 같이 있는 게 정말 즐거운 것 같다. 함께 나누는 게. 나는 뼛속까지 혼자라는 느낌이 든다. 나는 그 모든 것을 씁쓸하게 바라본다. 화가 나는 것 같기도 하다. 나도 같이 즐겁게 지내고 싶다. 내 잘못일까? 내가 정말로 재미없는 사람인 걸까?"

플로랑스의 이야기는 이렇게 끝이 난다. 그녀는 화가 난다. 자신을 혼자이게 하고 어긋나게 하는 이런 상황 앞에서 할 수 있는 일이 없다. 자신의 의지와는 반대로. 그녀는 자신이 얼마나 '그들처럼' 되고 싶은지, 그들 속에 함께 있고 싶은지를 이야기한다.

이 괴리감은 영재의 이야기에 거의 항상 등장한다. 가장 고통스러운 것은 이것이 아주 오래된 감정이라는 사실이다. 아주 어렸을 때부터 타인들과의 관계는 이미 힘든 것이었다.

▶ 친구는 친구일 뿐

"내 인간관계가 무척 협소하다는 걸 알고 있어요. 그래서 나에게도 상대방에게도 이 관계가 아주 좋은 관계가 되게 하려고 애쓰죠. 말하자면 에너지가 낭비되지 않게 하는 거예요. 어떤 관계를 맺을 때는 상당한 에너지가 필요하니까요."

마음과는 다르게 사회적으로 고립된 삶을 살고 있는 젊은 청년 에티엔느는 관계 맺기라는 게임을 이렇게 분석한다.

그리고 그 관계라는 것이 전제하는 두려움도. 실망하거나 배신당하는 것도 두렵지만, 이 관계라는 것의 일시적이고 표면적인 성격 자체도 두렵다. 그래서 그는 관계를 맺는 데에 인색하며, 그 관계가 두 사람의 당사자모두에게 진정한 의미를 가질 수 있다고 여겨질 때에만 그렇게나 귀중한 그에너지를 '소비한다'.

절대적인 구속

영재는 상대를, 관계를, 신뢰를 철저하게 믿는다. 그에게 있어 친구라는 개념은 절대적인 개념이다. 신뢰는 깰 수 없는 것이다. 하지만 삶은 곧 정반대임을 가르쳐준다. 아이였을 때, 청소년 시절에, 어른이 되어서도 영재는 그로 인해 풀썩 쓰러진다. 걔가 어떻게, 진정한 친구인 걔가, 난공불락의 성벽이라 여겼던 친구가 어떻게 배신을 할 수 있단 말인가? 어떻게 신의를 저버릴 수 있단 말인가? 그러나 주의하자. 오해하지 마라. 지금 말하는 배신이라는 것이 우리 누구에게나 상처를 입히는 그런 종류의 배신이 아니다. 너무 별것 아니라서 그 '배신자'는 자기가 배신했다는 걸 알지도 못하는 사소하고 대수롭지 않은 배신이다. 배신자에게 그 일은 아무것도 아닌 일이고 배신은 더더구나 아니었다. 그는 자기가 영재 친구에게 얼마나 충격을 주었는지 알지도 못한다. 그래서 이번에는 친구 쪽에서 무엇 때문에 영재 친구가 자기를 원망하고 만나주지 않는지 이해를 못 하게 된다. 그는 이해를 못 한다. 정말로.

무슨 일이 일어난 것일까? 영재는 자신도 다른 사람들도 견디기 힘든 예민함을 타고났다. 감당하기 힘든 예민함이다. 아주 사소한 생각, 별것 아닌 지적, 별생각 없이 한 말 한마디가 영재의 감정을 폭발하게 한다. 그런 것들을 아무렇게 않게 받아들이며 살아온 주위 사람들에게 그런 폭발은 이해할 수 없는 일이다. 하지만 영재는 그렇지가 못하다. 세월이 흐르면서 이런 실망감들이 점점 쌓인다. 영재가 타인들과의 관계에 부여하고자 했던 깨트릴 수 없는 믿음은 너무나 자주 흔들렸고, 이제 그는 타인들과 거리를 두는 편을 택한다. 여러 해가 지나면 영재는 더 이상 믿지 않게 된다. 그 누구도. 그는 경계한다. 모두를, 언제나. 그는 방어태세를 취한다.

생물학적으로 예정된 두려움?

외상성 경험이 여러 차례 반복되어 뇌에 인쇄회로가 만들어졌고, 결국 이 인쇄회로가 자동으로 작동을 시작하게 된다. 타인에 대한 관계는 두려운 것으로 인지되고, 뇌라는 조직이 관계에 대해 내놓은 응답은 두려움이며, 두려움은 도피 혹은 공격을 가동시킨다. 위험을 마주한 인체의 생리적 반응이 우위를 점하게 된 것이다.

다른 사람들도 물론 그것을 느낀다. 그래서 더 이상 그에게 가까이 다가오지 않는다. 누군가 다가서려 하면 영재는 자신의 보호장치를 꺼내 든다. 그는 거리를 유지한다. 이야기를 나누되 자신에 대한 말은 하지 않는다. 이야기를 듣되 주의 깊게 분석한다. 모든 것을. 상대가 말한 것과 말하지 않는 것을. 상대가 이해한 것과 이해하지 못한 것을. 상대의 태도, 몸짓, 목소리의 톤, 옷 입은 태, 앉는 방식, 부러진 손톱…… 모든 것이 영재의 분석 스캐너를 통과한다. 수없이 많은 미세한 것들이 경계를 늦추지 않는 주의 깊은 감시인의 입장을 공고히 한다. 상대의 흠을, 일관되지 못함을, 정직하지 못함을 드러내고야 마는 지나친 감시. 이런 지표들은 표면적이고 의미도 없는 것들이다. 하지만 이런 것들이 그를 다시 한 번 혼자가 되게 한다, 절망적인 혼자가. 이것이 길들여지기를 바라는, 그러나 버림받을까 봐 두려워하는 영재에게 되풀이되는 드라마이다.

그때 여우가 나타났다.

"와서 나하고 놀자. 나는 너무 슬퍼……."

어린 왕자가 말했다.

"난 너하고 놀 수 없어. 난 길들여지지 않았으니까."

여우가 대답했다. (…)

"길들인다는 게 무슨 뜻이니?"

"거의 잊혀진 거지. '관계를 만든다'는 뜻이야."

여우가 말했다.

"관계를 만든다고?"

"그래 그거야. 너는 아직 나에게 다른 수십만의 아이들과 다를 바 없는 소년에 불과해. 그러니까 난 네가 필요 없어. 너도 내가 필요 없어. 나는 너에게 다른 수십만 마리 여우 가운데 하나일 뿐이니까. 하지만 네가 나를 길들이게 되면, 우리는 서로 필요로 하게 될 거야. 너는 나에게 이 세상에서 하나뿐인 존재가 될 테니까. 나는 너에게 이 세상에서 하나뿐인 존재가 될 테고…….." (…)

그렇게 어린 왕자는 여우를 길들였다. 그리고 떠날 시간이 왔을 때 여우는 말했다.

"아…… 눈물이 날 것 같아." (…)

"그것 봐, 길들여져서 얻은 게 아무것도 없잖아!"

"얻은 게 있어."

여우가 말했다. (…)

"비밀을 말해줄게. 아주 간단해. 마음으로 볼 때만 제대로 볼 수 있다는 거야. 중요한 건 눈에 보이지 않아. (…) 사람들은 이 진실을 잊어버렸어. 하지만 너는 이걸 잊어선 안 돼. 너는 네가 길들인 것에 영원히 책임이 있는 거야."*

---

*앙트완 드 생텍쥐페리, 『어린 왕자』, 갈리마르.

어른이 된 영재들

규칙을 지킨다 : 황금률

규칙을 지킨다는 것은 배신하지 않는다는 것이다. 절대로. 그것은 믿고 털어놓은 비밀을 지킬 수 있다는 것이고, 모두에 맞서 친구를 보호할 수 있는 것이고, 온 힘을 다하여 부당함에 맞서 싸울 수 있다는 것이다. 영혼을 다 바쳐서. 부당함은 영재의 아킬레스건이다. 아주 작은 부당함도 그를 격분하게 한다.

부당함과 마주하면 영재는 어떤 일이라도 할 수 있다. 그의 침착함은 격노로 바뀔 수 있다. 그의 부드러움은 사나운 증오로 바뀔 수 있다. 그의 수동성은 억누를 수 없는 공격성으로 바뀔 수 있다. 모든 부당함에 대하여 그렇다. 자기 자신이 희생자이건 다른 사람들이 희생자이건. 다른 누구라도. 영재 이외에 다른 누구도 이해하지 못할 때 그것은 훨씬 더 커진다. 분노가 폭발하고, 그는 무슨 짓이든 할 수 있다. 정신적으로나 육체적으로 스스로를 위험에 빠트리는 것까지 포함해서. 뭐가 어찌 됐든 그는 싸움에 뛰어든다. 가만히 있을 수가 없다. 모든 것을 각오한다. 영재는 독단을 보고도 모르는 체하기보다는 언제나 부당함에 맞서 싸우는 쪽을 택할 것이다.

거듭되는 실망

믿음이 신성할 때 배신은 생생하게 벌어진 상처가 된다. 영재는 순진하고 고지식한 데가 있어서 사람들과의 관계에서 힘든 경험을 많이 했음에도 불구하고 여전히 사람을 믿는다. 믿고 싶어 한다. 새로운 만남? 즉시 희망을 잔뜩 건다. 그리고 나서 찾아오는 건 희망을 건 것만큼의 견디기 힘든 실망감. 이번에는, 이번 한 번 만큼은 그렇게 되지 않을 줄 알았다. 깨지지 않는 진실한 믿음이 가능하다고 언제고 믿고 싶어 하는 그런 마음에서. 그토록 명석한 존재에게 나타나는 어이없는 천진함. 영재를 쓰러지게 하고 다시 일어서기 위해 엄청난 에너지를 요구하는 천진함. 그러니 경계하라. 내 장담하거니와, 그는 다시 되풀이할 것이다!

부부간에도 이런 메커니즘이 반복된다. 경험을 통해서 아무것도 배우지 못하는 사람처럼 타인을 향한 애정과 사랑을 주고받는 것에 대한 욕망이 그의 눈을 멀게 한다. 일상생활에서 일어날 수 있는 작은 예를 들어보자. 갈등이 생겼다. 심한 말싸움을 했다. 각자 그 장소를 떠나 자기 할 일을 한다. 이때 영재가 열렬히 바라는 게 무엇일 것 같은가? 그가 마음속으로 희망하는 것? 그는 다시 사랑하는 사이로 돌아오고 싶어 한다. 그리고 그 화해의 순간이 뜨겁고 열렬한 것이었으면 하고 바란다. 하지만 현실에서 배우자는 어떤 감정 상태에서 다른 상태로 그렇게 확 바뀔 수가 없기 때문에 당연히 영재와 같은 마음이 아니다. 그러니 결국 대단한 일은 일어나지 않는다. 영재가 보기에 이런 결말은 평범하고 실망스럽다. 그는 실망한 아이처럼 당황스러워 할 것이다. 슬프기도 하다. 그는 자신의 로맨틱한 꿈이 현실로 이루어질 수 없음에 놀란다.

내 얘기가 과장으로 여겨질 수도 있고, 엄청 순진한 얘기라고 생각할지도 모르겠다. 맞다. 그런데 그게 바로 영재가 작동하는 방식이다.

소피는 자신이 엄청 맹하다고 고백한다. 바보 같은 짓인 줄 알면서도 결국엔 상처만 받게 될 그런 꿈을 거의 매일 꾸지 않을 수가 없다는 것이다. "퇴근을 하고 남편을 다시 만난다고 생각하면 기분이 좋죠. 나는 오늘은 또 무슨 일이 벌어질까, 상상을 해요! 하지만 돌아오는 거라곤 평범한 인사뿐이고, 얼굴도 쳐다보는 둥 마는 둥하죠. 한순간에 다 무너지는 거예요. 그런데 나는 무얼 기대했던 걸까요? 샴페인 병을 들고서 나를 기다리는 거? 주말여행을 위한 비행기 티켓 두 장과 그동안 아이들을 봐줄 베이비시터? 서른일곱 송이—내 나이예요, 생일 지난 지 석 달이나 되었다고요!—장미 꽃다발? 얼뜨기 처녀의 우스꽝스러운 꿈이죠. 내 남편은 다른 관점으로 보면 훌륭한 사람이고 사실 이런 것들은 하나도 중요하지 않죠. 하지만 나는 매일매일, '오늘은 어쩌면…'이라고 중얼거리지 않을 수가 없어요."

'소피의 불행'은 물론 평범한 이야기지만, 그러나 그녀에게 이것은 계속 되풀이되는 실망이다.

█ 문제? 일상에 만족할 수 없다는 것.

누군가에게 소중하다는 것을 아는 것

이자벨은 남자들과의 관계가 힘들다고 이야기한다. 관계 맺기에 겁을 내는 사람들이 모두 그렇듯 그녀도 불가능한 이야기들을 되풀이한다. 그녀는 10대 때부터 사귀어온 오래된 관계를 많은 감정을 담아 나에게 묘사한다. 이자벨은 그 남자친구를 좋아한다. 그도 마찬가지다. 하지만 둘에게는 각자의 삶이 있다. 두 사람은 멀리 떨어져서 살게 되었다. 그들은 정기적으로 중간 지점에서 만난다. "그건 마치 전기충격하고도 비슷해요. 갑자기 다시 살아난 것처럼 느껴지죠." 그러나 둘은 다시 각자의 터전으로 돌아가야 한다. 그래서 그들은 항상 이메일로 이야기를 나눈다. 10대 시절에 그랬던 것처럼.

그런데 이메일을 통해 이어지는 편지 관계는 굉장히 내밀한 관계가 될 수 있다. 직접적인 관계보다도 훨씬 더 내밀한 경우도 종종 있다. 대담하게 대화를 주고받고, 고백하며, 비밀을 털어놓는다. 직접적인 관계에 비해 견제를 덜 받기 때문이다. 언제나 덜 위험하다. 아자벨과 필립은 대화를 많이 나눈다. 이자벨은 이렇게 털어놓는다. "누군가에게 소중한 존재임을 아는 것이 가장 중요해요. 육체적인 관계보다 더 중요할지도 몰라요."

돌아보면 영재 아동에게도 동일한 성향이 있다. 영재 아이가 학교에 가는 가장 큰 동기는 무엇일까? 누군가 자기를 기다린다고 느끼는 것이다. 자기가 학교에 가는 게 누군가에게 기쁨이 된다고 느끼는 것이다. 학교에서 자신의 존재가 중요하다고 느끼는 것이다. 그게 담임이건, 교사이건, 다른 아이이건 그건 중요하지 않다. 중요한 것은 누군가 자기를 좋아한다고 느끼는 것이다. 아침에 일어나서 학교로 출발하게 하기 위해서는 그것으로 충분하다……. 아이들이란 원래 그렇다고 말할 참인가? 물론 그렇다. 하지만 이 아이에게는 그게 대단히 중요하다. 옵션이 아니란 말이다!

영재와 세상은 서로 이해하지 못한다

그는 세상과 타인들을 이해하지 못하고…… 그리고 이해를 얻지도 못한다.

이해할 수 없는 것을 어떻게 이해하라고?

의미. 무엇보다 의미. 언제나 의미이다. 영재의 작동방식의 라이트모티브인 억제할 수 없는 악착같은 추구. 만물의 의미를, 절대적인 정확한 의미를 찾는 것. 위험성? 모든 것에서 의미를 찾다 보면 결국 부조리에, 난센스에 도달하게 된다. 당연한 상식이 더 이상 통하지 않는다. 그 지경이 되었는데 이해할 수 없는 것을 어떻게 이해하겠는가? 못 한다. 그러면 영재는 화가 가서 더 이상 아무것도 이해하지 않으려 한다. 그건 다 틀렸고, 자기도 틀렸다. 끝에서 끝까지 가보아도 아무것도 없다……. 의미 없이는 살 수 없는 이 사람은 이제 어떻게 해야 하는가? 시작도 끝도 알 수 없이 영원히 시작점으로 되돌아오는 뫼비우스의 띠처럼 영재는 결코 답을 얻을 수 없는 문제들을 돌리고 또 돌린다.

이해하려고 애쓰는 이 사람을 누가 이해할 것인가?

다르게 이해하는 데서 이상한 오해가 생겨난다

다르게 생각하는 데서 생겨나는 함정들이 일상생활의 곳곳에 스며든다. 모든 사람에게 명백한 것을 이해하지 못하거나 다르게 이해하면 맥빠지는 일이 생길 수 있다. 사생활과 가족과의 생활에서 갈등이 생길 수 있고 헛된 싸움을 일으키기도 한다. 그러다 나중에 가서야 자신이 단지 같은 방식으로 이해하지 않았을 뿐임을 알게 된다. 친구들 사이에서는 비생산적인 토론으로 이어질 수 있고, 어쩌면 따돌림을 당하게 될지도 모른다. 다른 친구들 입장에서는 헷갈리게 하는 이 영재 친구를 참아주기가 힘들고, 영재 입장에서는 친구들이 자기 말을 듣게 할 수도 없다. 항상 괴리가 있다 보니 그 무리에 있는 것이 편안하지가 않다. 직장에서는 숱한 실망과 이따금 돌이킬 수 없는 오해를 낳는다.

"면접시험을 본다고 칩시다. 우리의 사고방식과 면접관의 사고방식이 다르기 때문에 주어진 질문을 전부 다르게 이해하는 일이 있을 수 있습니다. 그러면 우리는 왜곡된 이미지를 주게 되겠죠. 희망했던 직위는 당연히 물 건너가는 겁니다." 설득력 있는 증언이다.

바보 이미지가 생긴다

놀랍지만 흔히 있는 일이다. 영재 성인들은 다른 사람들 눈에 '바보 같은' 사람으로 통할 때가 많다. 하는 말이 다르고, 생각하는 방식이 다르며, 다른 사람들과 다른 식으로 끼어들고, 뜻밖의 말을 하며…… 이런 것들은 쉽사리 어리석어 보이게 한다. 불민한 것으로 말이다. 또한 시큰둥한 사람이나 참을 수 없는 인간들로 여겨질 수도 있다. 절대 동의하는 법이 없고, 이것저것 다 따지려 들며, 결정한 것에 이의를 제기하고, 사소한 일에 사사건건 토를 다는 그들의 기벽 때문에 말이다.

로랑은 더는 참을 수가 없다. 그의 분석대로라면 회사의 결정은 좋은 방향이 아니었고, 그래서 그는 상황을 바꿔보려 하지만 소용이 없다. 이론상으로는 그가 옳다. 하지만 현실에서 로랑의 의견은 다른 모든 사람의 의견과 부딪칠 뿐더러 다르게 진행되리라 전망하는 지배적인 견해와도 충돌한다. 아무도 로랑의 말을 듣지 않는다. 그의 능력과 분석을 과소평가한다. 너무 달라서 받아들이지를 못한다. 로랑은 자신을 적대시하는 비웃음을 느낀다. 더 괴로운 건 머리가 나쁘고 분별력이 부족하다며 그를 동정하는 시선이다.

잃어버린
이상향을
찾아서…

어린 시절과 청소년 시절에, 얼마나 많은 꿈과 계획이 세상의 완전함과 삶의 이상을 갈망하는 이 젊은 영재의 머릿속에 있었던가. 그에게는 하나의 꿈 정도가 아니었다. 그는 자기가 생각하는 것, 그가 믿는 것이 가능하다고 믿었다. 실현할 수 있다고. 이다음에 어른이 되면⋯⋯.

전능하다는 느낌과 면책특권

"어렸을 때는 뭐든 가능하다고 생각했죠. 전부 막혀 있는 것 같았지만 모든 게 가능하다고 생각했어요." 이런 흔들림 없는 확신 덕분에 니콜라는 모든 장애물을 뛰어넘을 수 있었다. 사회적으로 높은 지위에 도달한 지금도 그는 불가능을 물리치려고 계속해서 시도하고 있다. 여전히 그리고 언제나.

위의 사례를 보면 전능하다는 느낌의 힘과 위험이 잘 드러나 있다. 원하기만 하면 모든 것을 얻을 수 있을 줄 알았던 어린 시절에 가졌던 '나는 무적이고 위험할 건 하나도 없다'는 느낌. 모든 것에 대해 언제나 해결책을 찾을 수 있다는 느낌. 영재는 어떤 것에도 방해받지 않으며 반드시 해결책을 찾아내리라는, 언제든 궁지에서 빠져나올 수 있다는 그런 확신을 흔히 경험한다.

전능하다는 느낌은 영재에게 뿌리 깊게 남아 있다. 마치 어린 시절의 그 부분이 살아남아 여전히 활동 중인 것처럼. 그 느낌은 그러나 자신을 가치 없고 무능하다 믿게 되는 반대의 감정에 돌연 젖어들 때 그를 보호해주지 못한다. 빛과 그림자. 휴식을 허락하지 않는 감정의 대조.

슬픔의 연속

이 세상이라는 현실에 직면했을 때, 세상과 우리의 한계에 직면했을 때, 분명히 인정하지 않을 수 없다. 삶은 꿈꾸었던 것과 다르며, 누구도 자신이 상상했던 것을 모두 이룰 수는 없으며, 포기하는 것을 받아들여야 한다는 것을…… . 영재에게 가장 괴로운 일은, 자기 자신과 자신의 믿음을 포기하는 것이다. 사람들이 자기들에게 걸어놓은 할 수 있어, 성공할 거야…… 하는 전능함의 환상 말이다…….

이 진지한 이상주의자로서는 꿈에 비추어 판단할 때 한계가 있을 수밖에 없는 삶을 살아야 한다는 게 고통스럽다. 사회적으로 성공하고 빛나는 성취를 거둔, 이룬 것이 많은 삶이라 해도 영재에게는 어떤 쓴맛이 남는다. 이것은 그가 진정으로 원했던 삶, 살 수 있으리라 생각했던 삶, 그리고 ─아주 조금이라도— 세상을 바꿀 수 있으리라 생각했던 그런 삶이 아니기 때문이다.

초의식화

초의식화란 감각들의 과도한 지각의 결과로서, 뇌가 바깥에서 들어오는 정보들을 연속적으로 처리하게 되는 상태라고 정의될 수 있다. 영재는 모든 것을 보고 들으며 탐지한다. 부연하자면, 영재는 주위에 있는 지극히 사소한 세부, 아주 작은 조각, 가장 작은 단서에도 주의를 기울인다. 어떤 물건의 색깔에서부터 상대방의 상체 자세까지, 방에 떠도는 희미한 냄새에서부터 그림자와 희롱하는 빛에 이르기까지, 모든 정보가 그의 의식 속으로 들어온다. 영재에게는 아무것도 아닌 것이 핵심적인 것이 될 수 있다. 무엇도 그를 벗어나지 못하며, 특히, 모든 것이 뇌를 통해 '처리'된다. 따라서 사람들은 영재의 어떤 생각이나 반응이나 행동을 보고 깜짝 놀랄 때가 있는데, 이는 이런 것이 아무도 알아차리지 못한 어떤 요소와 관련 있는 것이라서 엉뚱하고 부적절하게 보이기 때문이다. 모두 놀라고 영재도 마찬가지다.

초의식화로 인해 어떤 상황이나 사건을 이해하고 분석하는 데에 사용되는 정보의 양이 늘어나기 때문에 생각의 가능성이 상당히 풍요로워지기는 한다. 그러나 이는 동시에 생각이 끝없이 가지를 치며 뻗어나가게 하기도 한다. 그래서 초의식화는 영재를 주변으로부터 떼어놓을 수 있다. 그는 멀리, 아주 멀리 떠난다.

"어떤 나무 옆을 지나던 중 갑자기 그 나무가 머릿속에 들어온다. 꼬리를 무는 질문들이 시작되려는 참이다. 이게 정말로 나무일까? 왜 여기에 서 있을까? 이 나무는 무슨 역할을 하는 걸까? 이런 질문들이 떠오르는 속도와 그 질문들이 떠오르는 것을 나 스스로 어찌할 수 없다는 사실이 그 순간을 일종의 통제력이 상실되는 고통스러운 순간으로 만들어놓는다. 내 머릿속에서 터져 나와 내 뇌수를 사방으로 잡아당기는 그 모든 질문에 더하여 다른 질문들이 더해진다. 나는 왜 이런 질문을 하고 있을까? 나는 왜 다른 사람들처럼 나무를 보지 않은 채 그냥 지나치지 못할까? 내 생각 속에 빠져서 익사하는 듯한 느낌이 들고, 그럴 때 나는 진정한 고뇌를 느낀다."

알릭스는 의대에 다니고 있다. 그녀는 공격을 피하기 위해 이 세상에 대해 스스로를 방수처리할 때가 가끔 있다고 한다. 그녀는 고개를 떨군 채 걷고, 듣지 않으려고 애를 쓰며, 자신의 민감성을 떨어트리려고 속으로 공상을 시작한다. 집에서도 아무것도 느끼지 않고 사고 시스템을 쉬게 하려고 일부러 어두운 곳에 있을 때가 있다.

나는 다른 기록에서 카롤린을 만났다. 그녀의 이야기는 메커니즘의 측면에서는 다른 사람들의 이야기와 같지만 좀 더 재미있다. 그녀는 광고회사의 팀장이다. 어느 날 중요한 고객에게 광고전략을 프레젠테이션하던 중 아주 사소하지만 엉뚱한 것이 그녀의 눈에 띈다. 물론 다른 사람 누구도 그것을 눈치채지 못했다. 잠깐은 참는 데 성공하지만 저런, 결국 그녀의 웃음보가 터지고 만다. 고객은 당황하고 화가 난다. 계약은 물 건너갔다.

어른이 된 영재들

생각의 엄격함

가지를 치며 끝없이 뻗어나가는 생각은 스스로를 억누를 필요를 느낀다. 넘치지 않기 위해서, 한계를 모른 채 끝없이 펼쳐지지 않기 위해서 말이다. 이런 생각의 소란은 감정들이 계속해서 끼어드는 것과도 비슷하다. 불안과 번민을 일으키는 소란스러움. 이 중단 없는 흐름을 어떻게 잠잠하게 할까? 영재가 생각해낸 출구는 생각을 장악하여 통제하려고 시도하는 것이다. 무슨 수를 써서라도. 그 시도의 결과로 하나의 작동방식이 생겨나는데, 이 방식은 엄격하게 보일 수도 있고, 간결함을 지향하는 것으로 보일 수도 있고, 감정적인 음조가 일체 배제된 것처럼 보일 수도 있다. 이것이 스스로를 보호하기 위한 메커니즘이라는 것을 이해해야 한다. 흘러넘치는 생각에 한계를 부여할 수 있는 안전한 틀을 만들어놓으려는 것이다. 이 메커니즘은 말과 행동에서 다양한 형식으로 표현될 것이다. 절대적인 정확성을 추구한다든가, 각각의 정확한 의미를 추구한다든가, 가능성의 범위를 한정할 필요라든가, 모호한 가정들을 제한할 필요 같은 것으로…… 이런 작동이 주도하게 되면 영재는 그 작동의 무력한 희생자가 될 수 있다. 그는 차갑고 거만하며 쌀쌀맞게 말하는 교만한 사람처럼 보일지도 모른다. 이런 가면 뒤에는, 자신의 내적인 약점을, 자신의 진정한 인격을 애써 감추려드는 예민하고 허약한 존재가 있다.

어떤 값을 치르더라도 옳아야 한다

마크는 이렇게 말한다. "나에게는 무엇이 옳은지를 아는 것이 중요해요. 삶에는 반드시 두 개의 항이 있어요, 맞는 것과 틀린 것."

영재들 대부분은 이런 이분법에 사로잡혀 있다. 마치 그들의 삶이 옳고 그름에 달린 것처럼 진실을 알아내야만 한다. 그들에게 진실은 반드시 존재해야만 하니까 말이다.

"우리는 뉘앙스의 장애인들입니다."라고 제롬은 주장한다.

옳아야 한다는 절대적인 욕구, 혹은 다른 사람의 관점을 받아들이기 위해서는 최소한 그 사람이 옳다는 것을 믿을 수 있어야 한다는 절대적인 욕구를 표현하는 정말이지 적절한 표현. 그러나 그것은 또한 어떤 것이 이런 식으로 되어 있다면 절대로 저런 식은 될 수 없다는 절대적 확실성을 가지고 싶어 한다는 뜻이기도 하다. 모든 것은 검지 않으면 희다. 회색은 절대 없다. 느낌도 이 준엄한 법칙을 피해가지 못한다. 취향도 마찬가지다. 좋다, 아니면 싫다, 끝.

왜일까? 뉘앙스는 의심과 선택의 문을 여는 것이기 때문이다. 영재가 기를 쓰고 피하려 드는 그것. 영재는 선택한다는 것을 알지 못한다. 다른 사람들에게 대신 선택하게 할 때도 있다. 이는 종종 부족함이나 인격의 결함으로 여겨지기도 한다. 그것은 전혀 사실이 아니다. 사소한 문제일 경우에는 자기 머리를 들이밀고서 모든 것을 검토하고, 모든 것을 저울에 올려 무게를 달며 무엇이 최선의 선택인지 정확하게 결정하려고 드는 것보다 그냥 다른 사람들에게 맡겨 두는 편이 더 쉽고 편하다.

절대로 포기하지 않는다

그러나 다른 상황들에서는 영재는 포기를 모른다. 그리고 그럴 때가 영재 자신에게나 다른 사람들에게나 견디기 힘들다. 그는 아주 사소한 논쟁거리를, 지극히 작은 결함을, 가장 좁은 틈을 언제고 다시 찾아내어 치고 들어올 것이다. 자기가 옳아야만 한다. 마지막 말을 하는 것이 자신이어야만 한다. 결국 그는 당신을 약하게 만들기 위해서 당신을 문제 삼을 것이다. 자신이 공격을 당했다고 느끼면 그는 메커니즘을 전환하여 공격자로 변신한다. 토론이 급속도로 싸움이나 언쟁으로 변질될 수 있다는 것을 알고 있는가? 당신은 기가 턱턱 막히게 되고 당신의 관점을 받아들이게 하려고 당신의 에너지를 다 써버리게 될 수도 있다. 당신이 그 어떤 논지를 펼치든지 간에 당신은 처음부터 지고 들어가는 것이다. 결국 중요한 것은 말해진 내용이 아니고 자기가 옳기 때문에 옳다는 것이니까 말이다. 우스운가? 냉랭해 보이는 외관 밑에 그 허약한 존재가 감추어져 있듯이, 그가 믿고 매달리는 것을 자꾸 문제 삼게 하는 것이 그의 두려움이라는 사실을 이해한다면 그렇게 우습지만은 않다. 그것은 사물을 다시 생각해야 한다는 뜻이다. 그리고 영재에게 생각한다는 것은 불확실하고 불안정한 미궁 속으로 다시 들어선다는 뜻이다. 그럼 어떡하느냐고? 자, 이제 포기해라!

"그런 말이 무슨 소용이 있어?"

영재가 흔히 하는 말이다. 뭔가를 말할 때는 반드시 의미가 있어야 한다. 그렇지 않다면, 아무것도 말하지 않을 거라면 왜 말을 한단 말인가? 영재가 보기에는 그렇다는 것이다. 말을 한다는 것은 인상을 공유하는 것일 수도 있고, 느낌을 떠올리는 것일 수도 있으며, 자신에 대해 말하는 것일 수도 있고, 어떤 상황이나 사건이나 타인의 행동에 대해서 이해한 바를 서로 나누는 것일 수도 있는 것이니까 말이다……. 말에 반드시 어떤 의미가 있어야 하는 것은 아니지만, 어쨌든 영재가 노리는 사람은 그래선 안 된다. 말에 담긴 목적성, 정확한 목표. 사실 이런 반응은 영재 자신의 약점을 다시 한 번 노출하는 것이기도 하다. 그는 말의 내용이 자신에 대한 공격일까 봐 겁을 내고 있다. 당신이 자신의 약점을 찾는 중일까 봐 겁을 내고 있다. 그래서 그는 방어적이 된다. 사실 그의 "그런 말이 무슨 소용이 있어?"는 이런 뜻이다. "지금 나를 비난하는 거니, 만일 그런 거라면 내가 이해했어야 했는데 혹은 해야 했었는데 그러지 못한 뭔가가 있는 거니? 네 말에는 내가 이해하지 못한 어떤 의미가 있는 거니?" 이것은 참으로 당황스러운 작동방식이다. 이 질문을 받은 상대는 자신이 공격을 당했다고 여기기 때문이다. 상대방 입장에서는 자기가 말한 것에 대해 영재가 무슨 소용이 있느냐 따지는 것은 그 말이 중요하지 않고 가치 없다는 뜻이 되어버린다. 그래서 그는 상처를 받는다. 서로에 대한 이해부족의 악순환이 시작된다. 이야기를 하고 있는 두 사람의 관계가 어떠냐에 따라서 그 결과는 같지 않다. 커플 사이라면 이런 이야기는 풀기 힘든 갈등으로 끝날 것이다. 직업상의 관계에서는 영재의 직위가 높은지 낮은지에 모든 것이 달려 있다. 영재가 높은 지위에 있다면 영재는 상대를 무시할 것이고, 상대는 영재가 높은 사람이라서 거만하며 냉정하다고 여길 것이다. 친구 사이에서는 냉기가 감돌게 될 것이다. 부모와 자식 간에서 자식이라면 혼이 나고 상처를 받을 것이고, 부모라면 자식이 자신의 권위에 도전하고 불손하다고 여길 것이다. 어떤 경우든 그 관계와 당사자는 모두 고통을 겪는다.

생각의 단절

생각이 가지를 치며 뻗어나가 더 이상 무슨 생각을 하는지 어떻게 생각을 하는지조차 알 수 없게 되어버릴 때, 감정이 너무 강해 심장이 쿵쾅거리고 관자놀이가 지끈거릴 정도가 되어버릴 때, 영재는 느닷없이 생각을 차단하는 경우가 있다. 갑자기 떨어져 나오는 것이다. 언제 어디서든 이런 일은 일어날 수 있다. 과부하가 걸렸을 때 화재의 위험을 피하기 위해 자동으로 전류를 차단하는 자동 차단기와 비슷하다. 영재도 이와 똑같다. 그의 시스템은 자동 차단기와 같은 방식으로 작동한다. 부하가 견디기 힘들 정도야? 그럼 멈추자. 말을 하다 말고 갑자기 멈춰버리거나, 아무것도 아닌 것에 갑자기 시선이 고정되거나, 움직이다 말고 몸이 딱 굳어버리거나, 혹은 열중해 있던 토론에서 갑자기 멀어진다. 영재는 그 순간 무슨 일이 벌어지는지 알지 못한다. 전혀 모른다. 그는 당신이 그를 깨워 현실로 '데려오면' 그제야 정신을 차릴 것이다. 더구나 그 모습은 다소 귀엽기까지 하다. 이런 태도는 주위 사람들을 당황하게 한다. 다른 사람들은 무슨 일이 벌어진 건지 이해하지 못하기 때문에 금세 불편해진다. 그리고 어쩌면 심하게 화를 낼 수도 있다.

이렇게 생각이 끊어지는 현상은 지적으로나 감정적으로 별다를 것이 없는 상황에도 일어날 수 있다. 즉 권태로운 순간에 말이다. 일정 시간 접속되어 있으려면 에너지가 필요하다. 그러면 내가 방금 묘사한 것처럼 생각이나 행동이 하얘지며 멀리 떠나버리는 일이 생긴다.

비르지니는 덱체어에 앉아 평화롭게 책을 읽고 있다. 그녀는 읽고 있는 책에 빠져 있다. 갑자기 그녀의 움직임이 없어지고, 시선은 허공에 고정된다. 그녀는 떠났다. 멀리, 틀림없이 아주 멀리.

뮈리엘은 격렬하게 토론하는 중이다. 그녀는 동의하지 않고 자신의 관점을 주장한다. 자기가 옳다는 것을 알고 있으니까 말이다. 상대는 그녀를 '열받게 한다'(그녀의 표현 그대로). 뮈리엘이 보기에 상대는 그 문제를 전혀 이해하지 못하고 있다. 그의 주장은 엉터리다. 그러다가, 상대에게 아무 말도 없이, 자기가 무슨 짓을 하는지 즉시 깨닫지 못한 채, 뮈리엘은 일어나서 자리를 뜬다. 깜짝 놀라 붉으락푸르락해진 상대를 그 자리에 그대로 남겨둔 채.

점묘 인생

'하얘지기', '일시적 부재', 모든 것이 정지된 것 같고 시선은 고정되는 이런 순간은 영재의 일상에서 정기적으로 발생한다. 혼자 있을 때도 그렇다. 옷을 입는다든가, 세수를 한다든가, 식사 준비를 한다든가 하는 행동을 하고 있을 때도 이런 순간은 찾아온다. 그는 접속이 끊어져 움직이지 않고, 주위의 현실에서 완전히 이탈된다. 삶이 정지된다.

이런 현상은 뇌의 지나친 작동과 밀접한 연관이 있다. 뇌의 활동이 지나치게 강할 때 자신을 보호하기 위한 수단으로 이따금 완전히 접속을 끊는 것이다. 이제 아무것도 돌아가지 않는다. 영재에게 뇌는 전부 아니면 전무로 작동한다.

사는 것인가,
아니면 사는
것을 보는
것인가?

"한 번도 완전히 연결된 적은 없는 것 같아요. 나는 거기에 있는 동시에 거기에 있는 나를 보고 있죠. 예를 들어서 당신에게 말을 하는 바로 지금 당신에게 이야기하는 동시에 그런 내 모습을 보는 거죠. 그리고 그 장면을 분석하는 겁니다."

세실과의 상담에서 나온 이야기이다. 그런데 프랑수아도, 뱅상도, 폴도, 다른 이들도 모두 같은 이야기를 한다. 그들은 모두 이런 경험을 한다.

무슨 일일까? 가지를 치며 뻗어나가는 동시에 여러 방향의 생각을 하는 영재의 사고방식은 주의력을 분산시키는 능력을 갖추게 한다. 주의력을 나누어 사용하는 것은 여러 가지 일을 동시에 신경 써야 할 필요가 있을 때 누구나 할 수 있기는 하지만 영재의 경우 그것은 특이한 차원을 갖는다. 차원의 깊이. 2차원의 생각을 지나 3차원의 생각으로 넘어간다. 경험하는 내용, 중요한 장면이 원근법으로 펼쳐지며 상향촬영으로 보인다. 카메라가 원형이동으로 촬영하는 것과도 흡사하다. 그런데 이때 영재는 감독이기도 해서, 관찰하고 분석하고 이따금 어떤 변수들을 조정하기도 한다. 그는 상대의 반응을 예상하고, 결말을 예측하며, 영향을 짐작하고, 의도를 이해하며…… 그리고 자신을 거기에 맞춘다.

왜? 언제나 장악하고 조정하고자 하는 그 강박적 필요 때문이다. 모든 것을 이해하고 있다가 뜻밖의 상황에 놀라지 않으려고 하는 욕망. 이는 또한 두려움 때문이기도 하다. 자신의 감정에 휘둘릴까 봐 겁이 나서, 자신이 상처받게 될까 봐 겁이 나서, 자신의 약함이 드러날까 봐 겁이 나서. 하지만 또한 자동으로 그렇게 되기도 한다. 의식적으로 작정하고 그러는 게 아니라 뇌의 초활동성의 부차적 효과로 그렇게 된다. 영재는 이 메커니즘을 이용하지만 이로 인해 고통도 받는다. 아주 사소한 것까지 놓치지 않고 해독하는 이 끊임없는 분석을 작동시키지 않고 한 상황을 '충실히' 경험할 수 없다는 것은 종종 힘든 일이다.

불가능한 카르페 디엠*

"내 인생에서 중대한 문제들 중 하나는 언제나 영화를 보는 것 같은 느낌이 든다는 겁니다. 내가 경험하는 것에 참여하지 못하죠. 그럴 때가 가장 힘든 순간입니다. 그러다 이따금 갑자기 세상과 접속된 것처럼 느껴지는 순간에는 너무 들떠서 뭐든지 할 수 있을 것만 같고, 마음대로 되지

───────

*호라티우스의 시에서 유래한 라틴어 표현으로, 흔히 '이 순간을 즐겨라'로 번역된다.

어른이 된 영재들

않으면 애가 탑니다."

청년 올리비에는 자신이 삶에서 떨어져 나와 있다고 느끼는 순간과 뭐든
할 수 있을 것 같고 자기 자신의 한계와 이 세상의 한계에 실망하게 되는
순간들의 선명한 대조를 정확하게 표현한다.

영재에게 지금 이 순간에 온전히 존재한다는 것, 그 순간의 단순한 기쁨
을 느끼면서 자신의 감각과 감정에 동화된다는 것은 거의 불가능에 가까
운 일이다. 지금 이 순간에서 경험하는 것을 온전히 이용하라고 충고하는
현자들의 카르페 디엠은 영재에게는 받아들이기 어려운 명제이다. 경험한
모든 순간을 대상으로 행해지는 영재의 메타 분석은 그를 한 장면의 배우
로만 있지 못하게, 즉각적인 경험에 평화롭게 머물지 못하게 한다. 그는 언
제나 단순히 배우로 머물지 못하고 동시에 관객이다. 혹은 자신의 삶의 해
설자이기조차 하다. 화면에는 등장하지 않는 목소리의 해설자. 그것은 피
곤하다. 이따금 고통스럽다. 종종 실망스럽다.

자기 비평 : 자신을 향한 시선

영재의 시선은 자기 자신을 향한다. 영재가 관찰하는 것은 무엇보다도
자기 자신이다. 자신을 평가하고, 판단하며, 비준한다. 게다가 종종 부정
적이다. 어떤 분야에서든 자신을 꽤 괜찮다고, 꽤 능력 있고 유능하다고
판단하는 법이 결코 없다. 자신을 좋아하고 자신을 높이 평가하는 것이 힘
들다. 허약한 자기 이미지에, 일상적인 자신감 부족에, 실망시키면 어쩌나
하는 끈질긴 두려움까지……. 인정과 평가를 바라는 이 조마조마한 어른

에게 휴식은 좀처럼 없다. 자신에 대하여, 삶에 대하여 안심하는 것. 그게 가능할까?

모든 것을 예상한다

이것은 이러한 작용의 다른 결과이다.

> "나는 내가 경험하는 것보다 항상 앞서 있어요. 어떤 것을 경험하는 그 순간에 그것을 경험하는 게 아니에요. 어떤 일이 생기기도 전에 그 일이 일어나는 것을 보는 것 같아요. 가끔은 기다리는 듯한 느낌이 들 때도 있죠. 일이 어떻게 될 건지 이해했고 이미 알고 있으니까요. 다른 사람들이 아무 것도 모른다는 게 이상하죠. 그래서 좋지 않은 결과를 피하려고 방향을 돌리려고 할 때도 있어요. 그런데다 나는 모든 것을 부정적으로 해석해요. 그러니 내가 경험하는 것에서 기쁨을 느끼기가 힘들죠. 끔찍한 시나리오를 예상하니까요. 여자친구에 대해서는 특히 더 그래요."

불안한 예상을 끊임없이 하면 혼란스러운 고통을 만들어낸다. 그 고통이 늘 영재를 따라다니면서 삶에서 맛볼 수 있는 기쁨들을 망친다. 그리고 차분하게 살아가지 못하게 한다. 이미 뒤에 있다. 앞으로 일어날 일을 기다리면서.

앙드레아는 이것을 매우 인상적으로 표현한다.

"이런 건 생각조차 못 했어! 이런 말을 할 일이 거의 없죠. 정말이지 깜짝 놀라보고 싶어요! 예를 들어서 내 생일이 다가오면 뭐가 어떻게 될지 미리 알 수 있죠. 머릿속에서 전체적으로 반복되는 것 같아요. 파티의 아주 작은 부분까지 예상되죠. 그리고 선물받는 장면도요. 내가 어떤 반응을 보일지, 나를 둘러싼 다른 사람들의 반응은 어떨지……. 파티가 열리면 예상했던 것만큼 그렇게 멋지지는 않아요."

이런 예상의 놀라운 효과는 일상생활 속에도 나타난다. 막스는 면접시험을 보던 중 자기가 뽑히지 않을 것을 알고서 면접이 다 끝나기도 전에 자리를 떴고, 발레리는 말 꺼내기를 어려워하는 남편의 모습을 보고서 자기도 이혼에 동의하노라 이야기를 해버렸고, 피에르는 상대방이 자기 계획에 전혀 관심이 없으리라는 걸 알아채고서 대화 주제를 바꾸었다. 그리고 브뤼노는 어쩔 줄 몰라하며 이렇게 고백한다. "아내와 함께 있는 게 힘듭니다. 아내가 무슨 말을 할지 뻔히 알면서 얘기를 다 듣고 있어야 하니까요. 가끔 이해되지 않으면 말을 가로막고 아내가 미처 다음 얘기를 하지도 않았는데 대답을 해버리죠! 그러면 아내는 미친 듯 화를 내요!"

괴리, 괴리…….

예상에 도전하기 :
어떤 대가를 치르고서라도 쾌락주의

여기에 예상치 못한 타개책이 있다. 삶을 끊임없이 분석하느라 숱한 기쁨을 놓치고 지쳐버린 영재가 가동할 수 있는 자기 보호의 수단인데, 바로 쾌락주의를 택하는 것이다. '머리를 쓰지 않고' 감각에 온전히 잠기게 하는 것. 쾌락을 위한 쾌락, 끝.

영재 남성들의 성에 대한 이야기에서 그 반향을 발견할 수 있다. 타인의 기대에 미치지 못하면 어쩌나 하는 두려움, 실망시키면 어쩌나 하는 두려움, 자기 파트너가 만족을 못하면 어쩌나 하는 두려움, 감정적 관계에 대한 두려움, 자신에 대해서 말해야 한다는 두려움 등이 돈으로 쉽게 살 수 있는 일시적인 쾌락으로 향하게 한다. 자기가 지배할 수 있고 자기에게 아무것도 요구하지 않는 쾌락을 얻기 위해 돈을 지불하는 것. 그것은 감정으로부터의 완전한 도피이자 다정함에 대한 환상이다. 하지만 그것은 대단히 편안하기 때문에 예상이라는 함정을 피할 수 있는 가장 좋은 대안이기도 하다.

육체적인 쾌락의 과도한 추구는 다른 방식으로도 나타난다. 이 방식의 유일한 목적은 살아 있음을 느끼는 것이다. 자신 안에서 원시적인 쾌락의 물결을 진정으로 느끼는 것. 생각과 분석이라는 스캐너를 통해서 그 강도가 감소하지 않은 채로.

플로랑스는 번지점프를 선택했다. "생각할 시간도, 스스로에게 질문을 할 시간도 없어요. 점프를 하면 그 순간 감각이 폭발하는 것 같은 느낌이 들죠. 그건 놀라운 위안이에요."

물론 쾌락주의에는 한계가 있다. 지나침은 삶의 일탈로 이어진다. 그것은 일시적인 전략이며 결국에는 병이 된다.

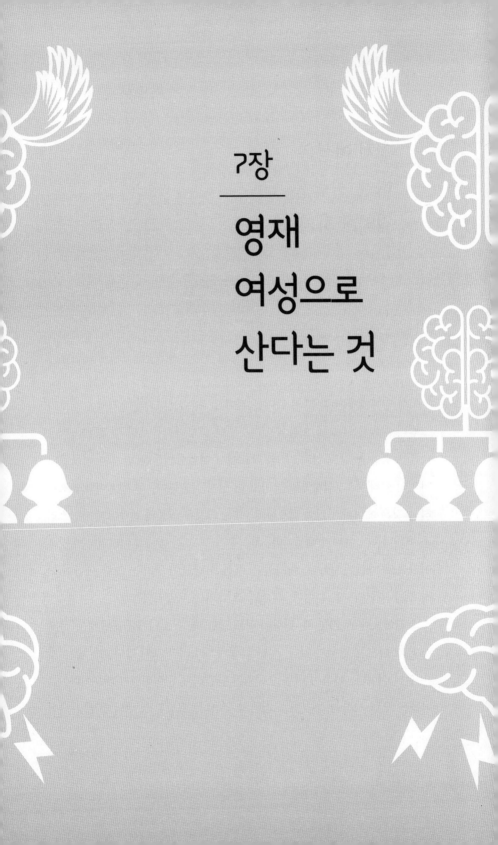

7장
———

영재
여성으로
산다는 것

영재 여성은
다른 사람을
겁먹게 하기
쉽다

여성 영재에게는 몇 가지 특이한 점이 있다. 우선 그녀가 거쳐온 경로가 그렇다. 우리는 여자아이들이 어려서부터 남자아이들보다 더 뛰어난 적응력을 보였음을 알고 있다. 특히 학교에서 여자아이들은 남자 아이들보다 '게임의 규칙'을 더 쉽게 받아들이고 더 쉽게 적응한다. 하지만 이렇게 적응하는 것은 에너지가 많이 필요한 일이다. 그것은 적응의 전략이지 자연스러운 메커니즘이 아니기 때문이다. 차이를 느끼고 감당하기 어려워하는 것은 여자들도 마찬가지이다. 여자들은 다른 사람들이 원하는 그런 사람이 되려고 자신을 억누를 뿐이다. 하지만 그 대가는 무엇일까?

그 짐이 너무 무거울 때, 긴장이 너무 심할 때, 청소년기에 폭발하듯 문제가 터져 나오는 경우가 있다. 일단 그렇게 돼버리면 그때 그녀들을 돕는 것은 훨씬 어렵다. 아픔이 너무 오래되어 단단하게 굳어버렸기 때문이다. 그녀들은 오랜 시간 아무것도 드러내지 못했다. 고통은 그녀의 일부가 되어 깊게 뿌리를 내렸다.

청소년기에 문제가 터져 나오지 않았다면, 젊은 영재 여성은 대답 없이 남아 있는 질문들과 특히 언제나 어긋나 있다는, 남과 다르다는 그 혼란스럽지만 없어지지 않는 느낌을 간직한 채 어른이 된다. 그녀는 그렇게 스스로를 맞춰 가면서, 자기가 그렇게 불편한 이유를 자기 자신에게 묻고, 찾으면서 평생을 살아갈 수도 있다. 하지만 답을 찾기는 쉽지 않을 것이고, 그녀가 진정으로 살고자 했던 삶과는 '어긋난' 그런 삶에 머물러 있기 쉽다. 이해하지 못한 채. 영재 여성의 특이한 지능은 남자에 비해 그녀를 한층 더 고립되게 하기 때문에 영재 여성들은 혼자 사는 경우가 많다. 그녀의 극단적인 감수성은 그녀를 보호해주기 어렵게 만든다. 남자들, 다른 사람들은 그녀가 겁날 수도 있다.

"다른 사람들이 나를 겁내는 걸 느끼는 게 너무나 싫어요. 내가 일부러 그러는 것도 아니고, 내가 그런다는 걸 알지도 못해요. 사람들은 나를 처음 만났을 때 내가 무서웠다는 이야기를 종종 합니다. 나는 알지도 못했는데 말이죠. 고의가 아니었어요. 나는 그저 나답게, 평소대로 그냥 행동했을 뿐이거든요!"

47세의 모니크는 이런 문제로 마음고생을 하고 있다. 그녀는 작은 회사를 운영하는데, 자신의 이미지 관리에 애를 먹고 있다. 제일 힘든 건 자신은 사람들을 좋아하는데 사람들이 자기를 좋아해주지 않는 것이다. 그녀는 이렇게 말한다. "나를 만난 사람들은 결국 둘 중 하나예요. 나를 보자마자 좋아하게 되든가, 아니면 영원히 싫어하든가." 남자들과의 관계에서도 늘 똑같았다. 그녀는 그래야 한다고 생각하는 모습에 자신을 맞추려고 애를 쓰지만, 그럼에도 여전히 다른 사람들은 그녀를 두려워한다.

현재 그녀는 지금의 남편과 결혼한 지 20년째이고, 매우 안정된 관계를 이루고 있다. 하지만 그녀는 "그건 나랑 비슷한 외계인을 만난 덕분이에요. 나중에 남편 역시 영재라는 사실을 알게 되었죠. 하지만 남편은 나하고는 많이 다릅니다. 내가 지나치게 외향적인 반면 남편은 신중하고 사려 깊은 사람이에요. 우리 부부를 끌어가는 쪽이 언제나 나인 것 같아서, 모든 결정을 내가 주도하는 것 같아서 짜증이 날 때도 있습니다. 하지만 솔직히 말하자면 모든 게 안정적으로 제자리에서 돌아가는 건 남편의 공이지요. 비록 우리가 영원히 타오르는 불꽃처럼 살고 있는 건 아니지만 말이에요. 남편의 방식은 우리 둘 모두가 우리 커플에 정착하여 서로 이해하고 차이를 인정한 채 살아가게끔 해주었어요……. 우리는 무척 닮았고, 믿을 수 없을 만큼 결속되어 있답니다."

세상을 바라보는 그들의 시선, 타인을 분석하는 그들의 방식, 주위 사람들이 느끼지 못하는 너무나 많은 것을 이해하고 있다는 확신, 이런 것들이 다른 사람들을 겁에 질리게 한다. 남자들은 물론이고 여자들에게도 마찬가지다. 영재 여성들은 위압적으로 보이며, 가까이 다가갈 수 없을 것 같고, 자신에 대한 확신과 자부심을 가진 것 같다. 차가워 보일 뿐 아니라 특히 정이 없어 보인다. 하지만 그건 전혀 사실이 아니다. 오히려 그 반대다.

하지만 그녀들이 쓰고 있는 가면은 그녀들을 그렇게 보이게 만든다. 그녀들이 두르고 있는 단단한 껍질은 그녀들을 타인들로부터 갈라놓는다. 그런 겉모습 밑에 숨어 있는 그녀들의 고독은 막대하다. 사랑받기를 너무나 원하는 여자들. 보호받고 있다는 느낌을 그토록 원하는 여자들. 인생의 매 순간 감정에 휩쓸리지 않도록 넘쳐흐르는 감수성과 감정을 꼭꼭 감추어야만 하는 여자들.

영재 어머니의
고충

자, 이제 여기에서 모든 것이 뒤섞여 뒤죽박죽이 된다. 한편으로는 엄마가 자신의 자녀와 똑같이 영재이기 때문에 엄마는 자녀를 쉽게 이해하고 잘 화합한다. 말없이 통하는 때도 많다. 직관적인 방식으로. 내적인 이야기일수록 특히 그렇다. 그러나 이런 최고의 장점이 엄마와 아이 모두에게 덫이 되어버릴 수도 있다. 엄마가 자신이 영재라는 사실을 알지 못하는 경우, 그녀에게 아이는 그저 평범한 아이이다. 다른 아이들도 모두 자기 아이 같은 줄 안다. 주변의 누군가가 그녀의 아기가 남다르다고, 활달하고 호기심 많고 빠르다는 이야기를 하면 그녀는 깜짝 놀라기까지 한다. 자신의 아이가 남과 다를 수 있다는 것을 이해하지 못한다. 그녀에게 자기 아기는 모든 다른 아기랑 똑같다. 사실을 깨닫는 것은 학교에 입학하고 나서인 경우가 많다. 아이를 맡은 담임교사와 그 반의 교수 방침에 따라서, 아이가 가진 특이함은 대번에 끔찍하고 엉망진창인 어떤 것으로 치부되거나 부정할 수 없는 것으로 인정받게 되거나 둘 중 하나이다. 기준은 없다.

- 묘한 아이, 이상한 아이, 혹은 적응을 못한 아이로 여겨진다. 학교는 이 아이가 왜 다른 아이들과 다른지, 왜 다른 아이들처럼 질문에 똑바로 대답을 하지 못하는지, 왜 다른 아이들과 관심사가 다른지, 왜 다른 아이들처럼 틀 속에 들어오지를 않는지 이해를 못 한다. 순식간에 부모에게 경계령이 떨어지고 충고의 무도회가 시작된다. 부모의 죄책감이 활동을 개시한다. 마침내 진단이 내려지는 그날까지 아이와 가족이 몇 년이나 죄책감에 시달리는 일도 흔하다. 가장 비관적인 경우, 아이가 겪는 문제들을 아무도 이해하지 못한 채 이름도 출구도 없는 고뇌 속에 방치되는 아이도 있다.

- 가장 바람직한 경우로, 아이는 학급 일에 적극적으로 나서는 중심인물이 된다. 아이의 빠른 이해력, 다양한 어휘, 새로운 지식에 대한 아이의 반응이 교사로부터 인정을 받는다. 꼬마 영재는 좋은 평가를 받고 학교를 배경으로 활짝 피어난다.

이런 이야기들은 모두 저학년 때의 이야기이다. 학창시절은 길다. 학교에 쉽게 적응했다 해도 모든 것이 무너지는 순간이 올 수 있다. 그러나 영재 엄마는 이런 경우를 예상하지 못한다. 자녀가 아들인 경우는 특히 더 그렇다. 영재 엄마 자신이 학교를 그렇게 다니지 않았기 때문이다. 어린 소녀였을 때 그녀는 언제나 영재 소년들보다 훨씬 뛰어난 적응력을 발휘했다. 그녀는 학교라는 시스템의 규칙들을 받아들일 수 있었고, 그 안에서 성공을 거둘 수 있었다. 빛나는 성공을 거둘 때도 많았다. 그녀는 '참았다.' 비록 그것이 기쁘지 않았고, 그 모든 것의 이유를 알 수 없기는 했지만. 대신 그녀는 다른 사람들이 그녀에게 무엇을 기대하는가를, 그리고 그녀가 잘해내면 부모가 자신을 자랑스러워 한다는 사실을 이해하고 있었다. 그녀에게 성공은 일상이 되었고, 그리고 그 성공을 통해서 부모의 사랑과 주변의 인정을 확인할 수 있었다. 그녀가 고집스레 그 성공이라는 것을 추구했던 것은 아니다. 그저 그렇게 하는 편이 편했다. 그리고 만족스러웠다. 영재 엄마는 자신이 그렇게 살아왔기 때문에, 문제를 겪고 있는 자기 아이, 실패를 겪고 있는 이 어린 소년을 앞에 두고서 아무것도 이해하지 못한다. 자기가 알고 있던 기준들이 모두 힘을 잃는다. 그녀는 아이가 방향을 잡을 수 있도록 도우려고 애쓰지만 생각대로 되질 않는다. 어떤 처방도 그 어떤 과거의 비법도 소용없는 것만 같다. 이제 그녀는 두려움에 사로잡혀 허둥댄다. 그녀가 생각해낼 수 있는 비난의 대상은 단 하나, 자기 자신이다. 내가 나쁜 엄마다. 끝. 자신이 아이의 교육을 모두 망친 거다.

이 당황한 엄마는 도움을 청하겠지만, 그러나 상담자들은 그녀의 죄의식을 부채질하면서 우선 엄마부터 치료하라고 권하기 —세상에나!— 일쑤다! 아이에게 문제가 있다면 엄마에게도 분명히 문제가 있다는 것이다. 엄마가 좋아져야 아이도 좋아질 거라고 한다. 정신분석학의 그 대단한 낡아빠진 가르침들이 바라는 게 바로 그거다. 불행하게도 우리나라에서 여전히 맹위를 떨치고 있는 그것…… 드디어 완전해졌다. 이제 두 사람이 모두 불행해졌으니 말이다. 너무나 큰 불행이다. 만일 아버지가, 주변 사람이, 전문가가 이렇게 되는 것을 막아주지 않는다면 엄마와 아이는 뭐라 표현할 수 없는 고뇌 속으로 휩쓸려 들어가게 된다.

엄마들이여, 저항하라. 그렇다, 당신의 아이는 당신과 똑같다! 그렇다,

당신의 아이는 당신을 필요로 한다! 그렇다, 당신은 아이를 보살필 수 있다! 하지만 한 가지 조건이 있다. 아이가 특이하다는 것을, 당신 또한 그러하다는 것을 이해하고 받아들여야 한다. 그렇게 할 수 있다면 당신은 아이의 손을 힘껏 잡고서 아이와 함께 천천히 나아갈 수 있으며, 행복한 삶으로 아이를 인도할 수 있을 것이다. 당신을 믿어라. 당신은 그렇게 할 수 있고, 그렇게 할 수 있는 모든 힘을 당신은 가지고 있다. 중요한 것은 당신이 당신의 아이에 대해서 알고 있는 바에 가장 가까이 머물러 있어야 한다는 것이다.

옳은 것은 당신이다. 만일 당신의 견해가 주변 사람들의 견해와 다르다면, 특히 학교나 의사의 견해와 다르다면, 당신의 아이와 아이가 필요로 하는 것을 가장 잘 아는 사람은 당신이라는 사실을 명심하라. 저항하며, 행동하고, 감행하라. 당신을 겁먹게 하고 당신이 믿는 것을 의심하게 하는 공갈을 일삼는 그 사람들에게 휘둘리지 마라. 당신이 겁이 난다는 것을, 무척 겁이 난다는 것을 안다. 당신이 틀릴까 봐, 잘못을 저지르는 것일까 봐, 잘못된 선택을 할까 봐 당신은 두렵다. 두려운 게 당연하다. 그러나 당신은 그 두려움을 당신이 가진 모든 힘을 끌어올리는 데 써야 한다.

교육에서 위험성이 전혀 없는 선택이란 존재하지 않는다는 것을 절대 잊지 마라. 모든 결정에는 위험이 들어 있을 수밖에 없다. 자신의 자녀를 위해서 어떤 선택을 하든, 거기에는 일정한 위험이 있다. 결정을 하는 데 중요한 것은 그 결정에 들어 있는 위험의 '무게'를 측정하는 일이다. 그리고 저울은 항상 예상한 대로 움직이지는 않는다……. 엄마의 삶에는 엄마가 최종 결정을 해야만 하는 순간들이 있다. 최종 선택을 떠맡는 것 또한 엄마의 역할이다. 차분하게. 실수할 권리를 자신에게 허락하면서. 영재에게 선택은 시련이고, 자녀 앞에 선 영재 엄마에게 그것은 고문이다. 안다. 하지

어른이 된 영재들

만 당신은 당신의 두려움을 벗으로 삼을 수 있게 될 것이다. 두고 봐라. 그 것이 모든 것을 바꾼다!

영재 여성은
필사적으로
남자를
찾는다

"어느 날 엄마가 내게 말했죠. 아주 어렸을 때부터 너는 정말 재능 있고 똑똑했는데, 그게 너한테 문제만 일으켰어……."

위의 글은 자신이 행복해질 수 없는 제일 큰 이유가 그거 때문인지 자문하는 어느 성인 영재의 익명편지이다.

영재 여성에게는 큰 딜레마가 있다. 당신은 또, 라고 할지도 모르겠다. 이번 딜레마는 애정 관계에서 매우 중대하다. 못생기고 섹시하지도 않을 위험을 무릅쓰고, 여자이면서 똑똑해도 되는 것일까? 금발 여자에 대한 속설과도 통하는 그런 이야기이다. 혹은 미녀는 똑똑할 수 없고, 그 반대도 성립한다는 그 고리타분한 이야기와도 통할 것이다. 이런 이야기가 성립하는 이유가 무엇인지 알고 있는가? 똑똑한 것은 겁이 나기 때문이다. 특히 남자들에게 겁을 준다. 똑똑한 남자들조차 겁을 내기는 마찬가지다. 똑똑하다는 것 속에는 자신과 타인에 대한 비판의식이 들어 있다. 줄곧 문제 삼고 따진다. 너무 똑똑한 여자와 함께 있으면 남자는 여자의 수준에 미치지 못할까 봐, 자신의 부족한 부분들이 드러날까 봐, 자신의 약한 부분을 들킬까 봐 겁을 낸다. 그리고 남자들은 자신감이 별로 없기 때문에, 이런 도전을 받아들이는 남자는 거의 없다. 21세기에도 현대 남성들은 자신을 강하다고 느끼고 싶어 한다. 자기 가족들을 지배하고 보호할 수 있다고 느끼고 싶어 한다. 언제나 어느 정도는 자신이 앞서 있다고 느끼고 싶어 한다. 당신을 짜증 나게 하려고 그러는 게 아니라 동굴 시대의 향수 때문이다. 하지만 아주 간단히 말하자면 그는 역시 겁내고 있는 것이다. 지독하게 겁이 난다.

영재 여성에게 이것은 도전이다. 다정하고 순종적이며 유순한 남자에게 '인기 있는' 여자라는 정해진 역할에서 벗어나는 것. 진정한 자기 자신이 되고, 자기가 유혹하고 싶은 남자를 도망가게 하지 않으면서 매혹하는 힘을 간직하는 것. 남자는 쉽게 도망쳐버리기 때문에 그것은 아주 쉽지는 않다. 사랑에 미쳐서 그 여자 앞에서 물불을 못 가릴 때조차 그렇다. 그리고 그들이 하나가 되면, 남자는 여자를 통제하고 '자신을' 안심시키기 위해서 여자를 자신의 틀 속으로 들어오게 하려 할 것이다.

어려움이 또 하나 있다. 여자 역시 대단히 겁을 먹고 있다는 사실이다. 여자가 영재라는 사실을 상기하자. 그녀는 의심하지 않을 수가 없다. 자신을, 자신의 가치를, 그녀가 품고 있을지 모르는 호의를, 자신의 육체를, 자신의 말을. 그녀는 자기가 너무 초라하다고, 너무 형편없다고, 너무 바보라고 느낀다. 이 오해를 당신은 이해할 것이다!

더 큰 문제는 그녀의 초민감성이다! 그녀는 모든 것을, 지극히 사소한 감정 하나까지도 포착하여 지나치게 느낀다. 그녀는 그런 감정들을 다스리

려 하고, 억누르려 하며, 감정이 자기를 집어삼켜 마음대로 휘두르지 못하
게 하려고 한다. 그런 그녀의 시도는 거리를 두는 것으로, 냉정함으로, 정
이 없는 것으로 느껴질 수 있다. 해도 너무하지 않은가! 하지만 이런 일은
흔하다.

"내가 똑똑하다니, 농담이시죠!"

이 말은 하나의 라이트모티브이다. 심리검사 결과를 들려줄 때 반드시
듣게 되는 부적 같은 문장이다. 여자는 남자보다 자신이 똑똑하다는 것을
받아들이지 못한다. 거의 거짓말처럼 여긴다. 정신을 차리지 못한다.

제일 희한한 광경은 영재 진단을 받은 자녀를 둔 어머니와 이야기를 나
눌 때 벌어진다. 그들은 흔히 이렇게 말한다. "그게 사실이라면 나 때문은
아닐 거예요! 분명 남편에게서 유전된 거겠죠!" 영재 여성들을 치료하는 일,
그녀들로 하여금 진정한 자기 자신을 인정하게 하고 거기에 다시 적응하게
만드는 일은 오랜 시간이 걸리는 힘든 일이다. 그녀들은 많이 저항한다. 똑
똑하다는 사실에 담긴 쟁점, 그것이 표상하는 모든 것, 그것이 문제 삼을
수 있는 혹은 다시 문제 삼을 수 있는 그 모든 것이 그녀들을 무척 두렵게
한다. 그녀들은 정말로 남자들보다 훨씬 더 두려워한다. 용기와 인내를 가
지고 그녀가 마침내 다시 찾은 자신의 진짜 정체성을 받아들이게 되었을
때, 그 광경은 눈이 부시다. 그녀에게, 그녀의 삶에, 어쩌면 이 변모의 과정
을 지켜본 그녀의 치료사에게까지도, 그것은 진정 눈부신 모습이다. 그것
은 진정한 변모이다. 외면으로 솟구쳐 올라오게 될 내면의 변모. 심지어 그
변모는 육체적이다. 나이에 상관없이 육체적으로 변화가 일어난다. 더 밝

아지고, 더 개방적으로 변하며, 더 잘 웃는 사람이 된다. 내적인 아름다움이 외적으로도 나타난다. 그리고 그런 모습을 보는 것은 큰 기쁨이다. 정말로 무척 큰 기쁨이다. 모든 사람이 그 사실을 지적하고, 그 긍정적인 메아리가 촉매 작용을 하여 자신감이 커지고 강해진다.

여성과 지능 사이에 존재하는 이런 관계 때문에 심리검사를 받는 여성들은 거의 없다. 영재라는 생각이 머리에 떠오르지를 않는데 왜 검사를 받겠는가? 그럼에도 영재 여성들은 줄기차게 스스로를 검토하고, 자신과 세상에 대해 그토록 많은 질문을 던지며, 자신의 마음 깊은 곳에서 언제나 이해할 수 없는 괴리를 강렬하게 느낀다. 그것을 말하지 않을 뿐이다.

사소한, 그러나 중요한 개인적 확인

이 책을 쓰면서 나는 지난 몇 년간 받은 편지들을 모두 다시 읽었다. 충격적인 증언들, 도움을 호소하는 글들, 심각한 고뇌 혹은 풀 수 없는 문제들이 담긴 이야기들. 그 편지들은 대부분 길고 자세하며 진지하고 솔직하다. 놀라운 사실은 4통 중의 3통은…… 여자가 썼다는 것이다. 남자들이 부끄러움을 타서일까, 아니면 여자들이 충실하고 정직해서일까? 둘 다 어느 정도는 맞다. 그러나 여기에는 다른 측면이 있다. 심리 상담을 하는 아이들의 대부분은 남자아이다. 남자아이의 문제는 좀 더 요란하고 혼란스럽다. 남자아이는 여자아이보다 더 빨리 주위를 걱정하게 만든다. 여자아이는 다른 사람들을 기쁘게 하려고, 부모와 교사들의 기대해 부응하려고, 사랑받으려고 큰 것을 포기하고서 조용히 적응을 해나간다. 하지만 어른이 되고 나서 상담을 받는 것은 누구일까? 자신에 대한 재검토를 받아들이는 것은 누구일까? 더 단순하게는, 자신에 대해서 질문을 던지고 자신의 삶에 대해 생각하는 것은 누구일까? 자신을 터놓고 가장 깊이 감춰둔 상처를 꺼내 보일 수 있는 것은 누구일까? 물론 여자들이다. 심리학자들의 주요 성인 고객은 바로 여자들이다.

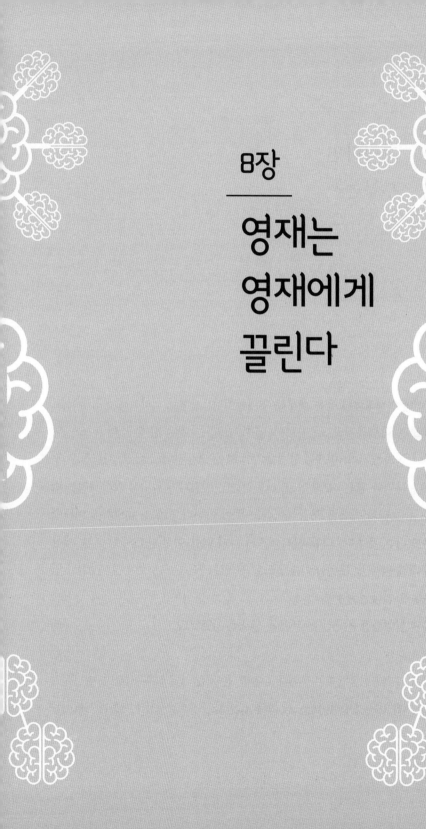

8장
———
영재는
영재에게
끌린다

그렇다면
부부는?

성인 영재의 친구들은 대부분 영재들이다! 저절로 끼리끼리 운동장에 모여 노는 아이들처럼. 두 자녀가 모두 영재라는 것을 알게 될 때 부모는 얼마나 놀라겠는가. 영재는 인격을 구성하는 고유한 요소이고, 사람들은 누구나 자기와 같은 시스템으로 작동하는 사람들에게 끌리고 가까워지는 법이다. 그들이 똑같은 사람들이라는 뜻이 아니라 서로를 내밀하게 이해할 수 있다는 뜻이다. 다른 사람에게서 삶에 대한 어떤 종류의 감수성, 세상에 대한 민감함, 무언의 이해를 느낄 수 있고 그 똑같은 것이 자신에게도 있음을 느낀다는 뜻이다.

어떤 '이상한 친근감'이 그들을 서로 끌어당긴다.

잉그리드는 이렇게 회상한다. "다비드를 처음 만났을 때 어디선가 만난 적이 있는 것 같았어요⋯⋯. 그를 보자마자 나의 감수성과 사물과 사람에 대한 지각을 더 이상 감출 필요가 없다는 것을 알 수 있었죠. 꼭 마술처럼 말이에요. 다비드는 나를 있는 그대로 이해해주었고, 나는 다비드를 아주 오래전부터 알아온 듯한 느낌이 들었어요. 아주 분명하게요. 정말이지 큰 위로가 되죠!"

그렇다면 부부는 어떨까? 부부에 대해서는 연구된 바가 없다. 단지 상담실에서의 경험을 통해서 영재 부부가 탄생하는 데에도 이 '동일성'의 연금술이 똑같이 작용한다는 사실을 확인할 수 있을 뿐이다. 다른 사람들과 똑같다. 사람들은 자신을 이해해줄 것 같은 사람, 자기가 보여주는 겉모습이 아니라 본래의 모습 그대로를 좋아해줄 것 같은 사람에게 끌리게 마련이다. 자기가 감추고 있는 것을 이 사람은 알아볼 거라고, 사회적으로 무난한 자신의 행동, 자기가 거둔 어느 정도의 성공, 자신을 보호하기 위한 유혹의 기술 같은 것들에는 신경 쓰지 않고 그 속에 숨은 풍요로운 참모습을 알아봐줄 거라고 여긴다. 이런 가면 뒤로 보이는 유머와 재기와 순발력과 외향적인 성격이 가장 또렷하게 드러나는 영재의 신호일 수 있다. 그런 신호들은 전문가의 눈에만, 혹은 서로를 알아차리는 영재들의 눈에만 보인다.

음울하고 내성적이며 투덜대고 불평하며, 세상이 엉망진창인데 아무도 그걸 모른다고 여기는 그런 영재들도 있다. 이 세상을 신랄한 눈으로 바라보는 조용한 영재들. 이런 영재들은 이 세상의 복잡성이 두렵고, 다른 사람에게는 너무 쉬운데 자신에게는 한 걸음 한 걸음이 죄다 시련인 이 세상에서 살아야 한다는 게 두렵다.

이 두 극단적 영재 유형 사이에서 그 어떤 조합도 가능하다. 대단히 창조적이고 외향적인 성격의 영재가 행동을 내면화하고 지능을 다스리면서 이 세상을 헤치고 나아갈 실제적 방법을 모색해온 영재에게 끌린다. 감정적으로 불안하고 지극히 민감한 영재가 적응력과 카리스마를 갖춘 듬직한 영재에게서 자신의 안정을 유지하는 데 꼭 필요한 위안을 구한다. 또 그 듬직한 영재는 가냘프고 여린 자신의 짝을 통해 자신의 지도자다운 자질을 확인하고 인정을 구한다.

분명한 것은 서로 비슷하거나 상호 보완적인 영재 커플들이 많다는 사실이다. 그걸 어떻게 아느냐고? 성인 영재를 만나서 심리검사와 치료를 시작할 때 배우자에 대한 질문은 매우 빨리 나온다. 환자는 남자든 여자든 자신의 배우자에 대해 자문하게 된다. 결과는 긍정적일 수도 있고 부정적일 수도 있다.

최근에 영재 진단을 받은 40살의 사라. 사라는 자신이 지금의 남편을 선택한 이유가 단지 그가 자기를 뿌리쳤기 때문이라는 것을 알게 되었다. 남편은 사라를 마다했던 단 한 명의 남자였고, 사라는 그런 그를 굴복시키기 위해 자신이 가진 모든 유혹의 기술을 펼쳐 보였다. 그녀는 결국 성공을 거두기는 했지만, 그 성공이라는 것이 미래의 남편의 생각과 그녀에게서 기대하는 바에 공감하는 방향으로 전개된 탓에 결국 그녀 자신을 배반하게 된다. 그녀는 남편의 마음에 쏙 들 만한 이미지를 찾아내어 자신을 거기에 맞추었다. 남편에게 있어서 그 이미지는 상냥하고 순하며 직업이 없는 아가씨, 직업상 사교 파티에 자주 가야 하는 그가 파티장에서 자랑스레 내세울 수 있는 사랑스러운 금발머리 아가씨였다. 사라는 계획했던 대로 제대로 성공했고 남편은 그로부터 간접적인 이득을 보았다. 집안 사정 때문에 공부를 많이 하지 못한 사라는 영재들이 대부분 그렇듯 심한 열등감이 있었다. 그녀는 속으로 자신을 머리 나쁜 바보라고 여졌다. 그리고 다른 사람들과 함께 있을 때 금세 지루해지는 게 바로 그 때문이라고 추측했다. 그녀는 자신이 어떤 사람인지 전혀 몰랐기 때문에 그렇게 생각할 수밖에 없었던 것이다!

진단을 받고 자각을 하자 사라는 마치 장막이 찢겨져 나가듯 한순간에 깨닫게 되었다. '별로 똑똑치 못한' 쪽은 남편이라는 것, 게다가 남편은 그녀에게 아무런 배려도 없는 사람이라는 것을 말이다. 이 남자는 이기적인 데다 자신의 '액세서리'(사라가 사용한 표현이다)인 아내의 요구에는 무관심했고, 자신의 성공의 그림에 어울릴 만한 섹스 파트너로서의 아내를 데리고 그냥저냥 살고 있을 뿐이었다. 과거의 선택들을 재고하게 되는 것은 진단을 받고 나서 생길 수 있는 문제들 중 하나이다. 사라의 경우에는, 너무나 부족한 자신감 때문에 억눌린 지능이 이 무시무시한 착각의 원인이라는 것을 진단을 통해 이해하게 되었다. 그녀는 보호받고 싶었고, 남편이 성공하도록 뒷바라지를 해서 남편이 거둔 성공과 당당함 뒤에 숨어 자신의 부족한 지능을 가리고 싶었던 것이다. 사라는 현재 치료 중이기 때문에 이 이야기의 끝이 어떻게 될 것인지는 알 수 없다. 사라가 남편을 아주 또렷하게 볼 수 있게 되었고, 그렇게 보게 된 남편의 모습을 마음에 들어 하지 않는다는 점에서 그 끝이 좋을 것 같지는 않다. 무엇보다 남편이, 자기 아내가 자기만의 길을 찾아 활짝 피어나고 싶어 할 수도 있다는 것을, 자신을 위해서 다른 삶을 살고 싶어 할 수도 있다는 것을, 똑똑하고 예민하며 교양 있는 여자일 수도 있다는 것을 받아들이지 못하고 있다. 그럼에도 사라는 남편에게 그런 것들을 이해시키려고 애를 쓰고 있다. 하지만 그것을 인정할 수 없는 남편은 아내가 갑자기 자신의 경쟁 상대라도 된 것처럼 여긴다. 아내가 자기보다 더 재능 있고, 아내의 지식이 자기보다 풍부하며, 아내의 이해가 자기보다 더 타당할 수도 있다는 것을 생각하면 그는 견딜 수가 없다. 이제 남편은 겁이 나서 공격적으로 변했다. 자기가 열등한 존재로 전락하게 될지도 모르는 이 위기에서 스스로를 보호하기 위해서 말이다. 이것은 사라가 원했던 결과가 아니다. 지금 사라는 불가능한 일을 시도하고 있다. 남편에게 다르게 생각하는 법을 설명하는 일을……

영재라는 사실을 아는 것과 모르는 것: 부부에게 득일까, 실일까?

사라의 이야기는 부부 가운데 한 사람이 진단과 치료를 시작하면서 애초의 오해가 밝혀지고, 이런 결합을 가능하게 했던 메커니즘이 드러나게 되는 대표적인 경우에 해당한다. 이렇게 되면 부부는 다시 생각을 해야 한다.

보다 일반적인 상황은 환자가 자신의 배우자 또한 영재라는 사실을 깨닫는 것이다. 자기 자신을 더 잘 이해하게 되면서 배우자에 대한 이해가 깊어진 결과이다. 자신을 검토해나가는 과정에서 그는 배우자의 인격을 열어 보여줄 열쇠들을 얻는다. 이로 인해 부부의 관계는 더욱 돈독해지고 서로를 보완해가면서 검토를 해나갈 가능성이 크다. 두 영재는 매우 비슷하면서도 다르기 때문에 이 두 극점을 조망하는 것은 서로의 관계를 완성해 나아갈 수 있는 새로운 길을 열어준다. 한 사람의 치료가 결국 부부 두 사람 모두의 치료로 이어지는 경우도 있지만, 사실 제일 흔한 것은 처음 치료를 시작한 쪽이 상대방의 치료사가 되어주는 경우이다. 여러 번 치료를 하고 나면, 혹은 겨우 몇 번의 상담만으로도 환자는 얽힌 실타래를 풀어줄

실 끝을 잡을 수 있고, 심리검사에서 시작된 이 작업을 이제는 부부가 치료사와 함께 해나간다. 그것은 대단히 만족스러운 상황이다! 모두에게!

나의 관점

'알게' 되었을 때 일어나는 변화 중 하나는 현재의 삶을 떠받치고 있는 메커니즘 몇 가지를 분명하고 또렷하게 이해하게 된다는 것이다. 우리로 하여금 우리의 직업적, 인간적, 가족적, 감정적 선택을 하게 만든 메커니즘들. 그것을 이해함으로써 우리는 자신이 가진 수단들을 완벽하게 소유해 새로운 힘을 자기 것으로 삼을 수 있게 된다. 그것은 대단히 큰 힘이다. 또한 이 새로운 이해를 바탕으로 올바른 선택을 하고, 그 선택의 이유를 온전히 인식한다. 그리고 그렇게 선택된 것들 중에서 평생 함께 가야 할 것들을 다시 선택한다. 그것은 부부의 미래에 대한 약속과 풍요로 가득한 하나의 원동력이다.

이런 식이다. 나는 너를 사랑했다, 내가 이런저런 이유로 너를 선택했다는 것을 지금 나는 알고 있다, 이제 나는 너와 함께 살기로 결정한다. 눈에 띄는 이유들은 여러 가지일 수 있으며 이 새로워진 커플의 새롭고 풍요로운 대화와 삶의 핵심이 될 수 있다. '재해석된' 관계를 통해 마음속 깊은 곳에서 서로 연결되고, 마음속 깊은 곳에서 성숙해진(어른에게 이렇게 말해도 될까?) 이들은 이제부터 튼튼하게 자리를 잡을 수 있다.

영재 + 영재 =
행복한 커플?
아니면
왕따 커플?

그렇게 간단하지가 않다! 모든 것은 각자의 성격과 삶에 달려 있으니까 말이다. 자기들이 특이하다는 걸 처음부터 알고 있다면, 혹은 도중에라도 그 사실을 깨닫는다면 부부의 모습은 달라질 것이다. 처음으로 알게 되는 게 누구냐에 따라서, 또 알게 된 시점이 언제냐에 따라서도 부부의 상황은 달라질 수 있다. 당신이 이미 알고 있듯이 여기에는 수많은 변수가 있다. 그렇지만 다른 모든 부부의 경우와 마찬가지로 닮은 점은 강한 점이다. 그 닮은 점들이 최선의 커뮤니케이션을 가능하게 하고 서로를 잘 이해할 수 있게 해준다. 그것은 분명하다.

어른이 된 영재들

▶고립?

그렇지 않다. 오히려 두 영재가 안전하게 함께 있어서 두 사람 모두의 안정감이 훨씬 커진다. 그들은 자신의 진짜 모습을 되찾을 수 있고, 말 없이도 통하며, 설명하지 않아도 서로를 이해할 수 있는 평화로운 섬에서 살아가듯 그렇게 살아간다. 부부 안에서 각자의 자신감은 탄탄해지고 타인들과 바깥세상에 맞설 수 있는 힘은 한결 강해진다. 영재 부부가 세상에 적응하기 힘들 거라는 생각은 사실과 다르다. 부부는 서로에게 안심하고 멀어졌다가 다시 돌아와 재충전할 수 있는 튼튼한 베이스캠프가 되어준다.

결혼한 지 13년째인 마크와 카롤린 부부는 이렇게 말한다.

"우리 큰 딸애에게 문제가 생기고 영재라는 진단이 내려졌을 때 우리 두 사람도 영재라는 사실을 알게 되었어요. 정확하게 말하자면 이해하게 되었죠. 그때 다른 아이들도 테스트를 받게 했는데, 아이들 모두에게서 분명하게 드러난 그 독특한 인격이 우리 부부에게도 있다는 것을 깨달은 겁니다. 그래서 큰마음을 먹고 우리도 테스트를 받았던 거죠. 그때까지는 우리가 다른 부부들과 다르다는 걸 전혀 몰랐습니다. 왜냐하면⋯⋯ 우리 둘은 비슷했으니까요. 우리에게는 특이한 게 '정상'이었던 거예요. 다른 비교 대상이 없었으니까요! 진단을 받은 후에 우리 부부는 우리의 만남과 우리가 살아온 삶을 다시 돌아보게 되었고, 그때까지 우리가 생각하지 못했던 것들을 이해하게 되었습니다. 그 일은 우리 부부를 더 가깝게 만들어주었고, 서로를 더 깊이 이해할 수 있게 해주었어요. 지금 우리 부부는 아이들을 보살필 준비가 충분히 되어 있고 한층 강해졌다고 느낍니다."

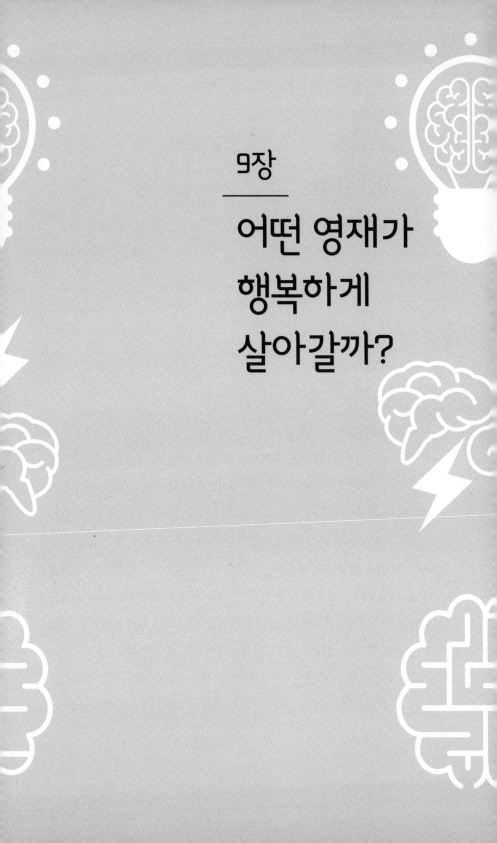

9장
—
어떤 영재가
행복하게
살아갈까?

행복한
성인 영재로
성장하기 위해

드디어 행복한 글을 쓸 수 있는 장이 되었다.

사실 지금까지는 문제점을 많이 강조해왔다. 그럴 수밖에 없었다. 이 글의 목적이 특이한 사람들을 바라보는 시선을 바꾸고, 영재들은 누구이고 어떤 점이 어떻게 다른가를 이해하는 것이었으니 말이다. 그렇게 하는 것이 그들이 이 세상에 적응해서 잘 살아갈 수 있도록 도와주는 유일한 길이다. 그것이 그들이 흔히 빠져 있는 그 잘못된 자아상을 바꿀 수 있는 유일한 길이다. 그러나 지금까지 영재라는 인격이 가진 너무 많은 약점만을 다루었다면, 이제부터는 행복한 인생을 살고 있는 영재들이 걸어온 길을 살펴볼 것이다. 또한, 그들은 어떻게 해서 튼튼하고 안정적인 자기 이미지를 만들 수 있었고, 안락한 삶을 꾸릴 수 있었는가를 알아볼 것이다.

물론 행복하게 살고 있는 성인 영재들을 직접 만날 기회는 별로 없다. 그들은 상담받을 일이 없고, 자기 삶에 만족하며 원하는 바를 쉽게 이룬다.

지금 우리가 만날 영재들은 자신감을 가지고 성장하는 아이들과 생기와 열정으로 가득한 청소년들이다. 장담하건대 그런 아이들은 분명히 있으며, 그 아이들은 보기 드문 생명력으로 충만한 너무나 매력적인 존재들이다. 인생의 성공은 그들의 손에 달려 있다. 우리는 경험을 통해 그런 아이들이 거쳐 온 과정에는 일관된 요소들과 버팀목이 있다는 사실을 알 수 있었다. 자녀를 키우는 부모들에게, 그 아이들에게서 자신의 과거 흔적을 발견하게 될 어른들에게 그것이 무엇인지를 아는 것은 꼭 필요하다.

지금부터 기술할 내용은 일종의 캐리커처에 가깝다. 왜곡된 부분이 있을 수밖에 없고 개연성도 부족하다. 하나의 교과서적인 가정일 뿐 진짜 삶이 아니다. 이런 것이 진짜 삶일 수는 없다. 진짜 삶이어서도 안 된다. 완벽한 부모를 바라서는 안 된다. 완벽한 부모는 자식에게는 비정상적인 부모이다. 부모란 그저 있는 그대로 아이를 위해서 최선이라고 생각하는 바를 최선을 다해 실천하면 된다. 안타깝지만 그렇게 하는 과정에서 실수도 실패도 생긴다. 하지만 우리의 인격은 그런 실수와 실패의 과정들을 통과하면서 구축되는 것이지 비현실적인 과보호의 세계에서 형성되는 것은 아니다.

나는 이 상상의 여정을 통해서 핵심적인 요인들이 드러나기를 바란다. 자신감과 힘을 키워 홀로 거친 야생으로 나아가야 하는 어린 얼룩말들에게 필요한 것이 그것이다. 결국 그것들은 지극히 단순한 것임을 알게 될 것이다. 하찮게 보이는 것들에 특별한 주의를 기울일 수 있는 충분한 양식. 그러나 그 하찮은 것이 아이에게는 하찮지 않다.

영재의 힘든 여정을 이해하고
더 넓은 길을 찾기 위한 표

완벽하지도 절대적이지도 않으며 단지 경향성을 평가하기 위한 표. 가장 빈번하게 나타나면서 자존감에 해로운 요소들 가운데서 어떤 메커니즘을 찾아내기 위한 표. 또한, 새로운 전망을 제시할 수 있는 몇 가지 열쇠를 발견할 수도 있는 표를 보라.

피해갈 수 없는 도전 : 자존감

모든 것은 자기 이미지를 둘러싸고 유기적으로 연결되어 있다. 자기 이미지야말로 다른 모든 요소를 결정짓는 요인이다. 이것이 가장 중요한 메시지이다. 긍정적인 자기 이미지를 가지고 있으면 모든 것이 가능해지고, 자기 이미지가 불안하면 모든 것이 어려워진다. 자기 이미지가 불안하다는 것은 자신감을 잃었다는 것이며, 나아가서는 자존감의 문제가 불거졌음을 의미한다.

굳건한 자기 이미지를 만드는 데 우호적인 환경

자신감과 굳건한 자기 이미지를 가지고 성장하기 위해서는 우호적인 환경이 필요하다. '연약한 힘'이라고도 말할 수 있을 이 특이한 인격을 이해하고 받아줄 수 있는 감정적 환경. 가치부여, 만족감, 격려의 중요성을 알고 있는 가족들 속에서 성장하는 것. 사랑하는 사람들의 눈길에서 자신에 대한 자랑스러움을 느끼는 것은 어린 영재가 성장하는 데 경이로운 영양분이 된다. 이 세상을 통찰하는 동시에 자기 자신에 대해서도 늘 고통스러운 비판을 가하는 영재 어린이에게는 물을 자주, 흠뻑 주어야 한다. 사랑의 물과 안심이 되는 말을. 영재는 자신의 결함과 한계를 너무 잘 알기 때문에 거만해질 수 없다. 절대로 거만해지지 않는다. 만일 오만하고 잘난 척을 하는 영재 아이가 있다면 그건 상처받기 싫어서 그런 척하는 것일 뿐이다. 그것을 절대로 잊지 말자. 영재 아동은 자신의 이성과 지능과 합리적 지성으로 작동하기 한참 전에 우선 자신의 가슴으로, 감정으로 작동한다. 영재 아이가 편안해질 수 있도록 도울 수 있는 방법, 도와야만 하는 방법은 바로 감정이다. 그것이 중요한 열쇠이다.

아동기에 생길 수 있는 일	자아구축에 미치는 영향	성인이 되었을 때의 결과	어떻게 개선할까?	기대할 수 있는 바
• 학교생활을 하면서 생길 수 있는 문제들	• 무능하다는 느낌 • 미래에 대한 두려움 • 심각한 자존감 문제	• 진로 교육 실패 • 삶에 대한 불만족 • 불완전하다는 느낌 • 다른 사람들보다 똑똑하지 못하다는 확신	• 자신의 생각과 지능을 다시 길들인다. • 상이한 지능이 무능으로 여겨질 수 있었음을 이해한다. • 그런 형태의 지능이 어느 것보다 소중한 보물이라는 사실을 받아들인다.	• 지능이 제공하는 가능성들에 의지하면서 자신의 삶의 흐름을 되찾는다. • 자신의 직업적 선택들을 수정하거나 새로운 방향을 정한다. • 똑똑하다는 기쁨과 그것을 이용하는 기쁨을 다시 누린다.

아동기에 생길 수 있는 일	자아구축에 미치는 영향	성인이 되었을 때의 결과	어떻게 개선할까?	기대할 수 있는 바
• 반복적인 이해 부족(이해하지 못하고, 이해되지도 못한다)	• 일상적인 괴리감, 다르다는 이질감 • 통합을 시도하다 실패하는 일이 계속되다보면 받아들여질 수 없다는 확신이 생긴다. • 정체성을 좀먹고 혼란을 일으키는 차이에 대한 근본적인 느낌	• 부적응 • 생의 도약을 방해하는 심각한 실망의 순간들 • 의지할 것은 자신뿐이라는 확신 • 권태, 나아가 살아간다는 고뇌	• 이 괴리에서 다른 사람들은 가질 수 없는 능력을 길어올린다. 거리감은 새롭고 창의적인 이해에 도달하게 해준다.	• 세상에 대한 이해를 풍요롭게 하고 거기에서 자신과 타인들과 환경을 위한 다양한 혜택들을 끌어낸다. • 그것은 또한 자신의 직업적 활동과 가족 간의 관계를 위한 것이기도 하다. • 다르다는 것, 다르게 이해하는 것, 다르게 느끼는 것은 비할 데 없는 실현가능성과 반짝임을 가진 특별한 사람이 되게 한다. 그것을 이용하자!
• 주위의 지나친 기대	• 자신의 허약함을 가리기 위해 부풀려진 자아와 기대만큼 성공하지 못할 것이라는 두려움 • 모든 지적인 임무 앞에서 느끼는 심각한 불안 • 자아 구축의 방황	• 강제된 성공 뒤에서 이리저리 뛰어다니며 헐떡이는 가짜 자아, 혹은 성장을 방해하는 불안한 억제	자기 이미지의 균형을 다시 생각한다 : 힘과 한계를 다시 생각하고 그것들을 받아들인다.	• 자신의 삶에서 중요하게 생각하는 것과 개선하고 싶은 것을 가지고 제자리를 찾는다. 삶의 활력을 다시 찾을 수 있다. 삶은 이제 성공해야 한다는 낯선 의무감에 갇혀 있지 않다(물론 이것이 성공을 방해하지는 않는다!)

아동기에 생길 수 있는 일	자아구축에 미치는 영향	성인이 되었을 때의 결과	어떻게 개선할까?	기대할 수 있는 바
• 반복적으로 드는 부당하다는 느낌	• 다른 사람들에 대한 믿음 상실 • 세상에 대한 이해부족 • 내적인 고독	• 다른 사람들에 대한 방어적인 태도 • 자기 중심주의 혹은 혼란스러운 이타주의 • 작동의 엄격함	• 부당한 것이 사실이기 때문에 더 어렵다. 그러니 차라리 부당함을 인정하고 싸울 수 있을 때 싸우는 편이 낫다.	• 다른 사람들과 세상을 향한 열린 태도와 부당함에 맞서 싸울 수 있는 사람들과 유대
• 사회적 소외 (왕따)	• 자기동일시 과정에서 겪게 되는 문제들: 차이에 대한 이해할 수 없는 느낌을 가진 채 홀로 자신을 구축한다. • 다른 사람들에 대한 두려움 그리고 다른 사람들과 함께 있는 것에 대한 두려움 • 고독감 • 사랑받지 못할 거라는 확신	• 사회적 소외 • 관계를 맺고 유대를 만드는 것이 어렵다. • 극단적인 사회적 공포증으로까지 확대될 수 있는 타인들에 대한 두려움	• 다른 사람들과의 관계를 잘 유지하기 위해 자신의 힘과 한계를 평가하는 것을 배운다. • 단순히 살기 위해서가 아니라 함께 나누는 기쁨을 느끼기 위해서 타인과의 관계맺기를 시도한다.	• 사회적으로 부과되는 의무들에서 자유롭기 때문에 진정한 타인들과의 관계가 가능하다. • 아주 자유롭게 함께할 수 있는 진정한 친구들을 가질 수 있다.
• 억눌린 감수성 • 억압된 감정들	• 감정들을 끊임없이 억누르려고 하는 엄격한 방어기제들 • 자아의 뿌리 상실	• 인격의 신경제거 • 차가움, 관계에서의 거리 유지, 거만하고 냉랭한 성격 • 지성의 남용, 모든 것을 분석할 뿐 진실되고 자연스럽게 체험하는 것은 아무것도 없다.	• 감정의 근원을 재발견하여 두려움 없이 자신의 작동 속으로 받아들인다. • 감정의 풍요로움을, 감정이 우리의 안정과 행복에 가져다줄 수 있는 모든 것을 이해한다.	• 더 부드럽고 유연하며 따뜻한 사람 • 자신과 타인들에게 도움이 되는 감수성 • 창조성과 상상력. 또한 되찾은 열정과 주위 사람들과 진지하고 따뜻한 관계 • 풍요롭게 하는 애정 관계

아동기에 생길 수 있는 일	자아구축에 미치는 영향	성인이 되었을 때의 결과	어떻게 개선할까?	기대할 수 있는 바
• 다양한 괴롭힘을 당한다.	• 영혼과 자아의 상처 • 정체성을 약화시키는 지나친 신경과민 • 자기 이미지에 대한 고통스러운 공격들: 배척당할 것이라는 확신	• 통제가 안 되는 공격성 • 입증할 필요와 입증될 필요 • 살아갈 에너지	• 해석한 것과 말해진 것을 구분한다. 과민함은 사랑받지 못한다는 두려움에서 자양을 얻는다는 사실을 이해한다. 그것은 실제 현실이 아니다.	• 모든 상황을 고려하는 능력, 사회적 관계를 강화하고 체험된 순간을 온전히 평가하기 위해 타인들과 자신의 한계를 인정하는 능력이 생긴다. • 자신의 과민함을 스스로 비웃을 수 있으면 대단히 호감 가는 사람이 될 수 있다.
• 날카로운 지능의 필터에 모든 것을 통과시키면서 끊임없이 분석을 한다.	• 아무것도 빠져나가지 못하는 지나치게 투명한 삶에 대한 두려움 • 감정적으로 감당할 수 있는 것 이상을 이해하는 데서 오는 두려움 • 이해하는 사람이 자기 혼자라는 데서 오는 두려움과 어찌해야 할지 모른다는 두려움 • 자아상에 심각한 문제를 일으키는 막연한 고통	• 차가운 성격 • 다른 사람들과의 관계에서 거리 두기 • 관계에 있어서의 진정성 부족 • 분열된 인격	• 감정의 원천에 접속하여 자신에게 다시 다가간다. • 감정을 파괴적일 수 있는 격류로만 여길 것이 아니라 생각의 힘으로 인정한다.	• 지능은 인지와 감정이라는 두 개의 문을 이용할 수 있을 때 행복해진다. • 똑똑하다는 사실은 무한한 삶의 가능성이자 함께 나누는 기쁨의 가능성을 의미한다.

감정적 안정의 중요성

영재 아이에게는 감정적 안정이 무척 중요하다. 이 아이는 다른 사람들을 걱정하느라고, 다른 사람들이 상처받을까 봐 쉽게 불안해한다. 아이는 자신을 책임지려 하고 주변 사람들을 안심시키려고 한다. 아이가 속한 가정이 안정되고 균형 잡힌 가정일수록 아이는 자기애를 갖고 성장할 수 있다. 아이가 속한 환경이 감정적으로 소란스러울 때 감정적으로 무척 민감하고 지나친 공감 능력을 가진 영재 아이가 다른 아이에 비해 훨씬 더 큰 고통을 느낀다는 것은 흔히 관찰되는 사실이다. 매사 그렇듯이 모두에게 사실인 것은 영재 아동에게는 한결 더 사실이다.

진정으로 이해되는 것

생긴 그대로 이해되고 특이한 그대로 받아들여지는 것. 그러기 위해서는 아이에게 적극적으로 응해야 하고 주의 깊게 이야기를 들어야 하며 끊임없이 적응을 해야 한다. 그러나 사물을 보고 이해하는 무의식적인 방식에 길들여져 있는 우리로서는 그게 그렇게 쉽지만은 않다. 다른 사람에게 예민해지기 위해서는 노력이 필요하다. 다른 사람에게 예민해진다는 것은 자신의 방식대로 반응하지 않는 것이다. 다른 사람에게 예민하다는 것은 그가 다를 수 있음을 인정하는 것이다. 진정으로.

아이의 손을 잡아주기

사람은 혼자서 클 수 없다. 자기 자신을 온전히 표현하기 위해서, 타인들과 함께 살고 있음을 느끼기 위해서, 자신에게 환한 길을 터주기 위해서 사람은 반드시 다른 사람들을 필요로 한다. 단 한 명이어도 좋다. 그 사람이 아이를 제대로 이끌어줄 수 있는 가이드라면 말이다. 우리가 길을 가는 동안 누군가가 내내 함께 해주었다는 것은 매우 중요하다. 우리를 진정으로 이해하려고 했던 사람, 우리의 잠재성을(단지 지성이 아니라) 실현하여 그것을 재능으로 바꿀 수 있게 해준 사람. 아이를 '압박'하거나 '압력'을 행사한다는 뜻이 아니다. 그렇게 해서 얻을 것은 역효과 밖에 없다. 기껏해야 가짜 자아를 만들어내거나 심한 경우 정신적으로 심각한 문제가 생길 수 있다. 우리는 부모가 기대하는 만큼 성공을 거둬야 한다는 스트레스 때문에 병들어 가는 아이들을 양산하고 있다. 부모는 아이에게 길을 열어주어야지 아이의 성공으로 자기 위안을 삼으려 해서는 안 된다. 또한 이 가이드의 과정에서 신중해야 할 점이 있다. 아이에게 '내가 하는 일은 모두 다 너를 위해서야.'라고 말해서는 안 된다. 그런 말은 아이에게 죄책감을 갖게 하고 자신을 희생해서라도 부모를 만족시켜야 한다는 의무감을 만들어낸다. 원하는 효과와 정확히 반대인 것이다!

아이를 키우는 것은 아이의 손을 잡아주고 길을 보여주는 것이지 아이를 잡아끌어 어떻게든 그 길을 받아들이게 하는 것이 아니다. 아이를 키우는 것은 아이가 하는 모든 노력에 대해 용기를 북돋워주고 가치를 인정해주며 만족감을 느끼도록 해주는 것이다. 그리고 무엇보다도 아이를 격려하는 것이다. 그것도 자주! 어쩌면 매 순간이라도!

뇌과학이 이런 사실을 입증했다. 힘들어하는 어떤 사람의 손을 잡으면 그 사람의 뇌 시상하부에서 호르몬이 분비되면서 부정적인 감정들이 완화된다. 다른 사람과 육체적으로 연결되어 있다는 느낌은 모든 사람에게 효과가 입증된 조절 '약물'이다!

친구 만들기 : 다가올 인생의 안정을 위한 으뜸패

유아기와 청소년기 내내 지속되는 진짜 친구를 만드는 능력은 어른이 되었을 때 건강한 정신 상태를 유지할 수 있게 하는 가장 훌륭한 능력들 중 하나이다.[*] 타인들과의 관계는 그 무엇보다도 중요하며 가능한 모든 방법을 동원해서 이것을 도와야 한다. 친구가 많을수록 현재를 잘 버틸 수 있고 미래는 더 안정된다.

학교에서 심한 상처를 입지 않고 최대의 만족과 성공을 거두기

영재가 학교의 규칙을 받아들일 수 있도록 하는 요인은 자신감이다. 자신감은 자신의 성공을 위해서 학교를 이용할 수 있다는 것을 이해하도록 해준다. 자신감은 학교가 요구하는 것들 앞에서 자신의 지능이 가장 유용한 것은 아닐 수도 있음을 인정하게 하지만 그렇다고 자신의 지능을 부정하거나 '틀에 맞추지'도 않게 한다. 아이는 유연하고 '똑똑한' 방식으로 학교라는 맥락에 자신의 지능과 감수성과 성격을 맞추어 적응할 줄 안다. 아이는 자신의 카리스마와 매력과 확신과 민첩한 두뇌를 어떻게 이용해야 교사들에게 인정받을 수 있는가도 이해한다. 교사가 협조적일 때, 그리고 교사가 그 아이를 다정하고 따뜻한 사람이라고 여길 때 모든 것은 훨씬 더 쉽다. 뿐만 아니라 우리의 꼬마 영재가 수업에 열심히 참여하는 것으로 권태로운 순간들을 이겨낸다면 학교에서 보내는 시간은 훨씬 활기찬 시간이 되고 교사들에게는 큰 기쁨이 된다. 이렇게 되면 거의 성공한 것이나 다름없다. 어쩌면 이것을 수완이라고 불러야 할까? 그렇다 해도 모든 사람을 만족시키는 선의의 수완이다. 학교생활을 성공적으로 했다는 것은 자신의

---

[*] P. 말레, 『아동과 청소년 사이의 관계의 발생과 조직』, 르네-데카르트 대학, 1998.

인생의 계획들을 —거의— 실현할 수 있는 가능성을 의미한다. 그것은 앞으로 계속해서 사용할 수 있는 긍정적인 에너지와 지켜진 자존감에 대한 중요한 보증서이다. 특히 청소년기에 이르렀을 때 손상되지 않고 온전히 살아 있는 호기심을 갖게 된다. 모든 것을 해보고 싶어 하는 마음이 몸을 움츠러들게 하는 두려움으로 변질되지 않고 가능성의 장을 확장하여 좁은 길에 갇히지 않게 하는 힘이 된다. 성공을 바라는 마음과 성공의 기쁨이 계속해서 동력이 되어준다.

창조성을 위한 감수성, 타인들을 위한 공감, 살아 있다는 느낌을 위한 감정들

젊은 영재가 자신의 감수성과 타인들에 대한 민감함과 감정적 체험을 억제하지 않으면 그의 작동의 특수성으로 인해 그런 요소들은 그를 대단히 좋은 사람, 카리스마 있고, 따뜻한 사람으로 만들어줄 것이다. 자연스럽게 통합된 감정은 그 사람이 가진 큰 힘과 놀라운 반짝임의 원천이 된다. 중요한 것은 감정 표현을 무시하지 않는 환경, 감정이 좀 흘러넘치더라도 두려워하지 않는 환경, 감정적 반응을 견딜 수 없는 잘못으로 받아들이지 않고 생명력으로 이해해주는 환경에서 살아가는 것이다. 영재가 가진 이 지나친 감정과 더불어 살아간다는 것은 주변 사람들에게는 힘든 수련일 수도 있다. 판단하지 않고 인정해주기, 받아주기, 위로하기, 달래주기, 격려하기는 삶의 안정을 위한 제일 큰 담보물이다.

▌한마디로 절대로 포기할 수 없는 것은 자존감이다.

수평선에서 절대 놓쳐서는 안 될 생명의 희망봉, 그것은 자신감과 자기 이미지이다. 의구심이 생길 때, 이 어린 영재를 어떻게 키워야 할지 알 수 없게 될 때, 어떻게 대답하는 게 최선일까 자문하게 될 때 즉시 해야 할 일은 자신감을 회복하고 복원하며 키워주고 북돋울 수 있는 것들을 향하도록 맞춰진 나침반을 들고서 현재의 위치를 확인하는 일이다. 그것만이 헤매지 않고 아이를 안정된 삶으로 차분히 인도할 수 있는 유일한 길이다. 그렇게 진정한 자기 자신으로 자란다면 어른이 된 그는 자신의 튼튼한 인격에 의지하여 삶을 맞이할 수 있다. 그는 그 속에서 기쁨과 한계를 알아볼 수 있을 것이고, 적절한 감정의 템포로 문제들에 맞설 수 있을 것이다. 그는 삶의 복잡함에 맞설 '준비가 된' 어른이며, 그의 '무기'는 다름 아닌 자기 자신이다.

▌ 행동방침＝진정한 자기 자신으로 성장할 수 있어야 한다.

우리가 우리의 인격에 포함된 요소 하나하나를 이 세상의 작동방식에 맞춰갈 수 있도록 도움을 주고 인도해주는 환경이 필요하다.

자신을 부정하면서까지 모든 것에 자신을 맞추어서도, 받아들여지기 위해 자신을 억제해서도 안 된다.

살아남는 것이 아니라 살아야 한다.

꼭 기억해야 할 것

영재의 인격은 **연약한 힘**이다. 이 인격이 활짝 피어나기 위해서는 단순하지만 꼭 필요한 요소들이 있다. 이해, 사랑, 호의, 가치. 이런 **감정의 양식**이 긍정적인 자기 이미지와 굳건한 자존감의 구축을 결정짓는다. 이것은 미래를 위한 담보이다. 이것은 어린 영재를 키우는 사람들이 아이가 행복한 어른으로 자라날 수 있도록 항상 해야만 하는 일이다. 이것은 물론 다른 모든 아이에게도 해당된다. 그러나 약점이 너무 많아 너무 쉽게 상처 입고 훨씬 더 아프고 낫기도 더 힘든 영재의 경우에는 더욱 그렇다. 이 아이들을 차라리 영상(英傷)이라고 이름 붙이면 어떨까?

높은 지능과 격앙된 감수성이 어우러져 영재 아이를 조심스럽게 다루어야만 하는 폭발성 칵테일로 만들어놓은 것이다!

행복해지기
위해서
성인 영재가
할 수 있는 일

행복해지고 싶다면 행복해지겠다고 마음을 먹어야 한다고 말하는 건 좀 식상하지만 그러나 이 말은 거의 사실이다!

혼란스러운 아동기를 보내고서 약해지고 상처 입은 몸으로 홀로 미래에 맞서야 한다고 느낄 때, 잘살 수 있다는 희망과 인정과 사랑을 받을 수 있다는 희망을 잃었을 때, 사방이 꽉 막힌 것만 같을 때……. 그럴 때라도 모든 것을 다 잃은 것은 아니다. 우리를 구해줄 뇌가 아직 남아 있다.

정신과 의사들이 오랜 세월 주장해온 탓에 당신은 '어린 시절의 상처에서 벗어날 수 없다'든가 '모든 것은 여섯 살 이전에 결정된다' 같은 말들이 사실이라 믿고 있다. 당신이 보았다면 믿어도 좋다! 그러나 이제 우리는 알고 있다. 그 말들이 틀렸다는 것을!

특히 두 가지 이유에서 그렇다.

- **탄성 에너지의 능력.** 탄성 에너지는 어떤 일이 닥쳐도 방법을 찾아 삶의 어려움에 맞서게 하거나 혹은 더 나아가 한결 단단한 인격을 만들어내는 우리 내면의 힘을 말한다. 우리 모두는 이 탄성 에너지라는 능력을 가지고 있으며, 이 에너지를 발현시켜 이용할 수 있으려면 우선 그 존재를 믿어야 한다. 어떤 사람들의 경우에는 위험에 직면하자마자 자동적으로 그 힘이 나온다. 그들은 살면서 어려운 상황에 직면할 때마다 그 힘이 자동 공급되는 사람들이다. 탄성 에너지가 그렇게 쉽게 활성화되지 않는 다른 사람들의 경우에는 주의를 기울여서 그 에너지를 가동시켜야 한다. 이겨내야 할 힘든 일이 생기면 우리가 간직하고 있는 의지할 수 있는 수단들을 떠올린다. 사물을 바라보는 우리의 시선을 약간 조정할 필요도 있다. 일단 이렇게 하고 나면 우리의 뇌에서 긍정적인 감정들의 회로가 실행되기 시작한다. 이런 긍정적인 경험이 여러 차례 반복되면 탄성 에너지의 메커니즘이 확실하게 자리를 잡는다. 뇌에서 슬픔과 기쁨으로 연결되는 회로는 무척 가까이 있다. 목표는 감정이 흐르는 길을 바꾸는 것이다.

- **뇌의 가소성.** 오늘날 나이에 상관없이 모든 것을 배울 수 있다는 사실이 입증되었고, 따라서 우리는 행복해지는 법도 배울 수 있다. 삶의 상처들은 종종 뇌에 회로를 새겨놓아 우리로 하여금 삶을 비관적으로 바라보게 한다. 뇌는 게으르기 때문에 어떤 상황이든 즉각 기존의 회로를 택한다. 일단 기존의 회로가 채택되면 경험하는 모든 것에 거의 자동적으로 부정적인 색조가 입혀진다. 행복한 순간조차도 우리의 뇌는 걱정의 신호를 보낸다. '이런 행복이 오래갈 리는 없어.' 하지만 우리는 그 회로를 바꿀 수 있다. 우리는 뇌의 희생자가 아니다. 우리가 뇌를 통제할 수 있다!

뇌의 가소성 덕택에 삶의 어느 시기에 있든 언제나 모든 것이 가능하다. 이런저런 굴곡이 있었음에도 자신에게 잘 어울리는 삶을 영위하고 있는 성인 영재들은 바꾸지 못할 것은 없으며, 그들은 삶의 방향은 언제라도 조정될 수 있는 것임을 직관적으로 이해한다.

보편적 행복이라는 게 존재하지 않는다면?
나만의 행복의 기술

우리는 행복할 권리를 갖고 사회에서 살아가고 있다. 행복할 의무라는 편이 맞을지도 모르겠다. 행복은 하나의 의무가 되었다. 행복을 얻지 못하는 건 부당한 일이고 필경 누군가가 잘못했기 때문이다. 우리의 배우자, 자식, 사장, 주위 사람, 정부, 그 누구든……. 이 시대는 우리에게 권리이자 의무인 이 행복이라는 것을 크고 높은 소리로 요구하라고 부추긴다. 우리는 이 행복을 정말로 믿고 있거나 혹은 믿는 척하고 있다. 꿈의 집, 멋진 여행, 우리를 멋지고 근사하게 만들어주는 상품들, 우리가 바라는 모든 것을 갖춘 상점, 우리를 꼼짝 못 하게 만드는 상표 등……. 이 목록은 끝이 없지만 이 얘기를 하려는 것은 아니다.

내가 하고 싶은 이야기는 이거다. 우리의 내면을 가만히 들여다보면 무엇이 우리에게 기쁨을 주는지, 무엇이 우리 자신과 또 다른 사람들이 더불어 편안히 지낼 수 있게 하는지 느낄 수 있다. 모든 사람이 바라는 그 행복이라는 것을 기다리고 추구하는 일을 멈추어야 한다. 누구나 그 행복이라는 것의 뒤를 좇는다. 어쩌면 평생을 말이다. 자식들이 잘되면, 바라던 집을 살 수 있다면, 승진을 하면, 이것저것 모두 살 만큼 충분한 돈을 벌면, 유명해지고 인정을 받으면, 은퇴를 해서 마침내 시간이 생기면 행복해질 것이라 생각한다. 그러나 우리는 그렇게 우리의 삶을 스쳐지나가고 있다. 템포가 어긋나 있다. 우리의 삶을 반짝거리고 탁탁 튀며, 매력 있고 편안한 삶으로 만들어줄 수 있는 자기만의 행복과 닿아 있는 템포. 물론 나는 사회적, 문화적, 정신적, 실제적 삶의 진정한 고통과 고뇌를 무시할 만큼 그렇게 불손하지는 않다. 나는 힘겹게 살아가는 그 모든 사람을 진심으로 존중한다. 나는 단지 평범한 행복에 도달했으면서도 더 특별한 행복을 얻지 못해 불평하는 평범한 사람들에 대해 말하고 싶을 뿐이다. 그것은 하나의 함정이다. 행복은 이미 거기에 있다. 그리고 거기에 있는 그 행복이 바로 특별한 행복이다!

 나만의 행복을 찾아서

생각해보자. 당신에게 근본적인 만족감을 주는 것은 무엇이고 일시적인 만족을 주는 것은 무엇인가를. 아주 사소한 것도 괜찮다. 뭐든 들어보자. 당신의 주변과 당신의 삶을 들여다보라. 늘 불만에 젖어 있기 때문에 눈에 잘 띄지 않는, 작지만 경이로운 그 모든 것이 빛나고 있는 게 보이는가? 당신이 어려움을 극복하고 이루어낸 크고 작은 성공들이 보이는가? 우리가 성취한 것과 가지고 있는 것을 얼마나 마음속으로 자랑스러워할 수 있는지 보이는가? 이 사회는 더 큰 것, 더 좋은 것을 가질 수 있다고 끊임없이 속삭인다. 하지만 무엇에 비해서 더 크고 좋다는 것일까? 유일한 판단 기준은 우리 자신이다. 우리에게 필요한 단 한 가지는 우리의 비밀스러운 자아와 합치되는 일이다. 그것이 우리가 알아야 하는 유일한 것이다. 우리의 비밀스러운 자아는 우리의 것이며, 가장 귀한 우리의 재산이다. 이보다 더 풍요로운 것은 없다. 바깥에는 당연히 없다. 우리 자신에게로 돌아오자. 그게 더 좋지 않겠나?

행복은 실망보다 만족을 더 많이 느끼는 것이다

계속되는 실망에 집요하게 시달리다 만족감이 사라져갈 때 우리는 쉽게 고통을 느낀다. 중요한 것은 우리 각자가 무엇을 만족으로, 무엇을 실망으로 여기는지 분명히 아는 것이다. 그건 사람마다 다를 수 있다. 그래도 거기에는 분명히 비슷한 점이 있다. 우리를 행복하게 하는 것은 '우리의 마음속 깊은 데서' 느껴지는 제자리에 있다는 느낌, 그리고 자신을 닮은 알맞은 삶을 살고 있다는 느낌이다. 그래야만 도중에 헤매지 않을 수 있고, 출구 없는 길 또는 만족은 주지 않으면서 눈만 부시게 하는 지나치게 환한 길로 접어들지 않을 수 있고, 우리가 선택한 길이 아닌 다른 사람들이 만들어 놓은 길 위에서 위험을 무릅쓰지 않을 수 있다. 우리의 능력과 힘과 한계를 인식하고 급소와 약점을 모두 간직한 채 하나의 길을 내어, 그 길 위에서 기쁨을 만들고, 그 길 위에서 우리를 풍요롭게 할 만남을 가지고, 그 길 위에서 우리를 활짝 피어나게 할 성취를 맛볼 수 있다. 그 길에도 장애물과 위험은 있다. 그러나 우리는 그것들에 맞서는 방법을 알 수 있을 것이고, 예기치 못한 상황에 직면했을 때 어떻게 해야 하는지, 뜻밖의 일을 어떻게 겪어내야 하는지도 알 수 있을 것이다. 슬프기도 하고, 가끔은 힘들기도 하며, 몸이 떨릴 만큼 화나는 일도 있겠지만, 그러나 언제나 내면의 정박지가 있어 우리를 이 세상에 고정시켜줄 것이다. 또한 우리가 궤도에서, 우리가 걸어가는 삶이라는 길에서 벗어나지 않게 해줄 것이다.

영재성을 갖고
삶의 안정
찾기 : 행복의
기술에 대하여

영재라는 것은?

"가끔씩이라도 행복할 수 있다면 다른 건 다 견딜 수 있을 거예요." 행복
해지기 위한 악착같은 싸움에 지쳐버린 22살 비르지니의 말이다.

"어느 책에선가 지능이 고도로 높으면 행복할 소질이 부족하다는 얘기를
읽은 적이 있다. 분명 맞는 말이기는 하지만 사람이 모든 걸 다 잘할 수
는 없는 법이라고 대꾸하고 싶다. 곰곰이 생각해보면 나는 평생 살아봤
자 불행해진다는 얘긴데 조숙한 게 무슨 소용이 있나?"

＊토니노 베나키스타, 『자아의 모든 것』, 갈리마르, 1999.

지능의 최소 분자 하나에서부터 감수성의 미세한 입자 하나까지, 우리가 가진 모든 군자금을 '똑똑하게' 사용해야 할 순간이 왔다. 또한 『정글북』에서 모글리가 불렀던 노래를 머리와 가슴으로 이해해야 할 순간이기도 하다. "행복해지기 위해서 필요한 건 거의 없어, 행복해지기 위해 필요한 건 정말이지 아무것도 없어. 가진 것에 만족할 줄 알면 그뿐……."

자신을 둘러싸고 있는 환경에 지극히 민감하게 반응하는 몸과 마음을 가진 사람들은 자신들의 현 하나하나를 조율하여 현명하고 명석하며 효율적으로 자기 자신의 중심이라는 핵심 타깃을 확실한 목표로 유지할 수 있다.

상담 한 토막

나는 성인 영재인 알랭(46세)을 만난다. 우리는 여러 행복에 대해서 이야기를 나눈다. 내가 행복해지기 위해서는 시련보다 만족감을 조금 더 많이 얻었어야 한다는 이야기를 꺼낸다. 일종의 삶의 균형추로서. 그는 내 말을 끊더니 생각에 잠긴 듯 말한다. "중요한 걸 잊으셨군요. 주지 않고서 어떻게 행복할 수 있겠습니까. 나에게는 준다는 것이 제일 큰 행복의 한 부분을 이룹니다. 받기만 하는 것으로는 충분하지가 않아요! 주는 것이 훨씬 뛰어납니다. 받는 것도 중요하긴 하지만 그걸로는 불충분해요."

주기 위해서 준다

"내 인생에서 제일 중요한 것은 내가 아니라 다른 사람들을 위해서 뭔가를 하는 거예요." 엔조(20세)의 말이다. 그는 이 이타심을 공유하기 힘든 게 슬프다.

영재에게 준다는 행위는 곳곳에서 다른 모습으로 나타난다. 영재의 기쁨은 자기가 다른 사람들에게 좋은 일을 할 수 있다는 믿음, 다른 사람들이 더 잘살 수 있도록 자신이 도울 수 있다는 믿음에서 비롯된다. 인생의 모든 단계, 모든 상황에서 이런 성향이 나타난다. 유아기에는 자기보다 가진 게 적은 아이에게 사탕과 장난감을 내주고, 10대 때는 자기 시간을 내어 이야기를 들어주면서 친구들의 문제를 해결해주거나 선뜻 가까워지지 못하는 친구들 사이에 다리를 놓아준다. 한편으로는 인류의 원대한 꿈이나 부당함에 맞서기 위한 야심찬 계획에 스스로를 투신하고, 배우자에게 자연스럽게 헌신하면서 그를 이해하며 도우려 하고, 모든 것을 주어도 아깝지 않을 자식들에게 헌신한다. 그야말로 주기 위해서 준다. 사랑의 방식으로서 주기. 지상에서 삶의 의미를 찾기 위한 주기.

타고난 성향의 전도

아이든 어른이든 영재 가운데 유난히 이기적인 영재들도 있다. 자기중심적인 사람들. 그 사람들은 절대로, 그 어떤 일이 있어도 자신의 무언가를 포기하거나 자신이 가진 것을 나누지 않는다. 이런 성격 때문에 그들은 별로 호감 가지 않는 사람들이 된다. 너그럽지 못하다 보니 사람들로부터 배척된다. 그렇지만 그 사람들이 그렇게 자기 밖에 모르는 사람이 된 것은 그들이 원해서도 아니고 천성이 그래서도 아니다. 어린 시절에 그들은 두려움 때문에 스스로에게 장벽을 쳤고, 감정적으로 엉키는 것에 어떻게 대응해야 하는지 몰랐기 때문에 경계하느라 함께하기를 피했다. 혹은, 사방에서 자신들의 땅을 침범해 들어오는 것 같은 느낌을 가지고 살았다. 그들로서는 말로 표현할 수 없는 것을 표현해야 했고, 자신들도 이해할 수 없는 것을 설명해야 했으며, 그들의 게걸스러운 감정을 정해진 방식으로만 표출해야 했다. 그들은 그렇게 몰이해를 겪으면서 정신적인 학대를 당했다. 그런 것들은 물론 무의식적인 것이었지만 그러나 그들을 폐쇄적이고 날카로운 사람들로 만들기에는 충분했다. 준다는 것을 하나의 위협으로 느끼는 그런 사람으로.

자신의 뿌리를 다시 찾는 것

만일 '주는 것에 좌절한' 이 사람이 살아가는 동안 그의 마음 가장 깊은 곳까지 접근해서 자신을 충분히 안심시켜주는 누군가를 만난다면, 그러면 그는 준다는 것의 가치를 다시 배워 자신의 내면의 감옥에서 빠져나올 수 있을 것이다. 새로운 생명과 자유의 숨결이 그를 약속으로 가득한 삶의 순간들로 데려갈 것이다.

7살에서 77살까지

성인 영재의 미래에 대해 알고 있는 바?

이 재미난 여러 유형들 속에 거의 모든 것이 들어 있기도 하고 아니기도 하다. 자기들이 특이하다는 것을 충분히 알고 충분한 보살핌을 받으면서 성장한 사람들, 어렸을 때 진단을 받았지만 적절한 처치를 받지 못한 사람들, 자식들을 통해서 사실을 알게 되는 사람들, 개인적으로 방법을 찾는 사람들, 또한 직업적으로 사회적으로 감정적으로 성공한 사람들과 삶을 망쳐버렸다고 느끼는 사람들……

터먼의 유명한 연구를 예로 들어보자. 미국의 심리학자 루이스 터먼은 수백 명의 영재 집단을 대상으로 아동기에서 성인기까지의 변화를 연구했다. 터먼의 연구 대상이었던 아이들은 대부분 교사들이 선별한 우수한 학생들이었기 때문에 연구 대상 선정 자체에 편차가 생길 수밖에 없었다. 이미 적응의 전략을 알고 있는 아이들이었던 것이다. 실제로 어른이 된 그 아이들은 대부분 직업적으로 높은 위치에서 안정된 가정을 꾸리고 있었다. 그래서 이 진부한 말이 순진하게도 받아들여졌다. 가난하고 아프며 멍청한 것보다는 돈 많고 똑똑하며 건강한 게 낫다……. 이 모든 게 너무 단순하지 않은가!

훨씬 더 적은 수의 표본을 대상으로 한 프랑스의 연구에서도 같은 결론이 나왔다.* 영재들의 '삶에 대한 만족도'를 평가하는 조사였다. 결과는 영재들의 만족도가 평균보다 훨씬 높은 것으로 나왔다!

더 의미 있는 표본을 대상으로 한 또 다른 프랑스 연구는 높은 인지 능력과 성공적인 노후를 포함한 삶에 대한 높은 만족도 사이에 상관관계가 있음을 밝혔다. 이런, 앞으로 행복한 '노인'이 될 수 있다니 그만해도 어디냐.

나는 '될 수 있다'고 말했다. 앞선 연구 결과들은 앞으로의 인생에 대한 전망을 보여줄 뿐이니까 말이다. 그러나 한편으로는 나이가 많아질수록 '모든 상황을 고려하는' 능력과 중요한 가치들에 우선순위를 부여하는 능력이 더 커진다고 생각할 수도 있다. 가치 있는 것은 그런 것이며, 사소한 문제들이 좀 있더라도 그런 걸로 인생을 망치지는 않는다는 것을 결국에는 알게 된다. 그런 것이 바로 우리가 지혜라고 부르는 것이 아니겠는가?

---

*아닉 베수, 『65세 이상의 영재 28인의 생활 만족도』, 의학저널, 마송, 2003년 5월 10일, 32권, n° 16, p. 721-768.

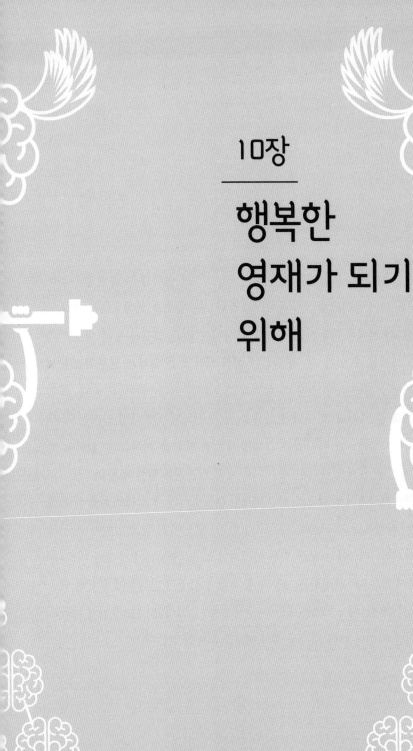

10장
———
행복한
영재가 되기
위해

이 장에서는 고통스러울 때가 많은 행동방식에 변화를 주고 방향을 틀어 그것을 삶의 동력이자 해방된 에너지로 만드는 방법을 보여주고자 한다.

하나의 인격이 작동하는 방식을 묘사하는 것은 그것을 통해 새로운 경로를 모색할 수 있을 때, '잘살려면 어찌 해야 하는가'라는 근본적 질문에 대한 답을 고민할 수 있을 때 비로소 그 의미가 있다. 아는 건 좋다. 하지만 그 앎을 가지고 그 사람의 삶을 더 좋게 만들지 못한다면 안다는 게 무슨 의미가 있는가? 이따금은 그에게 새로운 방향을 보여줄 수 있어야 한다. 자신을 온전히 자각한 채 어디로 가고 있는지를 알아야 한다.

나는 자의적인 방식으로 성인 영재의 행동방식의 주요 측면들을 구분했고, 이 장에서도 그 구분을 따르고자 한다. 당신이 잘 알고 있듯이 그 구분은 자의적이다. 실상 모든 것은 연결되어 있다. 지능은 감수성과 따로 작동하지 않는다. 창의성은 지능과 통찰력과 감정적 민감성이 결합된 연금술에서 태어난다. 공감은 예민한 감정 속에서, 그리고 지능에 의해 혜안으로 변한 타인에 대한 지각 속에서 비로소 의미를 얻는다.

가라앉는
힘만큼
회복하는
힘도 크다

이자벨의 아들에게 영재라는 진단이 내려졌고, 얼마 후 이자벨은 자신도 검사를 받아 같은 진단을 받았다. 그녀가 보내 온 편지를 요약하면 이렇다.

"이제 무엇 때문에 그렇게 '극도로 불안'했던가를 알 것 같습니다. 하지만 천성이 그렇다면, 답을 찾았고…… 생각도 다시 작동하고 있으니 매우 빨리 올라갈 수 있겠죠."

우리는 영재가 금세 웃었다 울었다 한다는 것을 알고 있다. 엄청난 기쁨에서 가장 깊은 슬픔으로. 가지를 치며 뻗어나가는 사고는 그의 기분을 아무런 예고도 없이 느닷없이 바꿔놓는다. 그런 사고방식은 어두운 생각들로 인해 견디기 힘든 정신적 고통과 방황을 만들어내기도 하지만, 동시에 엄청난 긍정적 에너지와 믿기 힘들 정도의 복원력을 가져다주기도 한다. 바로 탄성 에너지이다.

우리는 이 탄성 에너지야말로 삶의 복잡함에 대항하고 적응하여 적극적인 대안을 찾을 수 있는 능력이라는 것을 알고 있다. 탄성 에너지는 심리학의 핵심 개념 중 하나이다.

극단적인 면을 고루 갖춘 영재이지만, 그에게는 이 세상에 맞서서 이 세상을 참고 이겨나갈 수 있는 진정한 '군자금'이 하나 있다. 그의 탄성 에너지를 활성화시키는 힘이기도 하다. 영재는 많은 가능성을 타고났지만, 그 가능성은 포기와 번뇌와 환멸과 온갖 종류의 죄의식이 만들어낸 두꺼운 껍질 속에 묻혀 있어 그 존재조차 모를 때가 많다. 하지만 비록 묻혀 있다고 해도, 영재가 그런 가능성이 자신에게 있다는 것을 알지 못한다고 해도, 그 가능성들에 직접 접촉할 수 없다고 해도, 그 보물은 언제나 그의 안에 있다.

그 보물이 빛을 발하게 하려면 그 내면의 자원들에서 생겨나는 역효과 때문에 고통받지 않으려고 층층이 쌓아 덮어놓은 그 껍데기들을 다 치워버려야 한다. 나는 자신의 내면에 그런 보물이 있다는 것을 전혀 알지 못하는 성인들을 이따금 보게 된다. 그들은 자신들이 느끼는 이질감을 평범함의 가면 뒤에 습관처럼 숨겨온 사람들이다. 그들은 너무 자주 문제와 고통을 일으켰던 그 내적인 번민을 억누르기 위해 엄청난 에너지를 써왔고, 자신의 가능성이 장애물을 걷고 밖으로 나와 다시 환한 빛을 볼 수 있으리라는 생각을 떠올릴 수조차 없다.

영재의 커다란
회전 목마 :
'롤러코스터'

롤러코스터를 타는 장면을 떠올려보자. 올라갈 때는 몸이 위로 들리는 것이 느껴지면서 기분 좋은 느낌이 든다. 하지만 곧 정상이 다가오고 있음을 알게 되고 두려움이 당신의 몸을 쭈뼛거리게 한다. 그러다 어느 순간 현기증 나는 추락이 이어지고, 마치 바닥없는 심연이 당신을 빨아들이는 것 같다. 감정적으로 육체적으로 모든 것이 추락한다. 몸에 너무나 강렬한 느낌이 전달되면서 곧 죽을 것만 같은 기분이 들고, 공중에서 회전하면서 머리가 아래쪽으로 처박히면 당신은 사물과 세상의 질서에 대한 감각마저 잃는다. 어디에 있는 건지, 이 모험에서 살아서 돌아갈 수 있을지도 알 수가 없다. 하지만 그 순간 새로운 상승이 시작된다. 당신은 자신감을 회복하고 모든 것이 다시 가능해진다.

영재의 인생은 이 롤러코스터와 조금 닮았다. 무한한 희망과 충격적인 실망, 강렬한 기쁨과 고통의 나락, 취할 듯 이어지는 모순된 감정과 감각들.

직선으로 쭉 뻗어나가는 법은 거의 없는 삶. 순식간에 목표를 잃었다가 어느새 새로운 목표가 생기고, 좋은 것이든 나쁜 것이든 언제나 강렬한 감정에 사로잡혀 있고, 내려올 때와 마찬가지로 올라갈 때도 언제나 무서운 그런 삶.

방울술 잡기를 목표로 천천히 회전하는 회전목마라면 훨씬 마음이 편할 텐데. 누군가 별일 없느냐고 물으면 '잘 굴러간다'고 답하며, 하는 일은 잘되어 가느냐고 물으면 '잘 돌아간다'고 답하는 그런 사람들의 인생처럼. 방울술, 그건 정말로 잡고 싶은 성공이다. 어쩌면 진짜로 이 세상을 나아가게 하는 것은 그런 것인지도 모른다.

회전목마의 마법이 힘을 잃고 그 불빛이 꺼지는 날

알리스는 55세이다. 그녀는 일거수일투족이 지면에 실리는 유명인사이다. 그녀의 부부는 위기를 겪고 있다. 25년 동안 그녀와 남편은 살면서 생기는 여러 문제와 그들 부부의 관계 때문에 싸워왔다. 그들은 모든 것을 함께 이루었고 동시에 스스로를 파괴했다. 너무 힘이 넘쳤고 너무 열정적이었으며 서로를 너무 미워했다. 물론 서로를 많이 사랑하기도 했다. 하지만 헤어지기로 결심을 하고 이혼을 하고자 한다. 남편은 우연히 '그를 지탱해주는' 새로운 여자를 만나 그 관계에 의지한다. 그녀도 연애를 해보려고 하지만 잘되지 않는다. 그녀의 삶은 여전히 회오리치고 있다. 여행, 계획, 일, 끝없이 이어지는 축제 같은 만남들……. 하지만 남편의 부재가 몇 달간 계속되자 그녀는 견딜 수 없게 된다. 남편과 함께했던 삶은 힘들었지만 남편이 없는 삶은 불가능하다. 그녀가 무엇보다 견디기 힘든 것은 자신의 감정들과의 연결고리를 잃어버렸다는 느낌이다. 그녀는 이제 더 이상 마음속으로 느끼지 못하고 머리로 느끼고 있다고 말한다. 예를 들어 그녀의 어린 딸이 품으로 뛰어들면 너무나 기쁘기는 하지만 그 기쁨이 그녀의 저 내면 깊은 곳에서 느껴지지를 않는다는 것이다. 감정적인 반응이 도무지 생기지를 않는다. 모든 것이 다 똑같이 느껴진다. 정말로 중요하고 흥미로운 것은 아무것도 없는 것만 같다. 갑자기 삶이 흑백영화가 되어버린 것 같기도 하다. 알리스는 만족스러운 척, 열정적으로 살아가는 척, 기쁜 척을 하면서 '그렇게 보이려고' 기를 쓰고 있다. 그녀는 현재의 애인을 무척 좋아하고 그 애인과 정말로 즐거운 시간을 보내고 있으면서도 이렇게 고백한다.

"가끔은 힘이 들어요. 나는 잘 지내고 있고, 그 사람도 괜찮은 사람이에요. 우리는 함께 많이 웃고 모든 얘기를 다 나눕니다. 하지만 속으로는 지루해요. 그런 느낌을 견디기가 힘듭니다. 참기가 힘들어요."

그녀는 '코미디'라고 부르는 그 짓을 계속하기 위해 에너지를 다 써버리고 완전히 녹초가 된 나머지 더 이상 갈피를 잡지 못하고 자살 충동을 느낀다. 그러나 그녀는 정말로 죽고 싶었던 것은 아니라고 상담 중에 여러 번 이야기했다. 단지 아무런 떨림이 없는 무미건조한 삶을 계속 살아갈 수가 없었다는 것이다. "살아서 뭐하나요?"라고 그녀는 말한다. 아니, 이것은 단순한 우울증 증세가 아니다. 비록 몇 달 동안 뚜렷한 증세도 없이 우울증 환자 취급을 받았지만 말이다. 아니, 알리스 같은 환자에게는 일반적인 치료를 적용할 수 없다. 그녀는 당신을 살피면서 당신의 가장 사소한 반응 하나까지도 포착한다. 그녀는 당신이 자신을 진정으로 이해하지 못할까 봐, 모든 것을 뒤죽박죽으로 만들어놓을 '바보 같은' 소리를 할까 봐, 그저 단순한 직업인일 뿐 자기를 도와줄 그 초인이 아닐까 봐 겁을 내고 있다. 그녀의 극단적 명석함은 한순간도 경계를 늦춰선 안되는 치료를 요구한다. 그토록 날카로운 통찰력이 있는 그녀인데 세상을 바라보는 그녀의 관점을 어떻게 바꿀 것인가? 선명한 대조에서 자신이 살아 있음을 느끼는 그녀인데 어떻게 그녀로 하여금 삶의 균형을 다시 찾게 할 수 있을까? 고통의 시작이 바로 감정인데 어떻게 그녀로 하여금 자신의 감정들에 다시 연결되게 할 수 있을까? 치료사에게 있어 무척 어려운 일이 있다면 도중에 포기하지 않는 것, 무심코 말을 뱉어버리지 않는 것, 불가능한 일이 이루어질 수도 있다고 믿도록 하지 않는 것이다. 그녀가 이룬 모든 것의 중심에 있는 그를, 그녀에게도 가족에게도 그런 존재인 남편을 '되찾는다'는 게 그녀에게는 불가능하다. 그것은 질투심 때문도, 오만해서도, 자존심 때문도 아니다. 잠깐의 연애 때문도 아니다. 성인 영재들이 흔히 그렇듯 관계를 깨트릴 수 없는 영원한 것으로 여기게 하는 약속 때문에, 깨진다는 걸 생각조차 할 수 없게 만드는 끝없는 애착 때문이다. 그 말의 진정한 의미에서. 삶을 다르게 만들고 싶지 않은 게 아니라 그렇게 할 수가 없다. 알리스는 그렇게 타고나질 않았다. 그녀는 "그건 그냥 불가능한 거예요"라고 말한다. 게다가 영재로서의 행동 방식은 그녀를 잠시도 쉬지 못하게 한다. 주변과 타인과 상황에 대해 끊임없이 분석하는 측면에서도 그렇고, 감정적 경험이라는 측면에서도 그렇다. 더 이상 감정을 가지고 살지 않는다면 그것은 전혀 살지 않는 것과 마찬가지다.

중대 쟁점은 알리스로 하여금 그녀 인격의 이러저러한 면들을 인식하게 하고, 그녀 안에 묻혀 있는 가능성을 모두 발견하게 하는 것이다. 그래서 그녀가 그것들을 삶의 힘으로 사용하여, 더 이상 그것들이 자신을 파괴하는 부메랑이 되어 돌아오지 않도록 돕는 것이다.

게다가 그녀는 그렇게 예쁘고 돈 많고 똑똑한데도 불평을 하고 있다! 누가 이런 사실 같지 않은 사실을 이해해줄 것이며, 아니 단지 들어주기만이라도 할 사람이 있을까?

"철학 수업 첫 시간에 교수가 그 잘난 강의 카드 대신 프루스트의 설문지를 쓰라고 하더군요. '당신이 갖고 싶은 성격은 무엇입니까?'라는 질문에 나는 '어리석음'이라고 답을 썼어요. 교수는 내 답을 보더니 무척 거만하다고 했고요. 그건 사실이에요. 하지만 그 얼간이는 내가 그런 농담이나 도발로밖에 표현하지 못하는 것 뒤에 어떤 고통을 감추고 있는가를 먼저 생각해볼 수도 있었겠죠. 그러고는 그냥 넘어가려는 그 사람에게 나는 행복한 바보 이야기를 말하는 거라고 이야기했어요. 행복해지기 위해서는 조금은 바보가 될 필요가 있다고 말이에요." 어느 성인 영재의 이야기다.

방편으로서의
지능

"무엇보다도 이 여분의 지능을 길들여서 합당하게 보게 하고 합당한 가치를 가지게 해야 하며, 특히나 다른 사람들을 억누르지 못하게 해야 한다. 다른 사람들을 과소평가하는 것은 더더욱 안 된다. 나는 그렇게 길들여진 지능을 성숙하고 친절한 지능이라고 부른다."

바로 이것이 진정으로 위대한 목표이다. 이 '지나친' 지능을, 아니 더 정확하게 말하자면 이 '이상한 지능'을 어떻게 길들여야 할까? 너무나 다르고, 너무나 증폭되어 있으며, 너무나 편협하게 삶을 바라보게 만드는 그것을 말이다.

어른이 된 영재들

자존감의 매개로서의 지능

지능은 자기비판적일 수 있는데, 그게 꼭 부정적인 것만은 아니다. 똑똑한 사람은 자기가 어리석은 행동을 할 때, 부적절하고 옳지 못한 처신을 할 때 그걸 알 수 있다! 그리고 그걸 웃어넘길 수 있다. 자신을 가볍게 비웃어줄 수 있고 무엇보다 고칠 수가 있다. 그것은 엄청난 수단이다. 이는 자기가 어떤 사람인가를, 자기가 한 행동을, 자기가 한 말을 자각하게 하는 자의식과 행동에 대한 의식에서 비롯된다.

다른 사람들이 아무런 망설임 없이 행동할 때 영재는 앞을 내다본다. 그로 인해 수없이 많은 가능성이 열린다. 그것을 충실하게 이용해야 한다. 이런 자기비판의 능력과 조망의 능력을 이용하여 앞으로 나아가야 한다. 성장해야 한다. 스스로를 열어야 한다. 그리고 부정적인 자기성찰로 인해 힘들어하지 말아야 한다. 똑똑히 보라. 당신의 지각을 왜곡하고 당신이 스스로에 대해 가지고 있는 이미지에 부정적인 색조를 입히는 것은 바로 당신 자신이 스스로에 대해 품고 있는 의심이다. 그것은 당신의 실제가 아니다. 스스로에 대해서 생각할 때 긍정적인 옵션을 취할 수도 있다!

울창한 숲을 가리고 있는 그 가시덤불을 치워버려라. 그 숲에서 당신은 두려움 없이 모험을 펼칠 수 있다. 그 숲에서 당신은 물론 다른 사람을 위해서도 아름다움이 솟아날 수 있다. 부정적인 생각들로 가려져 있는 그 모든 풍요로움에 어둠을 드리우지 말라. 거기에 풍요로움이 있다. 그것은 당신의 것이다. 그것을 이용하라.

이런 형태의 지능은 당신으로 하여금 삶을 진정으로 손에 쥘 수 있게 하고 삶을 온전히 자각하게 한다. 당신의 자기비판 능력은 그런 지능을 하나의 자질로 여기게 할 수 있다. 방향을 잘 잡아 제대로 이용하면 자신에 대한 긍정적인 이미지에 자양을 공급할 수 있다. 당신이라는 사람에게, 당신이 성취할 수 있는 것에 만족하면서.

지능과 생각에 의한 도피

흔히들 이것이 잘못인 양 말한다. 어려서도 그렇고 어른이 되고 난 후에도 생각 속으로 도망치는 것을 비난한다. 그렇게 하는 게 어떤 상황에서는 짜증스럽거나 혼란스러울 수 있다는 것은 이해할 수 있다. 하지만 그것은 자신의 사고의 가능성을 이용하는 대단히 유용한 방법이기도 하다. 어려운 상황에 처할 때, 기분이 좋지 않을 때, 육체적으로나 정신적으로 힘들 때, 당신은 생각을 통해서 그 상황에서 벗어날 수 있다. 생각에 당신을 실어 보낸다. 기억력과 증폭된 감각들로 인해 풍요로워진 상상과 연상능력이 당신을 순간적으로 그 상황에서 빠져나오게 하여 근원적 가치를 되찾게 해줄 수 있을 만큼 충분히 강렬한 몽상을 만들어줄 수 있다. 그것은 생각을 자기 자신을 위한 도구로 사용하는 바람직한 행위이다. 그것은 구체적인 것, 무거운 것, 부담스러운 것에 붙들려 있지 않을 수 있는 유용한 테크닉이다. 몸은 그 자리에 있지만 정신은 분리되어 우리의 물질적 정신적 존재 전체가 여행을 떠난다. 이는 어떤 의미로나 어떤 방향으로나 진정한 큰 기쁨이다. 충만한 에너지이다.

> 이 여행에 성공하여 그로부터 충분한 이익을 얻기 위한 단 하나의 조건. 통제를 할 수 있어야 한다. 이것은 계획된 여행이다!

어른이 된 영재들

지능과 기억력 : 별의별 것들을 다 기억한다

영재의 유별난 기억력, 특히 자기만의 추억과 관련된 것들에 대해 특히 유별난 그의 기억력은 고갈되지 않는 행복의 저장고가 될 수 있다.

그 기억은 우리네 인생의 에피소드들을 기록해놓은 이른바 삽화적인 기억이다. 영재의 기억은 상당수의 디테일들을 선명하고 정확하게 저장해둘 수 있다. 그런 기억들 가운데에는 하나 이상의 '행복 이미지'들이 들어 있다. 나는 행복 이미지에 관심이 많고 심리치료에도 매우 자주 사용한다. 당신의 기억 창고를 뒤져서 거기 묻혀 있는 추억들을 떠올려보라. 물론 기분 좋은 기억들이어야 한다. 그러다 보면 당신의 행복 이미지를 찾게 될 것이다. 그 이미지를 마음속으로 한번 떠올리는 것만으로도 당신은 즉시 행복한 느낌에 젖는다. 그 이미지를 머릿속에서 활성화시키면 편안해지면서 기분이 좋아진다.

원리는 기억 속에서, 어쩌면 특히 감각적 기억 속에서, 당신이 지금 떠올리고 있는 그 장면에 들어 있는 모든 인상을 다시 활성화시키는 것이다. 소리, 색깔, 냄새, 온도, 질감, 빛과 그림자의 유희, 당신의 뇌가 받아들여 기록해놓은 그 미세한 세부들을 모두 다.

힘든 순간에 마음을 위로해주는 행복 이미지 찾기

35세의 성인 영재 레오는 상담 중에 내가 행복 이미지의 원리를 언급하자 흥분한다.

"나는 늘 그렇게 해온 걸요! 어렸을 때 우리 가족은 해마다 시골 별장으로 여름휴가를 갔답니다. 자전거를 타고 희고 노란 들꽃들이 피어 있는 아름다운 들판을 달리곤 했죠. 나는 그 들판을 무척 좋아했어요. 그것은 내게 행복의 이미지예요. 악몽을 꾸다 깜깜한 방에서 깨어날 때 나는 머릿속에 그 이미지를 떠올립니다. 그러면 금세 기분이 나아지거든요. 키 큰 풀들과 꽃들을 아주 살짝 흔들고 지나가던 그 가벼운 미풍이 특히 좋아요. 그 바람이 슬픈 생각을 모두 쫓아버리는 것 같아요. 요즘도 스트레스를 받으면 그 추억을 자주 이용합니다. 눈앞에 있는 것처럼 그 이미지를 떠올리면 즉시 평온해지는 느낌이 들거든요. 그게 나에게 다시 힘을 줍니다. 거의 마술같이 말이죠!"

이것이 바로 기억을 '치료'에 이용한 예이다. 레오처럼 행복 이미지의 이점을 본능적으로 알고 있던 영재들이 많을지도 모른다. 기억력이 좋을수록, 영재들의 경우가 바로 그렇다. 기억 속에는 행복 이미지와 그 혜택의 연상 능력을 강화하는 연관 감각이 많이 들어 있게 된다.

행복 이미지를 어떻게 이용할 것인가?

행복 이미지의 원리는 생각을 다른 데로 돌릴 필요가 있을 때 정신의 스크린에 슬라이드를 영사하는 것에 비유할 수 있다. 더구나 이제 우리는 뇌에서 감정을 긍정적인 구역과 부정적인 구역으로 전달하는 회로가 매우 가까이 있어서 한 구역에서 다른 구역으로 순식간에 이동할 수 있다는 것을 알고 있다. 웃음에서 눈물로. 감정의 신경생리학에 대한 이런 새로운 지식은 행복 이미지를 떠올리는 행위를 설명해준다. 행복 이미지가 우리의 마음을 따스하고 행복한 곳으로 데려가주는 것이다. 일반적인 감정 상태는 그것만으로도 즉시 바뀔 수 있다.

새로운 능력을 개발하는 기억력

• 남다른 시각적 기억

우리는 심리검사를 하는 중이다. 나는 토마(8세)에게 암산 문제를 낸다. 토마는 마치 내 등 뒤쪽을 보듯(나는 토마의 맞은편에 앉아 있다) 시선이 고정되어 있다. 토마는 계산을 하기 위해 내 뒤편에다 그가 생각하고 있던 것들을 시각화했고 그것을 그의 단기기억에 저장했다. 그런 다음 그는 그 대상들을 머릿속으로 조작하여 정확한 답을 얻었다.

• 초과 사용되는 장기기억

최근의 실험에서 젊은 성인들이 복잡한 암산 문제를 매우 빨리 풀기 위해서 장기기억을 이용한 것으로 나타났다. 그들은 필요한 조작을 하는 대신 최근에 했던 계산 가운데 새 문제의 데이터와 유사한 데이터를 가진 계산의 결과값을 장기기억 속에서 찾아냈다. 그들은 그 답을 머릿속 스크린에 영사했다.

이는 일반적인 방식과는 매우 다른 놀라운 방식으로 아직 알려지지 않은 영재의 시각적 기억력이 어느 정도인가를 잘 보여준다.

• 강력한 기억력의 으뜸패

특히 디테일 하나도 빼놓지 않고 장면 전체를(실제 장면이든 추상적인 장면이든) 고스란히 저장할 수 있는 사진 기억력은 장점이다. 단서 하나만 있어도 전체 이미지를 떠올려 새롭게 이용할 수 있다. 이런 기억력은 자신이 가진 지적 능력을 억눌러놓았다고 생각하는 성인들에게조차 언제나 있다.

• 이 슈퍼 기억력을 어떻게 이용할까?

기억력을 다시 활성화하려면 눈을 크게 뜨며, 보고, 눈을 감으며, 당신이 본 것을 머릿속으로 그려보라. 어떤가? 모두들 비슷할 것 같은가? 테스트를 해보고 비교해보라. 당신은 도전자들이 놓쳐버린 수많은 세부들을 오롯이 기억하고 있음을 알게 될 것이다! 해보면 쉽고 또 대단히 기운이 난다. 당신은 점점 더 어려운 것에 도전하면서 당신에게 커다란 기쁨을 가져다줄 기억의 힘을 되찾을 수 있을 테니까 말이다. 장담하건대 당신은 앞으로 그 힘을 유용하게 써먹을 수 있을 것이다!

'꼬마 화학자'의 놀이처럼 지능을 가지고 논다

지능은 자기가 관찰하고 있는 것, 생각하고 있는 것을 낱낱이 분석해서 아주 작은 구성 요소 하나까지 완전히 이해하게 한다. 잠시 후에는 새로운 가설을 만들어낼 수 있을 정도로 그렇게 최소 단위까지 철저히 파고든다. 어려운 과제에 달려들어서 퍼즐을 구성하는 조각들을 모두 모은다. 어떻게 새로운 그림을 다시 만들까? 조각이 모두 있으면 '재구성'을 할 수 있다. 아이디어 하나, 생각 하나만 있으면 그것을 무한히 발전시켜서 빼곡히 채워 쓸 수 있을 만큼 부풀린 다음 다시 속도를 내었다가 이어서 요약을 한다. 이것은 연속된 과정이다. 처음에는 생각을, 템포를 늦춘다. 하나의 생각, 하나의 제안을 최대한으로 늘린다. 그런 다음 모여진 정보를 처리하는 속도에 일정한 리듬을 다시 부여한다. 뇌가 다시 초활성화 상태가 되면 그 속도를 최대로 높인다. 그런 다음, 핵심적인 것은 유지하고, 부수적인 것과 필요 이상의 것과 필요 없는 것은 버린다. 또한, 우선적이고 명백하며 건설적이고 확실하게 보이는 것을 평가하면서 요약을 하여 이야기를 다시 쓴다. 뇌를 가지고 '노는' 것이다. 그리고 뇌로 하여금 속도, 정확성, 분석 같은 모든 능력을 활용하면서 스타일을 연습하게 한다.

- 생각놀이는 생각을 깊어지게 하고 생각의 가장 섬세한 요소들을 탐구하게 한다.
- 새로운 이론, 새로운 사고 시스템을 창안할 수 있는 강력한 영감의 원천이다.
- 사고를 조작하면서 자신의 한가운데서 모험을 펼친다.

스테반과의 치료 중에 우리는 야심찬 계획을 시도했다. 인격의 핵심을 구성하는 정체성의 최소 단위를 규명해보기로 한 것이다. 스테반은 두 번의 만남 사이에 이 심리철학 분야를 다룬 우리 시대 모든 위대한 사상가의 이론들을 흡수한다. 그는 일주일 만에 여러 권의 책을 읽는다. 스테반이 그렇게 열심인 것은 그것이 자신의 삶을 앞으로 나아가게 할 수 있는 첫 번째 단계이기 때문이다. 그는 자신의 삶을 계획하기 위해 우선 자신과 타인들을 이해하고 싶어 한다. 그것은 스테반에게 피해갈 수 없는 과정이다. 나는 상담 치료가 일종의 촉매제가 되어버린 그의 깊은 성찰의 과정에 그렇게 함께 참여한다. 우리는 스테반의 치료의 핵심이기도 한 시스템의 공동구성을 진행하고 있다. 스테반은 자신이 고안한 모델을 경계 표시용 말뚝을 둘러 박은 작은 '땅'으로 묘사한다. 각각의 말뚝은 자아의 한 부분을 상징한다. 말뚝박기는 인생을 살아감에 따라서 달라질 수 있다. 스테반의 시스템은 정체성의 개념을 이렇게 설명한다. 축소될 수 없는 최초의 부분은 불변이고, 정체성의 영지 전체는 그 사람의 경험과 진보에 따라 계속 변화하면서 달라진다. 스테반은 그 시스템을 하나의 이론을 만들어 인간을 더 잘 이해하고 방황하는 사람들을 돕는 데 쓰고 싶어 한다. 안 될 게 뭔가? 분명한 것은 이 치료의 예가 지능이 이용될 수 있는 방법을 정확하게 나타낸다는 사실이다.

지능과 수지상 사고 : 무수히 많은 생각들

여러 차례 이야기했듯이 수지상(樹枝狀) 사고는 뒤죽박죽으로 생각을 얽히게 할 수 있다. 특히 생각을 조직하고 구조화해야 할 필요가 있을 때는 더욱 그렇다. 그리고 이런 수지상 사고는 수많은 생각들의 원천이 될 수 있다.

스크립트 마인드 : 생각이 떠오르는 대로 기록하는 것

방법: 생각을 하나 말한다. 그 생각이 어떤 것이냐는 별로 중요하지 않다. 새로운 생각이 떠오르면 그것을 적는다. 그런 식으로 전부 적는다. 흥미롭지 않거나 중요하지 않은 것까지도 빼놓지 말고 모두 적어야 한다. 수지상 사고에서 나오는 생각들을 모두 적으려면 종이가 많이 필요하다. 주제별로 한 장씩 쓴다. 떠오르는 순서에 논리도 없고 연속적이지도 않은 생각을 떠오르는 대로 적어두었다가 다시 그룹을 지어 분류해야 하기 때문이다. 그만두고 싶을 때 그만두면 된다. 이 과정이 끝나면 다시 읽어보았을 때 깜짝 놀랄 것들이 적힌 종이를 잔뜩 가지게 된다.

보통 수지상 사고가 시작되면 많은 잡다한 생각이 떠올랐다가 사라지

＊내가 개인적으로 치료에 도입한 기법의 이름이다.

고 결합되었다 없어진다. 그 생각을 기록하는 것은 그 생각을 의식하게 하고 우리의 관심을 끌었던 그 생각을 다시 돌아보게 해준다. 그것은 또한 우리의 '머릿속에' 있는 것을 인식하게 해주는 행위이기도 하다. 그것은 자신을 인식하는 새로운 도구이다.

이 기법은 생각을 모으게 해줄 뿐 아니라 잊어버리지 않게 해주기도 한다. 영재들은 잊어버리는 걸 두려워한다. 그들은 자신의 생각을 잃어버리는 것이 두렵다. 게다가 그들은 자주 잊어버린다! 대화를 할 때면 생각을 놓칠까 봐 말을 빨리 하려고 하지만 마음대로 되지 않는다. 생각은 너무나 순식간에 하기 때문에 방금 전 생각은 이미 지나가버리고 다른 생각이 떠오른다. 잊어버리는 것에 대한 이런 두려움 때문에 어떤 이들은 자신의 생각에 집착하거나 머릿속에서 진행되는 것에 의식적으로 주의를 기울이기도 한다. 주변과 단절될 위험을 무릅쓰고서.

"어렸을 적에는 전부를 이해할 수는 없었고 그래서 전부를 이해하려고 노력했어요. 그리고 나중에는 제일 무서운 게 망각이라는 것을 알게 되었죠. 언제나 모든 것을 다시 구성해야만 하는 거예요. 얻은 것이 하나도 없이." 에티엔느(18세)는 요즘 자신의 모든 생각과 세상에 대한 모든 이해를 간직하기 위해서 자기 자신에게 집중하고 있다. 그는 사회적으로 고립되어 있다.

- '스크립트 마인드'는 망각에 대한 하나의 대안이다. 자신의 생각을 배출하면서 새로운 생각들, 새로운 생각의 기쁨들, 새로운 생각의 경험들이 받아들여질 수 있는 새로운 내적 공간을 얻게 해준다.
- 스크립트 마인드는 영재의 수지상 사고의 가장 좋은 연합군 가운데 하나이다.

▶광각 지능 : 다양하게 사용되는 으뜸패

사생활이나 직장에서 하나의 문제를 여러 지표들을 동시에 활용하면서 고찰할 수 있는 이런 독특한 지능은 이해와 분석의 폭을 상당히 넓혀준다. 각각의 문제를 여러 각도에서 고찰할 수 있다. 어떤 것도 간과하지 않는다. 모든 것을 검토한다.

결국, 남다르고 철저한 전문가적 능력, 뛰어난 고찰 능력, 미래를 전망하는 식견을 갖춘 전망으로 인정받는다. 실컷 써먹을 수 있는 엄청난 으뜸패다!

생각 한가운데로의 여행

바람 부는 대로 느긋하게 여행하듯이 생각이 이어지는 길을 따라가는 모험 같은 산책. 사전을 뒤적이며 이 단어 혹은 저 단어를 읽어보듯이, 이 생각에서 저 생각으로, 하나의 어원에서 또 다른 것으로……. 그렇게 연결이 만들어진다. 선험적으로는 존재할 수 없었을 관계. 시간과 공간의 경계도, 논리와 합리의 경계도 사라지는 생각 속으로의 여행. 자신을 제한하지도 않고 브레이크를 걸 필요도 없는. 산책의 즐거움, 그뿐이다. 두려움과 의심을 떨치고. '쓸데없어!'라는 순간적인 자기비판 또한 잊고서. 그렇지 않을 거다. 분명히 아니다. 설령 쓸데없다고 해도, 그래선 안 될 건 또 뭔가!

재능으로서의
초감성

▶지능의 한가운데에 있는 감정

감정은 지능적인 사고를 구성하는 본질적인 요소이다! 자신의 감정과 다른 사람들의 감정을 정확하게 알아차리는 능력은 하나의 재능이다.

영재들은 특히 이 분야에 강하다. 그들은 모든 종류의 감정을 가장 미세한 것까지도 알아차린다. 그들은 감정을 예상할 수 있다. 그들은 감정을 유도하려고 시도할 수 있다. 감정을 조절하려 들 수도 있다. 그리고 바로 그런 점에서 이들은 서로 동지가 될 수 있다. 아직 겉으로 표현되지 않은 감정을 느낄 때, 한 상황의 감정적 쟁점을 추측할 때, 우리는 이 지각들을 이용하여 어려운 순간들을 통과하거나 다른 사람들이 그렇게 하는 것을 도울 수 있다.

루이는 공포영화가 하나도 무섭지 않다고 한다. 이유가 뭘까? 그는 공포의 생리적 메커니즘을 분석했다. 공포영화를 볼 때 공포를 예측하고 대비하려면 미리 심장박동을 빠르게 해놓으면 된다는 것을 그는 이해했다. 그는 무서운 장면이 나오기 전에 미리 타이밍을 맞추어 갑작스러운 공포가 만들어낼 수 있는 물리적 상태로 자신의 육체를 세팅해놓는다(물론 시나리오의 장치들을 분석하여 이해하고 있기에 가능한 일이다). 그의 몸과 정신은 강렬한 감정을 중화시키면서 그 장면을 볼 준비가 되어 있다.

감정들의 모든 의미를 간직한 채 섬세하게 감정들을 느끼는 것은 자신을 잘 이해하도록 해준다. 모든 감정은 생리적인 표현들과 결부되어 있다. 모든 감정에는 그것을 예고하는 징후가 있다. 다만 그것을 알아차리지 못하거나 해독하지 못할 뿐이다. 이런 여섯 번째 감각을 타고난 영재는 사건이 일어나기 전에 그 사건에 들어 있는 감정의 무게를 느낀다.

- 이런 감각을 이용하여 폭발하지 않고 그 상황을 잘 모면할 수 있다.
- 자신이나 주변 사람에게 닥칠 어떤 위험을 예상하고 알릴 수 있다.
- 두 사람 사이에 어떤 불편한 감정이 있고 곧 싸움으로 번질 것 같을 때 갈등이 불거지지 않도록 유도할 수 있다. 다른 데로 주의를 돌리거나 그들을 누그러뜨릴 수 있을 만한 얘기를 꺼내 갈등의 뇌관을 제거할 수 있다. 부모 사이에 팽팽한 긴장감이 감돌 때 아이들이 종종 그렇게 하는 것처럼 말이다.

삶의 기쁨을 위한 모든 감각

가능성을 수십 배로 만드는 감각과민증

모든 감각이 동시에 작동을 시작하는 것, 그리고 그 감각들의 탁월한 식별 능력은 영재를 특별한 존재로 만든다. 감각과민증은 모든 지각을 증폭시킨다. 그것은 다른 사람들이 평범한 것밖에 보지 못하는 곳에서 아름다움을 만들어낸다. 그것은 모든 감각이 제공하는 감정의 밀도로 이 세상을 밝게 비춘다. 감각과민증은 주위를 포착하고 고양하기 위해 이용될 수도 있다. 이 세상을 끌어안기 위해 모든 감각을 이용하는 것이다.

모든 것을 느끼는 것은 엄청난 쾌락과 인생의 마술 같은 순간들의 원천이 될 수 있다. 원하는 그 원천으로 돌아가기 위해 당신의 민감한 감각들을 이용하라. 그 힘은 당신의 안에 있다. 당신이 살아 있음을 느끼기 위해 그것을 충분히 이용하라.

시학과 미학

아름다움에 대한 감각, 참된 것과 감동을 주는 것에 대한 감수성은 미학의 본질 그 자체이다. 그것은 취향의 문제가 아니라 감수성이다. 미학은 이 세상의 가장 내밀한 것과 자신이 조화를 이루게 한다. 미학은 형식의 지각(게슈탈트*의 의미에서), 즉 지각되는 것의 총체성에 관련된 철학의 한 분야이다. 미학적 감각이란 감각이라는 매개와 섬세한 감수성을 가지고 사물의 본질을 파악하는 능력이다. 미학은 감추어진 것과 보이는 것을, 안과 밖을 동시에 파악하며 충격적인 깊이를 가지고 이 세상을 끌어안는다. 미

---

* '게슈탈트(gestalt)'는 '형태' 혹은 '형식'을 의미하는 독일어이다. —편집자주

학은 삶을 이해하는 예민하고 진정한 또 다른 방식이다.

시학은 단순히 시를 짓는 기술이 아니다. 시적 성격이란 몰아의 경지에서 자연이나 대상의 아름다움을 찬양할 수 있는 능력을 말한다. 시학은 우리가 살아가는 세상과 내밀한 관계를 만들어낸다. 시학, 그것은 주위에 완전히 잠겨 들어 그로부터 그 본질이나 정체성을 흡수할 수 있는 것이다. 시학, 그것은 감각의 모세혈관을 통한 이 세상과의 조응이다.

시학과 미학은 긴밀하게 연결되어 있다. 시학과 미학은 초감성으로부터 태어나며 초감성의 가능성들을 찬미한다. 묻혀 있을 때가 많지만, 그 가능성이 완전히 발현되면 우리를 둘러싼 이 세상을 생생하게 현존하는 것으로 만들며, 우리를 초감성과의 완전한 조화 속에서 공명하게 한다. 그것은 삶의 아름다움을 향해 열리는 놀라운 문이다.

어른이 된 영재들

전망으로서의
창의성

창의성은 예술적 표현으로만 여겨질 때가 많다. 그러나 창의성은 훨씬 넓은 메커니즘을 포괄한다.

창의성은 새로운 생각을 발견하는 능력이자 다양한 정보를 조합하여 그 연금술로 진정한 새로움을 만들어내는 능력이다. 또한 능동적으로 위험을 감수하는 것이며, 두려움은 떨쳐내고 호기심을 품고서, 자신이 미지의 상황에 적응할 방법을 찾아내는 것이다. 거기에서 기쁨을 발견하리라는 확신을 품고서 미지의 장소를, 미지의 사람을, 미지의 세계를, 미지의 영역을 탐험한다.

창의성, 그리고 세상에 대한 증폭된 지각 : 이기는 연합

창의성은 영재의 고유한 성향인 '선택하지 않는' 능력에서 생겨난다. 과학자들이 '잠재적 억제의 결핍'이라고 부르는 바로 그것이다. 이는 뇌가 모든 것을, 가장 평범한 것들까지 포함하여 모든 것을 다 포착한다는 뜻이다. 이것은 환경을 훨씬 섬세하게 의식하도록 하고 지각을 증폭시킨다. 보통 사람들은 중요한 것과 덜 중요한 것을 선별하는 법을 배웠기 때문에 조건화를 통해 습관적으로 어떤 요소들을 버리지만 영재의 뇌는 그렇게 하지 못한다. 영재의 초지각은 문을 활짝 열려 있게 한다. 그렇게 열린 문을 통해 그 모든 사소한 것들이 자신감과 기쁨을 가지고 밀려들어오고, 그것들이 모여 대단히 독창적인 아이디어나 고유한 작품들이 될 수 있다. 예술적인 의미만을 말하는 것이 아니다. 작품이란 천 가지 얼굴을 하고 있을 수 있다. 두려움 없이 접속하라. 생각들이 솟아오를 것이다. 그것은 엄청난 기쁨이며 또한 실현을 향한 흥미진진한 길이 될 수 있다. 다시 한 번 말하지만, 그러기 위해서는 당신이 느끼는 게 전혀 위험하지 않다는 것을 분명히 이해했어야 한다. 꾸준하며 폭 넓고 제한 없는 지각이어야 한다. 모든 것이, 완전히 모든 것이 당신의 뇌로 들어와 예기치 않은 짜임을 만들어내면서 창조적 힘을 솟아오르게 할 것이다.

> 그러니 절대 잊지 말라. 지각의 문이 더 넓게 열려 있을수록 당신의 창의성은 더 커진다. 그것을 이용하라!

창의성은 가능성의 문을 활짝 열어둔다

선별과정도 우선순위도 없이 모든 정보를 생각 속으로 다 '들어오게' 만드는 잠재적 억제의 결핍은 창의성에 필요한 하나의 자질이다. 어떤 가능성도 닫혀 있지 않다. 머리를, 감각을, 생각을 스쳐지나가는 지극히 사소한 것에 즉각 결부되면서 연속해서 일련의 새로운 생각들이 만들어진다. 아무것도 그것을 멈추게 할 수 없다. 그 안에서, 오로지 그 안에서만 이따금 선별할 필요가 있다. 그 모든 생각 가운데에서 우리의 방향을 바꾸게 하거나 우리를 새로운 계획 쪽으로 인도하는 의미를 가질 수 있는 생각들을 알아보고 가려내는 것. 기계를 다시 작동시킬 새로운 생각을 향하여, 새로운 길 위에서, 새로운 결합을 향하여……

이런 이미지를 떠올려보자. 내가 나의 뇌를 '열림' 모드로 두면 모든 게 다 들어와 내 뇌가 아주 미세한 가루로 만들어버린다. 내 뇌는 '생각들의 상자'가 된다. 하지만 나는 '닫힘' 모드를 선택할 수도 있다. 마치 프로그램을 닫고 파일 하나만을 열어두듯이 말이다. 나는 또한 대기 모드를 선택할 수도 있다.

> 우리의 바람과 현실의 제약에 따라서 우리의 뇌를 열어둘 것인지 혹은 대기 모드 상태로 둘 것인지 그 순간과 맥락을 자유롭게 결정할 수 있다. 우리는 선택권을 가지겠다고 결심할 수 있고, 자신도 모르는 사이에 이 세상의 모든 정보가 계속해서 밀고 들어오지 않게 하겠다고 결정할 수 있다.

분산형 사고 : 유레카가 떠오를 때!

가지를 치며 뻗어나가는 생각은 생각의 흐름을 바꾸고 생각이 흐름을 결정짓는 수많은 합류점을 만든다. 망처럼 연결된 운하들이 끊어지지 않고 이어진다. 물론 어떤 상황에서 이런 형태의 사고는, 애초의 시작점에서 멀어진다는 점에서, 정신없이 추측만 해야 한다는 점에서, 계속해서 달라지는 가정들을 떠오르게 하고 끝도 없는 생각들이 계속 결합되게 한다는 점에서 치명적일 수 있다. 프랑스어 작문을 구성하지 못하는 학생에서부터 써야 하는 글을 앞에 놓고 기억 속을 헤매는 교수까지, 어수선한 설명에서 헤어 나오지 못하는 강연자에서부터 이야기의 결론을 맺지 못하고 헤매는 전문직까지.

하지만 생각들이 펼쳐지다가 우연히 만나게 되는 이 분산형 사고만이 천재적인 새로운 착상을 얻는 데 유리하다. 분석적이고 인간관계에 따라 생각을 할 때, 다시 말해 하나의 가정에서 출발하거나 논리적인 단계를 통해서 밟아나가야 하는 기초 정보에서 출발해도 결론에 도달할 수는 있지만 새로운 생각에 도달하는 일은 드물다! 그것은 분산형 사고에 반대되는 집중형 사고이다. 그런 사고의 과정은 정해진 목표를 향하여 지능을 수렴하게 한다. 반면 수지상(분산형) 사고는 사고의 연속적인 구조에서는 절대 만나게 되지 않을 생각들이 뜻밖에 교차하는 되는 지점을 향하여 느닷없이 가지를 뻗는다.

▋ 분산형 사고는 당신의 창의성의 저장고이다. 그것을 잊지 마라!

분산형 사고, 창의성 그리고 템포 : 선구자들의 으뜸패

사물들에 대한 분석과 이해에서 앞서 있는 것, 관습적인 사고의 흐름에서 상류에 위치해 있는 것, 하나의 상황이나 행동의 결과들을 예상하는 것은 다른 사람들보다 앞서서 도착점에 도달하게 한다. 영재의 고유한 속성인 분산형 사고가 만들어내는 창의성이 있다면 자기 영역에서 선구자가 되기에 충분한 모든 요소를 가진 셈이다. 어떤 분야든 말이다. 물론 선구자가 되려면 흐름을 거스를 수 있는, 자신의 비전을 관철시킬 수 있는 에너지가 필요하다. 카리스마, 재능, 인격, 그리고 비판을 감당할 수 있는 깊은 확신이 필요하다. 모든 것이 순조롭다면 영재의 인격은 이 모든 으뜸패를 풍요롭게 갖추게 된다. 그것은 절대 가려져서는 안 되는 차원이다. 아이디어를 가진 사람은 많지만 그 아이디어를 받아들이게 만들 수 있는 사람은 거의 없기 때문이다.

직관, 전문가 시스템에 비견될 만한 힘

전문가 시스템(expert system)은 많은 정보와 경험을 이용하여 주어진 문제를 철저하게 처리하는 상황 분석 시스템을 말한다.

그것은 특정 분야에서 전문가가 하는 일이기도 하다. 전문가는 하나의 견해나 결정을 내리기 위해 자신의 역량과 경험을 사용하는 사람이다. 영재는 각기 다른 여러 원천에서 나와 의식하기도 전에 번개처럼 빠르게 생각과 이해와 분석 등이 결합되므로 결과에 대한 창조적 직관을 만들어낸다. 이런 직관은 복잡한 과정의 결과이다. 아무 데서나 불쑥 솟아오르는 마술 같은 생각이 아니다. 우리는 직관을 믿어야 하고 믿을 수 있다. 어떤 문제에 대해 직관이 내놓은 대답은 전문가 시스템이 내놓은 해답에 해당하며 오히려 그 힘과 창의성은 더 크다!

직관의 암초: 그 정당성을 입증하고 정당화하는 것. "그게 맞아."라거나 "그렇게 해야 하는 게 확실해." 같은 대답으로는 설득하기가 곤란하다. 수학자 앙리 푸엥카레가 "논리를 통해 입증하고 직관을 통해 발견한다."라고 말한 것처럼 말이다. 당신의 생각을 유효한 것으로 만들려면 논리를 하나 골라잡아 이용해야 한다. 입증을 위한 그 논리가 창조를 위해 사용되는 것은 아니라 해도 말이다! 사소한 트릭으로도 충분히 설득을 할 수 있다. 어차피 당신 자신이 어떻게 그리고 왜 이해를 해서 알게 되었는지를 모르는 마당에 무슨 수로 설명을 하겠는가!

그러니 창의적이 되어라. 하지만 이번에는 그럴싸하게 통할 만한 설명을 만들어내기 위한 창의이다. 그건 실제로 효과가 있고 대단히 만족스럽다.

어른이 된 영재들

능력으로서의
공감

다른 사람들의 감정을 느끼는 능력인 공감으로 인해 아플 때도 물론 있다. 하지만 공감은 크고 아름다운 가능성을 열어주는 하나의 능력이다. 우선 인간관계에 있어서 그렇다. 타인의 감정 상태를 파악함으로써 거기에 맞춰줄 수가 있다. 나누는 이야기의 범위, 그 자리에 있다는 사실의 영향, 행동의 파급효과 같은 것을 평가하며 조절할 수가 있다. 공감 능력이 없으면 '빗나갈' 때가 많다. 한 상황의 겉으로 드러난 모습만을 이해하고 세부들은 모두 빠져나간다. 공감을 잘하는 사람은 사람들이 자기 속을 털어놓고 싶어 하는 사람이다. 한마디만 해도 우리의 마음을 알아주는 사람이다. 같은 템포로 진동하는 사람이다.

"사람들이 나한테 이야기를 할 때 나는 언제나 그 이야기의 '밑에서' 느끼는 것 같습니다. 나는 언제나 스스로에게 묻습니다. 내가 지금 저 사람의 말에 대답을 하고 있나, 아니면 내가 느끼는 것에 대답을 하고 있나?"
산드라는 커뮤니케이션 상황에서 일어나는 공감의 효과를 명쾌하게 보여준다. 함정과 으뜸패를 모두 가진 효과들을 말이다.

공감하는 사람에게는 호감이 생긴다

얼마나 많은 영재가 고민상담가일까? 사람들이 살면서 생기는 오만가지 사소한 문제를 해결하기 위해 도와달라고, 편들어달라며, 조언을 해달라고 찾는 영재는 얼마나 많을까? '친구들 사이의 사소한 갈등'을 해결하는 일은 대부분 영재의 몫이다. 그러므로 당신은 다른 사람들로부터 사랑받고 소중한 존재로 인정받기 위해서 당신이 타고난 공감이라는 감정의 능력에 의지해도 좋다.

공감하는 것은 뛰어난 적응 능력이다

공감은 살면서 만나게 되는 숱한 상황들에 적용하여 가장 적절한 답을 예상할 수 있는 으뜸패이다. 회사에서는 사장이 화가 나 있거나 기분이 좋지 않으므로 월급을 올려달라고 말할 타이밍이 아니라는 것을 본능적으로 알 수 있고, 비즈니스 상담에서 잠재적 고객의 기분 변화를 포착하여 그의 감정톤에 맞추어서 대화를 진행함으로써 더 설득력 있는 상담을 할 수 있다. 부부 사이에서는 공감이야말로 배우자의 기대와 필요에 답할 수 있게 하는 최선의 조언자이다. 아무 말도 없을 때조차 말이다. 이 말 없는 공조를, 튼튼한 유대 관계를 만들어내는 것이 바로 공감이다.

공감, 상담자들의 자질?

알리스 밀러는 그의 역저 『재능 있는 아이가 펼치는 드라마의 미래』*에서 재능 있는 아이가 자기 부모의 치료사가 되어주는 일이 흔하다고 이야기한다. 아이는 행동과 반응으로 부모를 만족시키기 위해서 부모가 필요로 하는 것을 해독하고 이해해야 했다. 재능 있는 아이는 부모의 감정적 결핍을 채워주는 과정에서 타인의 감정을 해독하는 전문가가 되었고, 또 그 일이 언제나 아이에게 하나의 '존재 방식'이었다는 점에서 저자의 관심을 끈다. 그리고 그렇게 자라서 어른이 된 아이는 상담자가 된다! 그게 알리스 밀러가 말한 바이다.

훌륭한 공감 능력을 가지고 이 세상의 의미와 인간의 특성을 이해하고 접근할 수 있다는 것은 사실 상담자로서의 이상적인 프로필이 아닌가? 나는 내 주변의 많은 상담자가 영재라는 사실을 알고 있다. 하지만 그들은 대부분 그 사실을 알고 싶어 하지 않는다. 마치 영재라는 사실이 그들에게서 직업적이고 개인적인 장점을 뺏어가기라도 하는 것처럼 말이다.

내 상담실에서 나는 상담자가 되고 싶어 하는 영재 청소년들을 많이 만났다. 일부는 이미 그 길로 들어섰다. 나는 그들에게 공부를 마친 후에 함께 일하자고 제안하겠노라 약속했다. 나는 그 약속을 지킬 것이다! 그들은 훌륭한 상담자가 될 것이고…… 그리고 그때는 어쩌면 내가 그들의 환

---

*제목을 직역하면 이렇고, 우리말 번역서 제목은 『천재가 될 수밖에 없는 아이들의 드라마』.

자가 될지도 모른다! 정말이다! 나는 이야기를 들어주는 그들의 탁월한 능력을, 공감하는 능력을, 그리고 무엇보다 창조적인 종합 능력을 확신하며, 그것이 나로 하여금 내가 아직까지 가보지 못한 내 안의 새로운 길들을 열어 보여주리라 믿는다.

감정들의 일치 : 템포 맞추기

공감은 템포가 일치하는 그 드문 기회를 제공한다. 감정의 템포. 다른 사람들의 감정을 그토록 섬세하고 감성적으로 느끼는 것은 적절한 순간에 반응하고 개입하도록 해준다. 또한 공감은 부정적인 감정만을 파악하는 것이 아니라 감정적인 풍경에 담긴 모든 기분 좋은 뉘앙스 역시 포착한다. 당신은 공기를 채우고 있는 활기찬 가벼움을, 당신 주변에 떠다니는 기쁨을, 유쾌한 감정들을 느끼는가? 이 긍정적인 감정들을 포착하여 당신의 창고를 채워라. 더 힘든 순간들이 찾아올 때 그 감정들은 도움이 될 것이다. 그 감정들은 당신의 창고를, 당신의 자산을 살찌운다. 언제나 대비가 필요하다. 개미와 베짱이 이야기를 잊지 마라!

대부분의 사람들은 같은 음악을 들을 때나 춤을 출 때 감정의 템포를 느낀다. 주위의 감정에 실려, 타인의 감각에 연결되어 서로 같은 리듬으로 진동하는 것을 느낀다. 마음이 서로서로 전해진다. 그것은 마술 같은 순간이다. 안정된 공감 능력은 이런 것이 가능해지는 순간들을 늘려줄 수 있다.

당신의 꿈을
실현하기
위한 몇 가지
지혜

괴리로부터 새로운 능력을 끌어내기

권태는 앞으로 나아가도록, 창조하도록, 새로운 생각을 하도록 부추긴다. 이 권태에 템포가 연관되어 있음을 이해한다면, 삶이 원래부터 권태로운 것이 아니라는 것을 이해한다면, 삶은 우리가 만들기에 달렸다는 것을 이해한다면, 권태는 새로운 동력이 된다.

권태로운가? 잘됐다!

• 당신의 뇌는 돌아다니며 연관 짓고 창조한다.
• 당신은 이런 생각의 방랑을 실현으로 바꿀 수 있을 것이다.

▌ 권태는 행복해질 수 있는 삶을 상상하게 하고 결정하게 한다.

도전의식 : 자신을 앞으로 나아가게 하는 강렬한 힘

도전의식은 우리가 어떤 어려움을 이겨냈을 때 느끼게 되는 기쁨과 닿아 있다. 도전의식은 성공하고자 하는 욕망과 결부되어 있다. 스스로를, 지금 그대로의 자기 자신을 자랑스러워하는 이 내면의 갈망에, 다른 사람의 시선 속에서 자부심을 느끼고 싶어 하는 마음에 닿아 있다. 그것은 허세나 오만과는 아무 관계가 없다. 그것은 자기 자신을 넘어서 나아가고자 하는 절대적 필요이다. 도전의식은 엄청난 힘을 가진 원동력이다.

영재가 살아오는 동안 이런 성공의 환희를 맛볼 기회가 있었을 때, 크든 작든 삶이 그에게 만족의 기회와 실현의 기회를 준 적이 있을 때, 이런저런 실패를 피할 수 없었음에도 우호적인 환경에서 충분한 자신감을 가지고 성장했을 때. 그럴 때 도전의식은 영재에게 위대한 것을 성취하라고 촉구한다. 그를 위해서, 또한 다른 사람을 위해서. 인류애에 대한 갈망, 위대한 대의를 수호하겠다는 갈망에 이끌려 그는 앞으로 나아간다. 저항할 수 없는 자기 자신의 에너지에 의해 추진되듯이.

> 도전의식은 존재한다는 어려움에서 오는 문제들을 극복할 수 있게 해 준다.
> 도전의식은 시도하는 것을 성공하게 하는 예외적인 에너지를 준다.
> 도전의식은 자기 자신을 완성할 수 있게 한다.

영재의 에너지 : 초자연적인 힘?

영재가 드러내는 에너지는 다른 사람들이 볼 때 놀랍고 엄청나다. 다른 사람이 지쳐 있을 때? 영재는 계속한다. 다른 사람이 불가능한 싸움이라 생각할 때 영재는 맞선다. 출구가 없는 것처럼 보이는 상황에서 영재는 해답을 찾아낸다. 언제나 그렇다. 어린아이처럼, 지치지 않는 새끼 얼룩말처럼. 하긴 그는 여전히 어리다. 영재는 절대 지치는 법이 없다. 영재가 그런 에너지를 발휘할 수 있는 것은 오래 참을 수 있는 체질 덕이기도 하다. 그는 더러 자기가 하는 일에 너무 몰두해서 다른 것을 전부 잊어버릴 정도로 극단적으로 집중할 때가 있다. 시간이 흐르는 것도, 주위에서 뭐라고 하는 것도, 다른 사람들이 억지로 말려도 모른다. 먹고 마시며 잠자는 생리적인 기본 사항조차 잊어버린다. 자기의 일, 자기의 임무에 일단 빠져들면 아무것도 그를 멈추게 하지 못한다.

신중해지자. 거의 초자연적이라고도 할 수 있는 이런 에너지는 놀랍게도 정반대로 변할 수도 있다. 성인 영재가 자신이 형편없고 무능하며 자기가 하는 일은 아무런 쓸모가 없고 성공할 수도 없을 거라고 깊이 확신하면 정반대의 상황이 벌어진다. 그는 꼼짝 않고 들어앉아서 슬로모션처럼 무기력하게 '죽은 듯' 살아간다. 너무나 무겁고 둔중해서 아무것도 그를 움직이게 할 수가 없다. 경계하라. 그것은 반대의 방향으로 사용된 똑같은 에너지이다.

> 거꾸로 움직여라. 반대 방향으로 전속력으로 다시 출발하는 거다. 그러면 당신을 무기력하게 만들었던 힘과 똑같은 힘을 가진 뜻밖의 에너지가 당신에게서 발휘될 것이다. 롤러코스터를 기억하라. 아찔하고 고

통스러운 하강 뒤에는 가속도가 붙어 올라가는 짜릿한 상승이 있지 않은가! 공중돌기다. 이제 출발이다!

이상주의: 긍정적인 고통!

이상을 추구하는 것은 고통스러운 일이 될 수 있고 때로는 수많은 실망의 원인이 된다. 우리는 이런 고통을 두려워할 것이 아니라 오히려 이용해야 한다. 이상주의는 자기 안에 있는 힘이다. 이상주의는 분명한 목표에 도달하기 위해 필요한 노력을 계속하게 만든다. 이상주의는 앞으로 나아가야 하는 목표를 만들어준다.

자기 자신에 대한 이상주의는 개인적 성취를 용이하게 한다. 이상주의는 자신을 넘어설 수 있게 하고 원대한 계획을 성공시키도록 도와준다.

이 힘든
싸움을
멈추기 위해

영재는 항상 싸우고 있다. 심리적 생존을 위해서, 감정을 다스리기 위해서, 타인들과 이 세상에 적응하기 위해서, 생각에 제동을 걸기 위해서…….

그 싸움은 그를 가두고 독살한다. 그 말의 진정한 의미에서 그렇다. 항상 긴장한 채 스트레스를 받으면서 살면 뇌에서 스트레스 호르몬이 연속해서 분비된다. 정신과 육체를 지치게 하는 코티졸이라는 호르몬이다. 코티졸이 과다 분비되면 다양한 통증은 물론 심각한 질병도 생길 수 있다. 정신질환뿐만 아니라 육체적인 질환도 생긴다.

반드시 싸움의 방향을 바꿔야 한다.

• 불안의 장막을, 사물의 의미에 대한 끊임없는 질문의 장막을 넘어서기 위해서

- 받아들임으로써 스스로를 배신하는 것 같은 느낌을 넘어서기 위해서
- 삶의 '바깥에', 타인들의 '바깥에' 있는 것 같은 변함없는 그 느낌을 넘어서기 위해서
- 피하지 않고 타인의 차이를 존중하면서, 그들의 감정에 개입하지 않고 인정하면서 타인과 더불어 행복하게 살아갈 수 있기 위해서
- 우리의 이상적인 표상과는 한참 다른 삶이기는 하지만 그래도 삶을 '선택하면서' 그 삶에 순응하기 위해서

암호해독

- 자신의 삶을 돌아보면 한계와 결함이 보인다. 그러나 강점을, 자산을, 특권을, 기쁨을 볼 수도 있다.
- 그리고 스스로에게 이렇게 말한다. 나는 이 삶을 숙고 끝에 의식적으로 선택한다. 그럼으로써 무력한 희생자에서 자기 운명의 조종사가 된다. 그것이 모든 것을 바꾼다.
- 자신의 삶을 선택, 아니 다시 선택하는 것은 부족함이 있는 채로 이 삶을 충실하게 살아가기로 하는 것이다. 그것은 새로운 자유이다. 우리 모두는 그 자유를 가질 수 있다!

삶에 맞서 싸우기를 그만두고 삶을 향해 돌아설 때, 건축하고, 만들며, 창조하고, 앞으로 나아갈 수 있는 에너지가 다시 생긴다.

어른이 된 영재들

희망

모든 것이 가능해지거나 혹은 다시 가능해질 때, 삶을 다시 믿기 시작할 때, 열정을 가능하게 하는 그 어린아이 같은 면을 자기 안에서 다시 발견할 때, 마침내 자신의 운명과 자신의 삶의 주인이 될 때. 권력과 지배에 대한 욕망에서가 아니라 약속과 새로운 모험과 새로운 만남과 새로운 길들로 가득한 미지의 땅을 발견하는 근원적인 기쁨에서.

초원에 살고 있는 얼룩말들에게는 포식자가 거의 없다는 사실을 잊지 마시라. 얼룩말들은 겁을 많이 내지만 실제로 그들이 공격을 당하는 일은 드물다. 얼룩말이 가진 줄무늬는 다른 동물들에게는 없는 고유의 이점이다. 그 무늬는 다른 야생동물에게는 없는 얼룩말만의 으뜸패이다.

당신도 줄무늬를 가졌는가? 그렇다면, 자 어서 뛰어들어라!

행복해지기 위한 핵심 사항

1. 자신의 엄청난 지능을 다시 길들여, 계획을 도모하고, 인생을 정돈하며 배우고 이해하는 기쁨을 다시 발견한다. 지능은 자신을 자랑스럽게 여기기 위해 자기 것으로 삼아야만 하는 내적인 자질이다.

2. 초감성을 이 세상을 살아가는 하나의 방식으로 이용하라. 고유하고 기쁨에 넘치며 마술 같은 방식. 초감성은 재능의 샘이다.

3. 창의성은 선각자와 혁신자와 리더의 역량이다. 영재의 창조성은 수지상 사고에서 비롯되며, 거기에서 계속해서 자양을 얻는다.

4. 타인의 감정을 느끼는 능력인 공감은 타인과의 관계와 의사소통에 예외

적 깊이를 준다. 공감은 세상과 타인을 향해 내밀하게 열려 있는 귀한 감정의 차원이다.

5. 괴리는 관찰하고 분석하며 이해하는 데 적당한 거리를 유지하게 하므로, 유리한 입장을 만들어줄 수 있다. 분명한 것을 넘어서서, 겉으로 보이는 것보다 더 멀리. 괴리는 이 세상과 화합하며 제자리를 찾기 위한 뜻밖의 전망을 제공한다.

6. 영재라는 사실은 하루하루 새롭게 발견해 나가야 하는 숱한 풍요로움 이다!

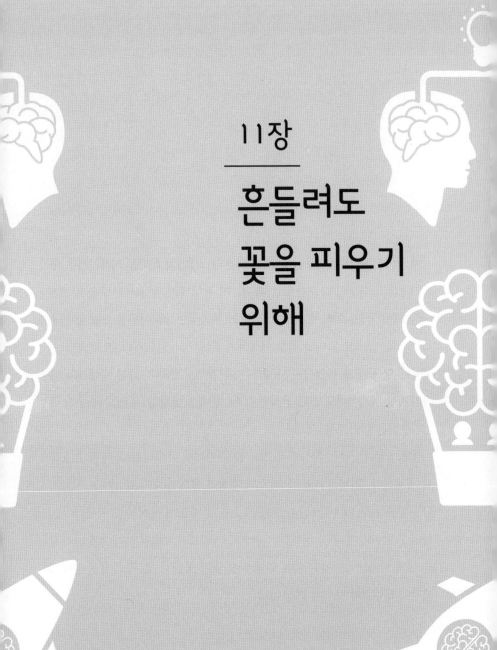

11장
———
흔들려도
꽃을 피우기
위해

이 장에서는 가장 어두운 부분을 다룬다. 자아의 쇠퇴를 이야기하는 부분. 약한 고리들의 악순환으로 빠져들어 결국에는 엄청난 고통을 맛보게 되는 그런 국면. 여러 병적 양상을 드러내는 국면. 이 어두운 부분을 거론하는 것은 앞으로 일어날 일을 이해하기 위해서 꼭 필요하다. 또한 반드시 피해야 할 사태가 무엇인지 파악하기 위해서도 그렇다. 다른 장에서와 마찬가지로 여기에서도 접근 방식은 같다. 문제를 예방할 수 있도록 우선 메커니즘들을 알아보는 것이다.

영재의 인격발달은 지능과 감정의 양 측면에서 나타나는 독특한 요소들로 채워진다. 영재의 지능이, 최소의 감정적 신호까지도 포착하는 극도의 감수성을 가진 채 이 세상의 모든 요소를 받아들여 분석하는 지능이라는 사실을 받아들인다면, 정체성을 추구하는 영재의 여정이 얼마나 험난한지를 쉽게 이해할 수 있다. 삶의 안정 역시 찾기 힘들다. 삶의 복잡성 앞에서 불안이 끊임없이 가슴을 파고든다.

어른이 된 영재들

흔들리기 쉬운
자기 이미지

유아기부터 청소년기까지 영재는 자기 이미지를 구축하는 과정에서 끊임없이 어려움에 부닥친다. 양상은 두 가지로 나타나는데, 두 양상의 형식은 다르지만 결과는 비슷하다.

- **첫 번째 시나리오** : 영재 아동은 자기가 왜 다른 사람들과 같지 않은지, 왜 남들처럼 생각하고 이해하며 느끼지 못하는지 그 이유는 모르지만 어쨌든 자신이 남들과 다르다는 것을 안다. 아이는 자신을 적응시켜서 남들에게 맞춰보려고 애를 쓰고 여러 시도를 한다. 그런데 그런 시도에는 에너지가 많이 들어간다. 영재 아동에게 적응이란 자연스럽고 자발적이고 분명한 일이 아니기 때문이다. 아이는 살아간다기보다는 자신이 사는 모습을 본다. 이런 노력이 효력을 발휘할 때도 간혹 있어서 아이는 비록 끈질긴 괴리감은 남아 있을지언정 결국 다른 사람들 틈으로 들어가

함께 성장하기도 한다. 그러나 이런 노력은 결국 실패할 때도 있고, 실패했을 때 아이는 고독에 사로잡힌다. 다른 사람과 다를 바 없는 사람으로 받아들여지기 위해 부단히 애를 써온 만큼 더욱 치밀한 고독에 사로잡힌다. 이제 아이는 자기가 어떤 사람인지조차 알 수 없게 되어버린다. 아이는 극도로 부정적인—나는 아무 가치도 없어, 나는 사랑받을 자격이 없어, 나는 아무것도 해낼 수 없을 거야—자기 이미지와 자신이 뭔가를 놓치고 있는 것 같은 내밀하고 끈질긴 확신 사이에서 오락가락한다. 아이는 이런 정신적 불편함으로 인해 힘들 때가 많고, 자신의 자아상과 '자신'과 자신의 삶에 만족하며 살아갈 수 있는 가능성은 줄어든다.

- **두 번째 시나리오**: 영재 아동이 자신이 남과 다르다는 것을 깨닫지 못한 경우이다. 아동기는 물론이고 청소년기까지도 아이는 자신이 다른 사람과 다르지 않다고 여겼다. 그는 자신의 사고와 감수성이 특이하다는 것을 알지 못한다. 그는 다른 아이도 모두 자기랑 똑같은 줄 안다. 그래서 다른 사람의 어떤 반응이나 행동, 살면서 생길 수 있는 어떤 일들이 영재 아이에게 공격으로, 부당한 처사로, 깊은 상처로 다가오는 일이 생긴다. 아이는 너무나 적대적으로 느껴지는 그런 행동들에 의미를 부여하고 설명을 찾으려 하지만 그럴수록 그런 일들은 더욱 오리무중이 되어버린다. 아이의 입장에서도 그렇고 다른 사람들도 마찬가지이다. 아이는 혼란스럽고, 자기에게 무슨 일이 벌어지고 있는 건지, 상황이 왜 이렇게 돌아가는지 도무지 이해를 할 수가 없다. 아이에게는 이 내면의 혼란을 공감해줄 사람조차 없다. 아이는 발밑이 꺼지는 듯한 느낌 속에 이런 생각에 사로잡힌다. '세상 사람들 모두가 나를 마음에 들어 하지 않는 것 같아. 그건 나한테 별 가치가 없다는 뜻이겠지.' 이런 상황에서 어

떻게 튼튼한 자기 이미지를 구축할 수 있겠는가?

성년의 문턱에 이르러도 자기 이미지를 둘러싼 동요는 안정되지 않는다. 정체성이 불분명한 까닭에 젊은 성인 영재는 '시도와 실패'를 반복할 때가 많다. 자기가 어떤 사람인지, 무엇을 할 수 있는지, 무엇에 경쟁력이 있는지를 알지 못할 때, 사람들이 무엇을 좋아하는지, 우리를 기쁘게 하는 것이 무엇인지 제대로 알 수 없을 때, 자기 자신과 타인들과 삶 자체에 실망하게 될까 봐 큰 두려움을 느끼고 있을 때, 그럴 때는 자신의 인생의 밑그림을 그릴 수도, 예상할 수도 없다. 주저하고, 시도하며, 실패하고, 그리고 다시 시작한다. 가끔 '알맞은 자리'를 발견할 때도 있지만 그것조차 곧 도마 위에 오른다. 영재는 끊임없이 이런 과정을 되풀이한다. 항상 의심을 한다. 그리고 그 결과는 만성적인 불만족과 불안정한 삶의 형태로 나타난다. 파트너를 갈아치우고, 직업을 바꾸며, 새 계획을 세우고, 인생의 방향을 바꾸는 것은 끊임없이 절대와 진실을 추구하는 이 존재의 여정에서 흔한 일이다. 영재는 사는 동안 내내 자신의 정체성을 찾아 헤맨다. 쉬지 않고.

유아기에서 성인이 될 때까지, 자기 이미지와 관련한 여러 문제가 성장과 경험을 방해

차분한 성장을 가능케 하는 견고하고 안정적인 자기 이미지를 구축하지 못하는 어려움으로부터 막연한 불안감을 초래하는 자신감 상실에 이르는 이 연속된 과정에서 자존감은 막대한 상처를 입는다. 자신을 가치 있는 사람이라고 느끼기가 무척 힘들다. 영재는 우울한 기분에 빠져들거나 심한 경우 진짜 우울증을 앓으며 빠져나갈 길 없는 삶의 막다른 골목에서 허우적댄다.

이 일련의 과정에 공통적으로 나타나는 요소가 있다. 영재의 정체성의 기반을 갉아먹고 심각한 문제를 초래하는 그 복잡한 연금술의 구성 요소들.

그 요소들은 무엇인가?

- 내적 외적 공격. 다른 사람들로부터 공격을 당한다고 느낄 뿐 아니라 자기 스스로도 끊임없이 자신을 비판
- 이질감으로서의 괴리
- 영재를 후광처럼 둘러싸고서 지속적으로 감정을 자극하거나 예리한 상처를 입히는 감각의 초민감성
- 내면의 회의, 질문, 불안을 계속해서 일으키는 날카로운 지능

 영재의 작동방식 자체가 영재의 최악의 적이다!

성장을 위한 자기 보호, 생존을 위한 자기방어

영재의 감정은 날카로운 지능과 지나친 감수성이라는 두 요소를 양분으로 하여 자라나고, 영재는 이 감정의 해일로부터 스스로를 보호하기 위해 정체성을 확립하는 여정 내내 보호 메커니즘을 가동한다.

심리학에서는 이 보호 메커니즘을 방어기제라고 부른다. 방어기제의 목적은 무엇일까? 자아를 온전한 상태로 보전하고 고통을 완화하는 것이다. 이 방어기제가 유연하면 자기 보호 기능이 효과적으로 작동할 수 있다. 방

어기제는 모든 사람에게 있다. 그러나 감정의 무게와 고통의 위협이 지나치게 커지면 방어기제는 경직된다. 경직된 방어기제는 오히려 함정으로 변한다. 방어기제를 중심으로 하여 인격이 구성되는 것이다. 방어기제는 보호자에서 파괴자로 변질된다.

영재의 방어기제

인식하고 이해하며 받아들여야 하는 기제들. 영재들의 정신병리학적 특징을 또렷이 드러내는 기제들. 그들의 특이한 임상기록의 신호로 간주해야만 하는 기제들.

영재의 방어기제의 동력 및 실행되는 양상, 그리고 그 기능과 한계를 간략하게 살펴보자.

1. **일차적 목표**: 감정의 동요, 타인들에 대한 민감함, 세상에 대한 끊임없는 분석에 더 이상 시달리지 않는 것
2. **기대되는 결과**: 모든 것에 대해 편안해진다.
3. **방어의 전략**: 감정적으로 거리 두기
4. **방법**
- **지배와 통제**

안정감을 느끼기 위해서, 끊임없이 작동하는 사고를 멈추기 위해서, 감정에 지배당하지 않기 위해서, 의심과 두려움에 계속해서 사로잡히지 않기 위해서, 영재는 모든 것을 지배하고 통제하려고 한다. 영재는 종종 자신의 한계를 넘어서는 이 일에 자기가 가진 에너지의 상당량을 소모한다. 그는 무엇보다도 폭발하지 않으려고, 예측하려고, 아무것도 놓치지 않으려고

신경을 쓴다. 이 통제 메커니즘이 드러나는 양상은 여러 가지이다. 끝까지 토론하기, 어떤 명령이나 지시를 받아들일 때 그 의미를 명확히 한정하여 뜻밖의 일이 생기지 않도록 확인하고 또 확인하기, 지칠 때까지 정확성을 추구하기, 강박적인 습관들, 모든 것을 줄곧 재고하기 등. 그 목록은 너무나 길다.

• 인지에 의한 방어

"감정이 배출한 모든 것을 지성이 처리합니다." 발랑텡(32세)은 명쾌하게 설명한다.

아주 작은 감정의 한 조각까지도 지성을 사용하여 관념화하는 것. 사소한 감정 표현을 냉정하게 거리를 두고 분석하는 것. 영재가 사용을 넘어 남용하는 확고하고 경직된 메커니즘.

• 감정의 마비

이 방식이 절정에 달하면 대단히 희한한 광경이 연출된다. 다음은 니콜라의 증언이다. "감정을 하도 억누르다 보니 이제는 어떤 상황에 어떤 감정이 맞는 건지도 알 수 없게 되어버렸습니다. 감정을 말이나 행동이나 태도로 표현하는 방법도 모르겠고요. 무슨 일이 생길 때마다 늘 모르는 척 관심 없는 척하다 보니 이렇게 되어버린 거예요. 여자 친구와 함께 있을 때가 최악이죠. 다른 사람들을 잘 관찰해두었다가 그 사람들의 반응을 그대로 따라합니다. 그게 내가 찾아낸 유일한 해결책이었어요. 그렇게 예민했던 내가 이제는 아무것도 느낄 수 없게 되어버린 거예요. 뒤로 돌릴 방법도 모르겠고요."

• 유머

살면서 생기는 일들을 우스개로 바꾸는 것. 우스꽝스러운 형식으로 상황을 바라보는 것. 상처가 될 수 있는 말을 농담으로 돌리는 것. 영재는 유머라는 조종장치를 섬세하게 다룬다. 유머의 이점은 무엇일까? 감정을 요령껏 손보아 인지적으로 적절하고 바람직한 형식으로 전달되게끔 한다. 이는 정교한 거리두기가 가능하다. 감정의 위험을 자신의 으뜸패로 바꾼다. 아주 멋지다! 하지만 이렇게 되기 위해서는 두 가지 전제 조건이 있다. 첫째, 유머를 아껴 사용해야 한다는 것. 유머에 지나치게 의존하다 보면 진심어린 관계를 맺을 수 없다. 유머를 남용하면 어느새 유머는 사람을 끄는 매력에서 관계의 독으로 변질되기도 한다. 둘째, 유머가 한 방향으로만 사용되어야 한다. 영재는 이 분야의 전문가이지만 자신이 유머의 대상이 되는 것은 잘 참지 못한다. 그래서 뜻밖의 상황에서 느닷없이 화를 벌컥 낼지도 모른다. 자신이 느낀 감정의 무게를 감추려고 화를 내는 것이다. 그러니 조심하자!

5. 위험

• 인격의 분열

더 이상 자신의 감정에 연결되지 못한다. 합리적 지성이라는 측면만이 전면에 대두된다. 성격이 차가워지고, 감정을 느끼고 경험하는 것이 힘들어지기도 한다. 정신적 자원을 다 써버릴 정도로 막대한 에너지를 써가면서 얻은 결과가 이것이다. 이는 자기 자신과의 싸움이다. 근본적인 자기 자신을 상대로 한 싸움. 자신과 세계 사이에 쌓아두려고 기를 쓰는 이 둑, 감정적으로 더는 상처받지 않으려고 두르고 있는 이 단단한 껍질, 이렇게 의도적으로 쌓아둔 무관심은 끊임없이 경계를 형성한다. 또한, 격렬한 감정의 무게를 더 이상 감당하지 못하고 방어기제가 무너져버리면 영재는 절망 속으로 휩쓸려 들어가게 된다. 이렇게 돼버리면 영재에게는 자신을 보호할 수 있는 수단이 아무것도 없다. 그는 자신을 집어삼키는 고통에 맨몸으로 맞서야 한다.

영재만의
고통에서
벗어나기

그런 것은 없다. 다시 말하지만 영재라는 사실은 병이 아니다. 반대로, 영재가 겪는 고통이 고전적인 정신 장애와 비슷하게 보인다 해도 절대 같은 방식으로 접근해서는 안 된다. 양자 사이에는 분명한 차이가 있다. 문제가 겉으로 표출되는 형식이 아니라 그 내용에 말이다.

어떤 문제들은 성인 영재의 특징을 드러내는 것처럼 보이기도 한다.

물론 성인 영재의 특징을 드러내는 임상 차트들이 정신 장애의 국제적 분류에 맞추어 작성된 것은 아니지만 특징적 문제의 출현 빈도와 동일한 특성에 대해서는 의사들의 견해가 필요하다.

끝없는 질문들 속에 빠져버린 인생의 의미

살아간다는 고통

삶에 대한 의지 자체는 온전히 남아 있으므로 자살을 원하는 상태와는 매우 다르다. 단지 산다는 것의 어려움을 감당하기가 힘들다. 매일 아침 눈을 뜰 때마다 오늘 하루를 또 어떻게 보내야 할지 막막한 기분이 든다는 42세의 여자 환자는 이런 상태를 '너무 힘들다'는 말로 요약한다. "눈을 뜨고 한 5분 정도는 이런저런 것들로 머릿속이 꽉 차 있는 게 힘들어서 그냥 그대로 죽고 싶어져요. 정말 끔찍해요!"

그녀가 이런 기분이 드는 것은 의학에서 무기력증 혹은 의지결핍증이라고 부르는 증상처럼 용기를 가질 수 없기 때문이 아니다. 다음의 일들을 해내기 위해서 동원해야 하는 에너지가 엄청나기 때문이다.

1. 자신을 보호하기 위해서
2. 사물에 관심을 가지기 위해서
3. 모든 것을 쓸모없다고 생각하지 않기 위해서
4. 자신의 존재에 의미를 부여하기 위해서
5. 다른 사람들을 속이기 위해서. 이것은 너무나 고통스럽고 견디기 힘든 시련이다.

상담 치료 시간에 우리는 역할놀이를 하기로 한다. 나탕(9세)이 의사가 된다. 그는 나에게 묻는다. "삶에 대해 어떤 열정을 가지고 있지?" 벌써!

이는 삶이라는 문제, 삶의 의미라는 문제, 사물들의 의미라는 문제, 삶에 대한 관심의 문제가 영재의 정신을 관통하는 일관된 맥락임을 의미한다. 끊임없이 영재를 괴롭히는 생각. 어쩌다 삶의 흐름이 한결 흥미진진해지고 영재가 기분 좋은 만족감을 느낄 만한 소용돌이에라도 빠지면 그 문제는 희미해져서 영재의 머릿속에서 멀어진다. 그러나 삶의 흐름이 다시 평탄해져서 무미건조하게 바뀌면, 실망이나 좌절이 영재의 발목을 잡으면, 그 문제는 다시 불쑥 솟아올라 세계와 자아 사이에 요지부동으로 자리를 잡는다. 그리고 그 문제는 피해갈 도리 없는 치명적인 문제가 된다.

도움을 주기도 힘들다. 합리화를 위한 모든 시도, 새로운 방식으로 생각하고 새로운 방식으로 삶과 사물을 받아들이기 위한 모든 전략, 고통을 달래기 위해 채택한 모든 프로세스가 치명적인 질문에 걸려 넘어진다. 영재의 날카로운 분석에 의해 지치지도 않고 계속 떠오르는, '삶이라는 것을 대체 어떻게 살아내야 하는가?'라는 그 질문에 말이다.

사회적 억제: 세상에서 물러난다

"세상으로부터 나를 지키겠다고 작업실에 틀어박혀 있는 건 우연이 아니에요." 도미니크는 태피스트리 제작자가 되었다. 그녀는 다른 사람들로부터 또다시 공격을 당하고 있다고 느꼈던 어느 날 문득 그 일을 해야겠다고 결심했다. 더불어 오래전부터 느껴온 어긋나 있다는 느낌, 이질감, 남들과 다르다는 느낌 때문에 앞으로도 다른 사람들과 잘 지내기는 틀렸고 계속 배척될 수밖에 없다는 것을 분명히 깨달았다. 그것은 그녀에게 너무나 힘든 일이었다.

형태는 조금씩 다르지만 영재는 사회적 억제를 경험한다. 타고난 성격이 원래 '비사교적이고' '사회성이 부족'하기는 해도 그래도 최소한 사회라는 조직 안에서 살아가는 사람들도 있다. 그러나 어떤 사람들은 사회에서 물러나 이 세상으로부터 근본적으로 고립된 채 살아간다. 저만치 물러나 고독하게 살아가면서 생존에 꼭 필요한 관계와 직업상 필요한 관계만을 유지하고, 예후가 심상치 않은 만성적 우울증이라는 위험한 상태에 빠져 있는 경우도 있다. 그들은 자신에게 대단히 두꺼운 껍질을 씌워놓았다. 돕는 것은 고사하고 그들과 접촉하기조차 쉽지 않다. 세상에 대한, 세상의 위험에 대한 그들의 두려움은 너무나 크다. 무슨 득을 보자고 자신만의 '땅굴'에서 기어나온단 말인가? 더 힘들어지자고? 천만에 말씀이다.

생각을 멈추기 위한 중독성 일탈들

대마초에서 술까지, 비디오게임에서 일까지, 텔레비전에서 인터넷까지 모든 것에 중독될 수 있다.

"멈출 수 없는 게 딱 하나 있는데 그게 바로 생각이에요." 반 라파엘(8세)의 말이다.

생각이라는 것을 더 이상 감당할 수가 없을 때, 그 소용돌이를 견딜 수 없을 때, 머리가 터져버릴 것만 같고 그 모든 생각이 끝없는 질문과 알 수 없는 슬픔을 실어오는 것만 같을 때, 그럴 때는 생각을 다 흡수해서 뇌의 끔찍한 소란스러움을 잠재울 수 있는 일에 멍청하게 빠져드는 것만이 유일한 해결책이다! 그러나 중독성 있는 일탈은 위험하다. 잠깐 동안은 위로를 주지만 나중에는 그 자체가 괴로움의 원인이 되기 때문이다. 모니터 앞에 딱 붙어 떨어지지 않는 10대 자녀들 때문에 걱정하는 부모들을 안심시켜야 할 때가 있다. 나는 그들에게 학교에서의 일과가 끝난 후에 자신이 주인공이 될 수 있는 세상 속으로 도피해서 잠시 시간을 보내는 것이 아이에게는 큰 위안이 될 수 있다고 이야기해준다. 뭐든 할 수 있을 것 같은 그 느낌을 잠시나마 다시 느낀다는 건 정말이지 큰 위로가 된다. 어떻게 보면 그런 도피는 청소년들이 자신의 고통을 달래기 위해서 본능적으로 찾는 일종의 진정제이다. 그리고 어느 정도 효과도 있다. 물론 지나치면 해롭다. 하지만 일에도 똑같은 미덕과 똑같은 위험이 있다는 것을 알고 있는가? 자신이 하는 일에 인생의 대부분을 바치는 것은 불안에 맞서 싸우는 한 가지 방식이다. 위험? 멈추었을 때 고통이 또다시 시작된다는 것이다.

수면의 문제들

잠자리에 들어서도 이어지는 생각들을 멈추기가 힘들다. 강도를 낮추는 것도 힘들다. 잠들기가 어려운 것은 영재에게 흔히, 반복적으로 나타나는 문제이다. 또한 반대로 수면과다 현상이 나타나기도 한다. 수면과다는 생각에 대한 강력한 진통제로 작용한다. 더 많이 잘수록 더 적게 생각할 수 있으니까.

적응하기 위한 지적 억제

"진짜 바보가 되는 거, 그게 바로 내 병의 좋은 치료제야. 나한테는 극단적인 치료가 필요해. 바보가 되는 게 내 지능에 대한 화학요법이 될 거야. 망설임 없이 위험을 감수해야 해. 하지만 반년 쯤 지난 후에 너희가 보기에 내가 뭐랄까……. 치사한 머저리가 되어가는 것 같으면 그때는 간섭을 해줘. 내 목표는 멍청하고 욕심 많은 인간이 되는 게 아니라 내 몸 속을 분자들이 자유로이 순환하게 해서 지나치게 혹사당하고 있는 내 머리를 정화시키려는 것이니까 말이야. 하지만 6개월 이전에는 끼어들어선 안돼. (…) 그런 위험성도 있기는 하지. 하지만 지능이라는 멍에에 묶인 채 살아가느니 차라리 멍청해지는 편이 더 즐거울 거야. 그게 더 행복할 거라고. 분명해. 어리석음을 간직하겠다는 게 아니라, 어리석음 속에 미량 원소처럼 들어 있는 행복, 일정한 거리, 공감 때문에 고통받지 않을 능력, 삶과 영혼의 가벼움 같은 유익한 요소들을 간직하겠다는 거야. 무덤덤해지는 거 말이야! (…) 결국 바보가 됨으로써 나는 다시 한 번 놀라운 지능을 증명하게 되는 셈이지. 내 말 못 믿겠어?"*

살기 위해서 스스로를 억제하지만…

강력한 전략인 억제는 이따금 정반대의 효과를 낸다. 자신의 일부분을 억눌러 파괴하려고 상당한 에너지를 쓸 때 그 결과가 애초의 목적을 넘어서게 되는 것이다. 음울한 고통을 달래려고 시작한 일이 자아와 내면을 황폐하게 한다. 그 결과 의미 없는 존재 속에서 방황하며 사회적으로 고립된

---

*마르탱 파주, 『나는 어떻게 바보가 되었나』, 르 딜레탕트, 2000.

채 살아가는 생기 없는 사람이 된다. '멍청해지겠다'는 목표가 그들을 스스로에게 무심한 사람으로, 남들 눈에는 투명인간 같은 사람으로 만들어놓은 것이다.

뚜렷한 이유 없이 변하는 기분

"기분이 너무 이랬다저랬다 하는 것 같아요. 엄청 기분이 좋았다가 돌연 침울해집니다." 로라(25세)의 말이다.

기분이 급변하는 것은 빠르게 가지를 치며 뻗어나가는 수지상(樹枝狀) 사고의 속도와 관련이 있다. 대단히 빠른 템포로 생각이 꼬리를 물고 이어지면서 상념, 생각, 감정, 추억 같은 것들을 긍정적이었다 부정적이었다 불안했다 즐거운 것으로 순간순간 변하게 한다. 이처럼 기분이 불안정하면 전통적인 우울증이나 양극성 장애와 혼동을 일으킬 수 있다. 하지만 그것은 모든 종류의 감정을 끊임없이 팽창하게 만드는 인지적 작동의 결과일 뿐이다.

영재로서는 이런 경험이 때로 힘들게 느껴질 수 있다. 자신의 기분이 그렇게 급변하는지 그 근원적인 이유를 알지 못하기 때문이다. 그는 자기가 왜 슬픈지 왜 기쁜지 알지 못한다. 어떻게 보면 그는 자신을 초월해서 지배하는 뇌의 작동의 무력한 희생자라고도 할 수 있다. 그는 고통과 불편의 진짜 원인일 수 있는 자기 자신을 어쩌지 못한다. 전통적인 방식의 이해도, 치료도 불가능하다.

오진을 피하기
위해

영재가 겪는 고통의 양상은 전통적인 질병의 증세와 유사한 경우가 많기 때문에 진단이 잘못 내려지는 경우가 흔하다. 의사에게 정보가 부족하거나 이런 특이한 사람들에게 익숙하지 않을 경우 환자는 부적절한 치료를 받게 될 가능성이 있다. 이런 경우 결코 문제를 해결할 수 없다.

▶ 가장 전형적인 오진들

• 분열된 생각들, 여러 생각들이 결부되는 속도, 빠른 수지상 사고에 의한 부적절한 논리적 연관 등은 정신분열증이라는 진단을 초래할 수 있다. 따라서 의사는 감정적으로 냉정하고 거리를 두는 태도를 갖춰야 오진을 피할 수 있다.

어른이 된 영재들

- 불안정한 기분, 극도로 비관적인 상태에서 정반대의 흥분 상태로 바뀌는 것, 들떠 있는 기분 같은 징후들은 양극성 장애라는 진단을 유도할 수 있다(과거 정신과에서 조울증이라 칭했던).
- 감수성, 지나친 감정적 민감성, 퇴행의 순간들, 오락가락하는 사회적 적응 같은 징후들은 경계성 인격장애로 보이게 한다.
- 우울증, 불안장애, 공포증 또한 흔히 내려질 수 있는 진단이다. 그러나 영재의 특이한 체질에 이 증상들은 포함되어 있지 않다. 조심하자.

이런 오진의 희생자가 된 영재는 고통에서 빠져나올 수 있는 출구를 찾고자 이 의사에서 저 의사로, 이 진단에서 저 진단으로 헤매다니는 기나긴 순례를 시작하게 된다. 처음에는 믿음을 갖고 시작하지만 점차 지친다. 그러다 결국에는 새로운 함정에 갇힌다. 이제 그는 아무도 믿을 수 없게 된 것이다. 그를 이해하는 척, 보살피는 척하는 사람들은 더욱 그렇다. 그가 찾아 헤맸던 도움, 집요하게 요구했던 도움을 얻을 수 있는 길을 오진이 차단해버리는 것이다. 이제 그는 어떻게 도와달라고 해야 할지 그 방법조차 알 수 없게 되었다. 그는 자기 자신에게조차 수수께끼이다.

치료의 함정

"멍청한 얘기라고 생각하실 게 분명하지만, 상담자와 함께 있으면 그 사람이 이해하지 못할 거라는 확신이 들어요. 내 문제, 내가 겪는 어려움의 본질을 파악하지 못할 거라고요. 그런데 나는 그걸 알고 있거든요. 상담자보다 더 잘 알고 있죠. 어떤 때는 내가 그 사람을 이끌어주어야 할 것 같은 느낌이 들 때도 있어요. 나를 돕겠다고 말하는 그 사람을 내가 도와주는 거예요. 하지만 마음 깊은 곳에서는 그 누구도 나를 도울 수 없다는 걸 알고 있어요. 뭔가를 할 수 있는 사람은 나뿐이죠." 자신의 두 어린 영재 자녀들과 더불어 지치고 실망한 이 38세의 여자 환자는 부끄러움과 겸손이 섞인 이런 속내를 털어놓는다.

치료를 하다 보면 흔히 이중의 감정에 발부리가 걸려 넘어진다. 자신을 이해하고 지탱해줄 누군가를 간절히 찾고 싶어 하는 마음과, 타인에게 여지를 줄 가능성을 차단하는 장악과 통제를 필요로 하는 마음을 동시에 가진 이 이중의 감정 말이다.

유행하고 있는 '의식의 이완'에 주의하라

의식 이완은 영재의 특성과는 맞지 않는다. 이것은 오늘날 심리학 경향의 영향으로 자주 만나는 하나의 암초이다. 내면의 긴장을 풀어 자기 자신과 근원적으로 연결되게 하고, 치유의 원천인 은혜로운 안정감으로 자신을 가득 채운다는 것이 기본 개념이다. 그런데 영재의 상념은 바로 그런 이완의 순간에 자유로운 공간을 확보하여 펼쳐지기 시작한다. 그리고 영재가 잠시나마 생각을 멈출 수 있게 되면 곧 막연한 불안이 그 자리를 채운다.

영재의 상념을 달래기 위해서라면 평소의 관심사와 동떨어진 전혀 다른 일에 몰두할 것을 권유하는 편이 차라리 낫다. 그의 일상과 평상시 삶의 방식과 다르면 다를수록 더 좋다. 중요한 것은 그 일에 완전히 몰두해서 시간을 보낼 수 있다는 것이다. 생각에 대한 일종의 '치료제'로서 말이다!

요약

• 영재라는 사실은 인격을 구성하는 하나의 요소이지 병이 아니다.

• 영재라는 사실은 고통에 특이한 색조를 부여하며, 이것을 인식하고 고려해야만 적절한 치료를 효과적으로 할 수 있다.

• 영재의 인격의 특성을 간과하면 오진의 위험이 있다. 이는 영재를 해결할 수 없는 고통과 일탈 쪽으로 몰아넣을 수 있다.

• 영재 치료에는 여러 방법이 있으며 이것들을 알고 사용할 수 있어야 한다. 특히 손상되지는 않았지만 억제된 채로 있는 인지적 자아에 의지할 수 있다. 생각하는 것은 고통의 원인이 되기도 하지만, 우리는 영재가 이 자아를 복원하는 과정에서 자신의 사고를 다시 길들여 사고를 그의 동맹군으로 만들게끔 도울 수 있다. 그것은 오래된 석조 건물을 복원하는 과정과도 비슷하다. 사방에 금이 가고, 지붕은 무너져 내렸지만 기반은 그대로 남아 있어 그 기반에 의지하고 보강하여 우리를 지켜줄 수 있는 튼튼한 집을 다시 쌓아올리는 과정 말이다. 또한 그 집은 열린 집이어야 한다. 다른 사람이, 삶이, 공격을 해오면 어쩌나 하는 두려움 없이 그들이 선뜻 들어올 수 있도록. 그 집은 해로운 적들의 공격을 막아내려고 지은 집이 아니라, 다른 사람과 더불어 안락하고 편안하게 지내려고 지은 집이다. 그건 아주 다르다.

최근의 연구를 통해 확인된 높은 지능의 장점들
다시 기운을 차리기 위해서!

- 똑똑한 사람들은 정신병을 앓을 위험이 적다고 캠브리지 대학이 발표했다.
- 높은 지능지수는 우울증이나 정신분열증 같은 일부 정신적 문제의 심각성을 줄여줄 수 있다.
- 과학자들은 IQ가 높은 사람의 경우 증상이 덜 심각하고 적응할 가능성이 더 크다는 사실을 입증했다.

█ 지능은 질병에 맞서서 자신을 보호해주는 요소이기도 하다!

어른이 될 수 없는
어른을 위해

이 책을 쓰는 동안 생각을 멈추고서, 혹은 컴퓨터 자판을 두드리다 말고 나 자신에게 이런 질문을 던진 적이 여러 번 있었다. 이 모든 것이 순수한 나의 망상은 아닐까? 영재가 내가 묘사하는 그런 사람들이 아니라면 어쩌지? 영재에 대해 잘 모르면서 나의 이론을 비방하는 그 모든 사람의 이야기가 결국은 옳고, 자연으로부터 풍요로운 선물을 받은 이 사람들을 걱정하는 게 쓸데없는 일이라면?

그랬다. 나는 분명 그런 음울한 의심에 여러 차례 사로잡혔다! 그러다 나는 어떤 아이, 어떤 청소년, 어떤 가족, 어떤 어른과 마주하게 된다. 그리고 그들의 이야기에서, 그들의 절망과 방황의 본질에서, 그들의 말에서, 그들의 태도에서 번개 같은 확신이 강렬한 힘이 되어 다시 내 머리를 친다. 어떻게 단 한순간인들 이 사람들의 그 믿기 힘든 독특함을 외면할 수 있단 말인가? 그래서 나는 이렇게 가슴에 확신을 품고서, 오늘날의 과학이 말하고 묘사하며 입증하고 확인한 그 모든 것에서 자양을 얻어, 이야기를 전해야 한다는 한층 강렬한 의지를 가지고 힘차게 다시 글쓰기로 돌아오곤 했다. 당신들은 존재한다. 나는 안다. 내가 당신들을 직접 만났으니까!

당신들이 경이로운 존재라는 것을, 당신을 허약하면서도 강렬한 힘을 가진 존재로 만드는 그 강력한 지능과 특이한 감수성을 알아보는 데 이 책이 도움이 되기를 바란다. 이런저런 약점들이 있음에도 불구하고 당신을 다양한 재능을 가진 독특한 존재가 되게끔 하는 당신의 구성 요소 하나하나를 내적으로 분명히 인식하라.

그 요소들을 이용하고, 당신 주위에 흘러넘치게 하라. 세상은 그것을 필요로 한다. 당신의 성공은 우리 모두의 성공이기도 하다.

그리고 이 단순한 사실을 기억하라. 평범한 아이가 특별한 어른으로 자랄 수도 있다는 것을. 살아 있는 한 정해진 것은 아무것도 없다. 삶의 매 순간 새로운 길을 택할 수 있다. 모든 것이 언제나 가능하다. 자신의 길을 바꾸는 것, 자신과 타인에 대한 시선을 바꾸는 것은 경이로운 모험이다. 겁이 날 때도 물론 있겠지만 그 모험 앞에는 새로운 즐거움들이 기다리고 있다!

그리고 그 무엇보다도 어린아이 같은 당신의 영혼을, 상쾌한 순진함을, 샘솟는 창조성을, 놀라운 감수성을, 언제나 깨어 있는 호기심을, 부글부글 끓는 지능을 소중하게 간직하라. 당신을 다른 어른들과는 결정적으로 다른 사람이 되게 하는 그 모든 보물을 간직하라. 당신은 절대 '어른'이 될 수 없는 어른이다!

옮긴이 **이은주**

이화여자대학교 불어불문과를 졸업하고 파리4대학에서 석사학위를, 이화여자대학교에서 박사학위를 받았다. 현재 수원대학교 인문대 프랑스어문학과 교수로 재직 중이며 프랑스 문학과 문화에 대한 강의를 담당하고 있다. 저서로는 『디드로, 사상과 문학』, 『디드로 소설과 아이러니』, 『프랑스 문학과 미술』, 역서로는 『백과전서』, 『맹인에 관한 서한』 등이 있다.

어른이 된 영재들

어른이 될 수 없는 어른들을 위한 심리학

초판 1쇄 인쇄 2016년 3월 21일
초판 4쇄 발행 2023년 7월 10일

지은이 잔 시오파생
옮긴이 이은주
펴낸이 조동욱
편집 김종필

펴낸곳 와이겔리
등록 제2003-000094호
주소 03057 서울시 종로구 계동2길 17-13(계동)
전화 (02) 744-8846
팩스 (02) 744-8847
이메일 aurmi@hanmail.net
블로그 http://ybooks.blog.me

ISBN 978-89-94140-17-9 03180

＊책값은 뒤표지에 있습니다.
＊잘못 만들어진 책은 바꿔 드립니다.